NOVAS REFLEXÕES SOBRE FINANÇAS PÚBLICAS E DIREITO FINANCEIRO

NOVAS REFLEXÕES SOBRE FINANÇAS PÚBLICAS E DIREITO FINANCEIRO

MARCUS ABRAHAM

PREFACIADOR EDILBERTO CARLOS PONTES LIMA

Copyright © 2023 by Editora Letramento
Copyright © 2023 by Marcus Abraham

Diretor Editorial Gustavo Abreu
Diretor Administrativo Júnior Gaudereto
Diretor Financeiro Cláudio Macedo
Logística Daniel Abreu e Vinícius Santiago
Comunicação e Marketing Carol Pires
Assistente Editorial Matteos Moreno e Maria Eduarda Paixão
Designer Editorial Gustavo Zeferino e Luís Otávio Ferreira
imagem de capa Vilmosvarga / Freepik

Conselho Editorial Jurídico

Alessandra Mara de Freitas Silva	Edson Nakata Jr	Luiz F. do Vale de Almeida Guilherme
Alexandre Morais da Rosa	Georges Abboud	Marcelo Hugo da Rocha
Bruno Miragem	Henderson Fürst	Nuno Miguel B. de Sá Viana Rebelo
Carlos María Cárcova	Henrique Garbellini Carnio	Onofre Alves Batista Júnior
Cássio Augusto de Barros Brant	Henrique Júdice Magalhães	Renata de Lima Rodrigues
Cristian Kiefer da Silva	Leonardo Isaac Yarochewsky	Salah H. Khaled Jr
Cristiane Dupret	Lucas Moraes Martins	Willis Santiago Guerra Filho

Todos os direitos reservados. Não é permitida a reprodução desta obra sem aprovação do Grupo Editorial Letramento.

Dados Internacionais de Catalogação na Publicação (CIP)
Bibliotecária Juliana da Silva Mauro - CRB6/3684

A159n   Abraham, Marcus
           Novas reflexões sobre finanças públicas e direito financeiro /
           Marcus Abraham. - Belo Horizonte : Casa do Direito, 2023.
           230 p. ; 15,5 cm x 22,5 cm.

           Inclui Bibliografia.
           ISBN 978-65-5932-445-3

           1. Finanças públicas. 2. Direito financeiro. 3. Orçamento público.
           4. Responsabilidade fiscal. 5. Direito tributário. I. Título.

           CDU: 336.1
           CDD: 336

Índices para catálogo sistemático:
1. Finanças públicas 336.1
2. Finanças públicas 336

LETRAMENTO EDITORA E LIVRARIA
Caixa Postal 3242 – CEP 30.130-972
r. José Maria Rosemburg, n. 75, b. Ouro Preto
CEP 31.340-080 – Belo Horizonte / MG
Telefone 31 3327-5771

É O SELO JURÍDICO DO
GRUPO EDITORIAL LETRAMENTO

MARCUS ABRAHAM

tem Pós-Doutorado na Universidade de Lisboa e na Universidade Federal do Rio de Janeiro. É Doutor em Direito Público pela Universidade do Estado do Rio de Janeiro - UERJ (2005), Mestre em Direito Tributário pela Universidade Candido Mendes (2000), MBA em Direito Empresarial pela EMERJ/CEE (1998) e possui graduação em Administração pela Universidade Candido Mendes (1996) e graduação em Direito pela Universidade Candido Mendes (1992). É ex-Diretor da Associação Brasileira de Direito Financeiro (2006-2013). Foi Procurador da Fazenda Nacional (2000-2012) e, atualmente, é Desembargador Federal do Tribunal Regional Federal da 2ª Região. É Professor de Direito Financeiro da Universidade do Estado do Rio de Janeiro (UERJ), na categoria de Professor Adjunto de 2006 a 2016, e de Professor Associado desde 2016.

Possui os seguintes livros publicados: *Curso de Direito Tributário*. Rio de Janeiro: Forense (em sua 5ª edição); *Curso de Direito Financeiro*. Rio de Janeiro: Forense (em sua 7ª edição); *Lei de Responsabilidade Fiscal Comentada*. Rio de Janeiro: Forense (em sua 3ª edição); *Governança fiscal e sustentabilidade financeira:* os reflexos do Pacto Orçamental Europeu em Portugal como exemplos para o Brasil. Belo Horizonte: Fórum, 2018; *Princípios de direito público:* ênfase em direito financeiro e tributário. Belo Horizonte: Fórum, 2018 (co-organizador e coautor); *Direito financeiro na jurisprudência do Supremo Tribunal Federal* - homenagem ao Min. Marco Aurélio. Curitiba: Juruá, 2016 (co-coordenador e coautor); *Responsabilidade fiscal* – análise da Lei Complementar nº 101/2000. Brasília: Conselho Federal da OAB, 2016. (co-organizador e coautor); *Jurisprudência Tributária Vinculante:* teoria e precedentes. São Paulo: Quartier Latin, 2015. (coautor); *Orçamento Público no Direito Comparado*. São Paulo: Quartier Latin, 2015. (organizador e co-autor); *Estado Fiscal e Tributação*. Rio de Janeiro: GZ, 2015. (co-coordenador e coautor); *Tributação e Justiça Fiscal*. Rio de Janeiro: GZ, 2014. (co-coordenador e coautor); *As Emendas Constitucionais Tributárias e os Vinte Anos da Constituição Federal de 1988*. São Paulo: Quartier Latin, 2009; *Manual de Auditoria Jurídica:* Legal Due Diligence. São Paulo: Quartier Latin, 2008. (coordenador e coautor); *O Planejamento Tributário e o Direito Privado*. São Paulo: Quartier Latin, 2007.

AGRADECIMENTOS

Agradeço aos meus pais Herman e Clara, minha irmã Patrícia, minha esposa Mariana, minha filha Sophia, pelo amor, amizade e apoio constantes.

Agradeço à minha equipe de gabinete no Tribunal Regional Federal da 2ª Região (TRF2), nas pessoas dos meus assessores Ana Cristina, Inez, Dalmo e, especialmente ao Vítor, pela ajuda nas pesquisas e revisões acadêmicas.

sumário

13	APRESENTAÇÃO
14	PREFÁCIO
17	UM RAIO-X DO PROJETO DO ORÇAMENTO FEDERAL PARA 2020
22	MAIS DE 4 TRILHÕES DE DÍVIDA PÚBLICA
26	REFORMAS CONSTITUCIONAIS À VISTA
31	O FANTASMA DOS RESTOS A PAGAR
35	RISCOS FISCAIS DEMONSTRADOS
40	CHUVAS, ALAGAMENTOS E ORÇAMENTOS PÚBLICOS
44	IMPASSE DO ORÇAMENTO IMPOSITIVO
48	CORONAVÍRUS E A LEI DE RESPONSABILIDADE FISCAL
54	ORÇAMENTO DE GUERRA CONTRA A COVID-19
58	OS 20 ANOS DA LRF: O PASSADO, O PRESENTE E O FUTURO
62	EFEITOS DA PANDEMIA NAS CONTAS PÚBLICAS E O PAPEL FISCAL DO ESTADO
66	FISCALIZAÇÃO DOS GASTOS PÚBLICOS EM TEMPOS DE PANDEMIA
70	REFORMA TRIBUTÁRIA SEM A REFORMA PARA A TRIBUTAÇÃO DIGITAL?
74	INTENSA CONJUNTURA ORÇAMENTÁRIA
78	CONSTITUCIONALIZAÇÃO DA TRANSPARÊNCIA FISCAL
82	SEM ORÇAMENTO, NÃO HÁ PLANEJAMENTO
85	INCÊNDIO: QUEM PAGARÁ A CONTA DOS BOMBEIROS?
89	PELO PACTO FEDERATIVO: MAIS OU MENOS MUNICÍPIOS?

93	DILEMAS ORÇAMENTÁRIOS
96	DIVIDENDOS DAS ESTATAIS TAMBÉM SÃO RECEITAS PÚBLICAS
100	NOVAMENTE OS PRINCÍPIOS ORÇAMENTÁRIOS
104	MEC RECONHECE O DIREITO FINANCEIRO COMO DISCIPLINA OBRIGATÓRIA
111	O PORQUÊ DA NÃO TRIBUTAÇÃO DOS LIVROS
114	PROTAGONISMO CONSTITUCIONAL DO DIREITO FINANCEIRO
118	REFORMA NA TRIBUTAÇÃO DO IR, SUSTENTABILIDADE FINANCEIRA E ALGUMAS OBVIEDADES
122	ENTENDENDO AS EMENDAS PARLAMENTARES ORÇAMENTÁRIAS
126	REFORMA NA TRIBUTAÇÃO E O FEDERALISMO FISCAL
130	DUAS DISCIPLINAS, UM OBJETIVO
134	PECS FISCAIS E INSEGURANÇA JURÍDICA
137	RETROSPECTIVA FISCAL DE 2021
141	ESPERANÇA DE GESTÃO RESPONSÁVEL E CONTAS AZUIS
144	EXTRAFISCALIDADE, COMBUSTÍVEIS E FINANÇAS PÚBLICAS
148	BREVES REFLEXÕES SOBRE JUSTIÇA ORÇAMENTÁRIA
152	DIREITO FINANCEIRO E EXAME DE ORDEM
155	SEPARAÇÃO DOS PODERES E ORÇAMENTO PÚBLICO
160	EMENDA CONSTITUCIONAL Nº 109/21 E A AVALIAÇÃO DAS POLÍTICAS PÚBLICAS
164	A BUSCA PELA EFICIÊNCIA NA COBRANÇA FISCAL
168	ARISTÓTELES E O ORÇAMENTO PÚBLICO
171	PRECATÓRIOS E SUAS NOVAS FUNÇÕES
175	DESAFIOS DO FEDERALISMO FISCAL BRASILEIRO

178	RESPONSABILIDADE FISCAL COM RESPONSABILIDADE SOCIAL
181	AFO OU DIREITO FINANCEIRO?
184	NORMATIZAÇÃO DA AUDITORIA FISCAL NOS TRIBUNAIS DE CONTAS
189	UMA CONVERSA COM O CHATGPT SOBRE ORÇAMENTO PÚBLICO
194	CENTENÁRIO DE RUI BARBOSA E SUAS LIÇÕES SOBRE ORÇAMENTO PÚBLICO E TRIBUTAÇÃO
199	LDO EM ABSTRATO E EM CONCRETO
202	O DUELO IDEOLÓGICO FISCAL: ENTRE A AUSTERIDADE E O DESENVOLVIMENTISMO
206	A ATUAL CULTURA DE LITIGIOSIDADE FISCAL E A URGENTE REFORMA TRIBUTÁRIA
209	AUDIÊNCIAS PÚBLICAS NA ELABORAÇÃO DAS LEIS ORÇAMENTÁRIAS
213	SUSTENTABILIDADE FINANCEIRA: O PILAR DO ARCABOUÇO FISCAL DA LC Nº 200/2023
217	A EVOLUÇÃO DO DIREITO FINANCEIRO NOS 35 ANOS DA CONSTITUIÇÃO FEDERAL DE 1988 – AVANÇOS E RETROCESSOS
224	RECENTES ALTERAÇÕES NA LEI DE RESPONSABILIDADE FISCAL
227	FIM DO EXERCÍCIO FISCAL E A VOTAÇÃO DO ORÇAMENTO PÚBLICO: UMA URGÊNCIA NECESSÁRIA

APRESENTAÇÃO

Após pouco mais de quatro anos da publicação do livro "Reflexões sobre Finanças Públicas e Direito Financeiro" (editora JusPodivm), com satisfação apresento ao leitor a presente obra, desta vez intitulada "Novas Reflexões sobre Finanças Públicas e Direito Financeiro", dando continuidade às pesquisas e pensamentos deste autor sobre a matéria.

São pouco mais de 50 (cinquenta) textos, curtos e escritos de maneira simples e didática, publicados no sítio eletrônico JOTA.INFO entre os meses de setembro de 2019 e dezembro de 2023, que abordam a temática conforme o contexto em que se vivia em cada uma dessas publicações mensais.

O objetivo em cada um deles era aproximar o leitor dos respectivos assuntos, aplicando a teoria do Direito Financeiro à realidade vivida.

Nesses textos, abordamos as medidas e questões fiscais que envolveram a pandemia da COVID, as inúmeras emendas constitucionais de finanças públicas, a inclusão do Direito Financeiro como disciplina obrigatória nos cursos de Direito e no Exame de Ordem da OAB, os desafios do federalismo fiscal que surgiam constantemente, a necessidade de alcançar a sustentabilidade financeira nas contas públicas, a reforma tributária, uso da inteligência artificial, dentre outros assuntos igualmente instigantes.

Essa coletânea tem a pretensão de trazer luzes sobre os temas abordados e propor reflexões sobre eles, visando contribuir para a construção de um sistema fiscal mais justo, como instrumento de desenvolvimento social e econômico.

Rio de Janeiro, 20 de dezembro de 2023.

MARCUS ABRAHAM

PREFÁCIO

EDILBERTO CARLOS PONTES LIMA[1]

As finanças públicas são um tema central em qualquer país. No Brasil, para exemplificar, algumas notícias enfatizam sua importância: a dívida pública federal brasileira alcançou R$ 6,52 trilhões no fim de 2023, quase 10% a mais que um ano antes; depois de quase 30 anos de discussão, o Congresso Nacional aprovou uma reforma tributária abrangente, com significativos impactos sobre o consumo e sobre o federalismo fiscal; o processo orçamentário federal enfrenta disfuncionalidades difíceis de solucionar, com evidentes impactos sobre a qualidade e a eficiência do gasto público, algumas objeto de decisões do Supremo Tribunal Federal, que considerou inconstitucional o excessivo poder do Relator-Geral do orçamento sobre a execução orçamentária.

É sobre esses assuntos o novo livro do professor Marcus Abraham. O gosto pelos fatos, pela análise das dificuldades e desafios, pela crítica construtiva, que prima pela elaboração de soluções, sobressai na obra. Trata-se de um de intelectual preocupado com o seu país, interessado nos problemas práticos e que se socorre de boas teorias jurídicas e econômicas para clarear as ideias.

No livro, em sua maior parte coletânea de artigos publicados em sua coluna no Jota, o Professor Abraham trata do orçamento público, analisa os 20 anos da Lei de Responsabilidade Fiscal, comemora o direito financeiro como disciplina obrigatória nos cursos de Direito, opina sobre os rumos da tributação e da reforma tributária, discute o federalismo fiscal, defende o planejamento governamental, analisa as mudanças nos precatórios, trata dos falsos dilemas entre responsabilidade fiscal e responsabilidade social, reflete sobre o montante e as implicações da dívida pública e aborda, entre diversos outros temas, as lições de Rui Barbosa para o orçamento público e a tributação.

São essencialmente problemas práticos, difíceis, que envolvem escolhas. Já dizia Hugh Dalton, em seu livro clássico *Principles of public fi-*

---

[1] Conselheiro do TCE/CE e atual Presidente do Instituto Rui Barbosa, reeleito para o biênio 2024/25. Pós-doutorado na Faculdade de Direito da Universidade de Coimbra (Portugal), com estudo sobre federalismo. Doutor em Economia pela Universidade de Brasília, Mestre e Graduado em Economia pela Universidade Federal do Ceará. Bacharel em Direito pela Universidade Fortaleza (UNIFOR). Especialista em Políticas Públicas pela George Washington University.

nance, que as finanças públicas são um daqueles assuntos que ficam na fronteira entre a política e a economia. Da política porque as decisões têm impacto sobre a renda disponível das pessoas, das famílias, das regiões, ao aumentarem alíquotas, ao criarem novos tributos, ao concederem incentivos e isenções fiscais. E também porque ampliam ou diminuem o acesso a bens e serviços, porque favorecem ou dificultam o crescimento econômico, ao priorizarem um setor ou região em detrimento de outros. E da ciência econômica porque suas teorias apontam impactos sobre o bem-estar, sobre a distribuição e sobre a eficiência. As análises do professor Marcus Abraham evidenciam que também as finanças públicas são um fenômeno jurídico, normatizado pela Constituição Federal e por uma série de leis. É o direito financeiro como ramo autônomo do direito, que bebe em fontes da economia e da política para sistematizar seus conceitos e normatizar os fenômenos.

Como o livro traz reflexões de fatos que estavam acontecendo no momento em que foram escritas, ele representa um registro histórico muito relevante. Na pandemia, por exemplo, o direito financeiro foi fortemente pressionado, tendo sido objeto de intensa atividade legislativa. Até Emenda à Constituição foi aprovada, o que ficou amplamente conhecido como orçamento de guerra. A Lei de Responsabilidade Fiscal também recebeu um tratamento legislativo específico, para dar vazão aos graves problemas de então. O professor Abraham analisa com profundidade as implicações das medidas adotadas. Os historiadores no futuro serão muito gratos por análises tão detalhadas e bem elaboradas.

Um tema de especial predileção do autor, que mereceu muita atenção e esforços de sua forte liderança intelectual, foi a inclusão da disciplina direito financeiro como obrigatória nos cursos de Direito. De fato, chama atenção o grande desconhecimento dos operadores do direito em temas básicos de planejamento, execução orçamentária e controle. Nos Tribunais de Contas, deparamo-nos diariamente com equívocos que poderiam ser evitados com conhecimentos elementares dessa matéria. O esforço do professor Marcus Abraham é relatado em detalhes, desde uma carta para destacados professores de direito do país, envolvendo também mobilização junto à Ordem dos Advogados do Brasil e ao Ministério da Educação. É o homem de ação, prático, preocupado com questões concretas e que se mobiliza para mudar o estado de coisas.

Nessa linha, o professor Marcus Abraham defendeu vigorosamente a inclusão do direito financeiro como disciplina obrigatória nos cursos de Direito e no exame da Ordem dos Advogados do Brasil (OAB). Ele argumenta que o entendimento das finanças públicas e do direito financeiro é fundamental para a formação jurídica, dada a importância dessas áreas no contexto da administração pública, governança fiscal e responsabilidade social. Abraham propõe que essa inclusão não apenas vai elevar o padrão de educação jurídica no Brasil, mas também vai preparar melhor os futuros advogados e demais operadores do direito para enfrentar os desafios legais associados à gestão financeira do Estado.

Manter o equilíbrio intertemporal das finanças públicas é preocupação permanente de qualquer governo responsável. Há muitas teorias disputando a explicação sobre os impactos de dívidas e déficits públicos elevados, de carga tributária excessiva, de progressividade e regressividade dos tributos, de distribuição de receitas e despesas ao longo da federação, de transferências diretas a pessoas, entre outros temas importantes e difíceis. O livro do professor é certamente uma contribuição relevante sobre essas questões e merece ser lido e relido por todos os interessados nos rumos do país. O leitor ficará muito mais instruído e consciente da essencialidade dos temas para qualquer ideia de país civilizado, decente e próspero. Excelente leitura.

UM RAIO-X DO PROJETO DO ORÇAMENTO FEDERAL PARA 2020

PUBLICADO EM SETEMBRO DE 2019

A virada do mês de agosto para setembro de cada ano é sempre um momento de expectativa para aqueles que acompanham as finanças públicas.

Isso porque, em regra, o dia 31 de agosto é o marco temporal limite para o encaminhamento do projeto de lei orçamentária anual (PLOA) elaborado pelo Poder Executivo ao Poder Legislativo, a fim de que este possa apreciá-lo, votá-lo e aprová-lo, devendo transformá-lo em lei ordinária até o final do ano, para execução no exercício fiscal seguinte, tudo com base no planejamento estabelecido na Lei do Plano Plurianual (PPA) e nas prioridades estabelecidas na Lei de Diretrizes Orçamentárias (LDO).

Após o recebimento do projeto de lei pelo Congresso Nacional, os Deputados Federais e Senadores, na Comissão Mista de Planos, Orçamentos Públicos e Fiscalização – CMO, examinam, discutem, ajustam, votam e aprovam a proposta orçamentária. O relatório da CMO é apreciado pelo plenário do Congresso Nacional. Os Deputados e Senadores podem, conforme condições constitucionalmente estabelecidas, propor alterações (emendas parlamentares) à proposta orçamentária. O projeto poderá ser vetado no todo ou em parte ou sancionado pelo Presidente da República. Em caso de vetos, caberá ao Congresso Nacional apreciá-los, podendo rejeitá-los ou não. Após sancionado pelo Presidente da República, este se transforma na Lei Orçamentária Anual (LOA).

Com a publicação do Orçamento, o Poder Executivo tem até 30 dias para editar o Decreto de Programação Orçamentária e Financeira. Bimestralmente, a arrecadação das receitas é devidamente acompanhada para adequar, por novos decretos (eventualmente), os valores da LOA à realidade de cada ano, assegurando, assim, o equilíbrio entre receitas e despesas previsto na LDO (meta de resultado primário). Assim, quando o Decreto estipula uma limitação de despesas, ocorre o contingenciamento, feito com base no artigo 9º da Lei de Responsabilidade Fiscal (limitação de empenho). Isso porque os valores aprovados na Lei Orçamentária podem ser insuficientes. Da mesma forma, podem ocorrer necessidades de realização de despesas não computadas ou insuficientemente dotadas, e assim a LOA poderá ser alterada no decorrer de sua execução por meio de créditos adicionais.

Portanto, e de maneira resumida, pode-se dizer que o Orçamento Público é o instrumento de planejamento governamental que estima as receitas que se espera arrecadar ao longo do ano e que, com base nas estimativas (tecnicamente calculadas), fixa os gastos a serem realizados. Sem a lei que autorize a realização da despesa pública (no caso, a LOA), o gestor não poderá gastar. Não à toa diz-se que o orçamento público espelha o governo.

Diante disso, anualmente, o nosso país produz 5.570 leis orçamentárias municipais, 27 estaduais (incluindo o DF) e 1 federal.

Para que o cidadão possa conhecer os projetos, programas e ações que serão realizados pelos governantes em seu favor em cada ano – de maneira direta e indireta –, devido ao nosso modelo federativo, deverá acompanhar, ao menos, três orçamentos distintos: o do seu município, o do seu estado e o federal.

Hoje faremos uma breve análise do projeto de lei orçamentária federal recentemente encaminhado ao Parlamento, por se tratar da primeira peça orçamentária do atual governo, o que nos revelará suas prioridades e objetivos, ainda que vinculados ao PPA vigente, elaborado pelo governo anterior.

Na proposta orçamentária federal para o ano de 2020, a autorização de gastos chega à monta de 3,8 trilhões de reais, assim distribuídos: R$ 2,44 trilhões para o orçamento fiscal, que incluem as despesas dos Poderes Legislativo (Congresso Nacional e Tribunal de Contas da União), Executivo (Presidência, Ministérios e outros órgãos) e Judiciário (Fóruns e Tribunais), do Ministério Público da União e da Defensoria Pública da União, além dos gastos com pagamento e rolagem da dívida pública federal; R$ 1,25 trilhão para o orçamento da seguridade social, que contém as despesas com previdência, saúde e assistência social, ou seja, aposentadorias, pensões e benefícios, assim como os gastos com hospitais, medicamentos e Bolsa-Família; R$ 122 bilhões destinados ao orçamento de Investimento das Empresas Estatais, que engloba os investimentos das empresas em que a União, direta ou indiretamente, detenha a maioria do capital social com direito a voto e que não necessitam de recursos fiscais para manter ou ampliar suas atividades, tais como: Petrobras, Eletrobras, Banco do Brasil e Caixa Econômica Federal.

Na elaboração desse projeto, considerou-se que, para o ano de 2020, a inflação será de 3,9% (variação do IPCA), com um crescimento do PIB de 2,2%, tendo uma taxa média de câmbio de R$ 3,79 (reais/dólar), fixando-se o valor do salário mínimo em R$ 1.039,00.

É importante lembrar que, no projeto de Lei de Diretrizes Orçamentárias (LDO) para 2020, o Governo Federal considerou uma meta fiscal deficitária de R$ 124,1 bilhões para o conjunto dos Orçamentos Fiscal e da Seguridade Social, e de R$ 3,8 bilhões para as Estatais Federais.

Dentro deste contexto, o Governo Federal estimou como receita primária (proveniente de tributos e rendimentos patrimoniais) o valor de R$ 1.644,5 bilhões, acrescido de R$ 2.042,7 bilhões a título de receita financeira (empréstimos públicos), totalizando o montante de R$ 3.687,2 bilhões.

Neste ponto, percebe-se, pelo volume financeiro, que estamos dependendo mais do empréstimo público do que das receitas tributárias e patrimoniais. Deixamos de ser o que se denominou de "Estado Tributário" para tornarmo-nos um "Estado Creditório".

Por sua vez, a título de despesa primária, ou seja, os gastos ordinários com a máquina estatal, bem como com saúde, educação, segurança etc., foi fixado o montante de R$ 1.768,6 bilhões, acrescido do pagamento de R$ 1.927,7 bilhões de despesas financeiras (pagamento de dívidas), totalizando R$ 3.693,3 bilhões. E, dessas despesas primárias, foi estabelecido o valor de R$ 1.679,3 bilhões para atender aos gastos obrigatórios como o pagamento de pessoal, encargos sociais e previdência, e R$ 89,3 bilhões para gastos discricionários, como custeio e a realização de investimentos em infraestrutura. Ainda dentro das despesas primárias, encontramos o valor de R$ 682,7 bilhões para pagamento de benefícios da previdência social, R$ 337,9 bilhões para pagamento de pessoal e encargos, R$ 89,3 bilhões para as despesas discricionárias, R$ 281,7 bilhões para as transferências intergovernamentais (constitucionalmente previstas), e outras no valor de R$ 377,1 bilhões. Já dentro das despesas financeiras, temos R$ 1.004,6 bilhões para o refinanciamento da dívida pública (rolagem da dívida), R$ 649,8 bilhões para o pagamento de juros e amortização, e outras no valor de R$ 273,3 bilhões.

Dos gastos com pessoal (despesa primária obrigatória), incluindo inativos e pensionistas da União e de outras despesas relacionadas a pessoal, além de R$ 26,2 bilhões referentes à contribuição patronal ao regime próprio dos servidores (que se trata de despesa financeira), os gastos dos Poderes Legislativo, Judiciário e Executivo representam, respectivamente, 3,0%, 10,5% e 84,9%, os do Ministério Público da União - MPU, 1,6%, e da Defensoria Pública da União, 0,1%.

Dos gastos discricionários, teremos R$ 69,8 bilhões para custeio, que englobam despesas de energia elétrica, água, materiais administrativos etc., e apenas R$ 19,3 bilhões para investimentos em infraestrutura ou compra de equipamentos. Bastante pouco para as nossas necessidades.

Até aqui, podemos chegar a outra conclusão: a de que as despesas discricionárias representam menos de 2,5% do total de gastos a serem realizados, caracterizando um severo engessamento do orçamento. Caso assim continuemos, o Estado brasileiro passará a existir para atender a si próprio e não mais para atender ao cidadão.

Dentre várias áreas, merecem destaque as seguintes dotações orçamentárias: R$ 25,9 bilhões para agricultura; R$ 92,4 bilhões para assistência social; R$ 7,0 bilhões para ciência e tecnologia; R$ 1,7 bilhões para cultura; R$ 74,1 bilhões para defesa nacional; R$ 424,1 milhões para desporto e lazer; R$ 1,1 bilhões para direitos da cidadania; R$ 108,6 bilhões para educação; R$ 116,0 bilhões para saúde; R$ 1,4 bilhões para energia; R$ 3,8 bilhões para gestão ambiental; R$ 16,0 milhões para habitação; R$ 11,1 bilhões para segurança pública; R$ 423,3 bilhões para saneamento básico; e R$ 1,6 bilhões para urbanismo.

Se somarmos os gastos com saúde, educação e segurança, chegaremos ao valor de R$ 235,7 bilhões, ou seja, menos de 10% do orçamento total, o que é extremamente sintomático e preocupante.

Também destacamos alguns dados relevantes diante das circunstâncias, os quais vêm sendo noticiados, tais como: a redução de 34% na verba para combater incêndios em 2020, sendo o orçamento do Ministério do Meio Ambiente 10% menor que o do ano anterior; o orçamento da Coordenação de Aperfeiçoamento de Pessoal de Nível Superior (Capes) teve uma redução de 50% na verba para concessão de bolsas de pós-graduação; foram concedidos R$ 2,5 bilhões para o fundo eleitoral (e posteriormente reduzidos, devido a erro, para R$ 1,87 bilhão); desde a implantação do regime do teto de gastos, a despesa obrigatória do governo aumentou R$ 200 bilhões, sendo que a despesa primária foi reduzida neste período de 19,9% do PIB (2016) para 19,4% do PIB (2020), ou seja, uma queda de apenas 0,5% nestes anos todos, patamar muito inferior ao esperado.

Sem realizar qualquer juízo de valor sobre a gestão orçamentária do Governo Federal, principalmente por estar ciente de que este herdou uma situação fiscal deteriorada, e é obrigado a trabalhar com a realidade financeira de que dispõe – e de que milagres fiscais não existem –, de todos os números que vimos, fica demonstrado que teremos mais um ano deficitário, convivendo com uma dívida pública brutal, com um orçamento público engessado e sem margem para investimentos, e com uma dotação orçamentária extremamente reduzida para despesas tidas como essenciais para qualquer sociedade, quais sejam, educação, saúde e segurança.

Diante disso, em um futuro próximo o governo terá que, necessariamente, reduzir drasticamente as despesas obrigatórias ou aumentar a carga tributária. É isso ou a conta não fechará e o regime do teto de gastos será violado.

MAIS DE 4 TRILHÕES DE DÍVIDA PÚBLICA

PUBLICADO EM OUTUBRO DE 2019

O tema não é novo, mas nos números sim o é: a dívida pública federal (DPF) atingiu a inédita marca de 4,07 trilhões de reais, montante que é necessário para financiar o déficit orçamentário, conforme divulgou recentemente o Tesouro Nacional.

Não obstante o vultoso volume, a quantia está dentro da meta fixada pelo governo, que a estimou entre R$ 4,1 e R$ 4,3 trilhões para o ano de 2019. Em janeiro de 2018, a dívida estava na casa do R$ 3,5 trilhões.

Mas não podemos confundir a DPF com o conceito de Dívida Bruta do Governo Geral (DBGG), que já está em R$ 5,617 trilhões (79,8% do PIB), e que abrange o total dos débitos de responsabilidade do Governo Federal, dos governos estaduais e dos governos municipais, junto ao setor privado, ao setor público financeiro e ao resto do mundo. São incluídas também as operações compromissadas realizadas pelo Banco Central com títulos públicos. Registre-se que os débitos de responsabilidade das empresas estatais das três esferas de governo não são abrangidos pelo conceito.

Abrindo-se um parêntese: o leitor faz ideia de quantas estatais o Brasil possui hoje? Segundo dados levantados pelo Tesouro Nacional, temos 392 empresas estatais federais e estaduais, sendo 258 estaduais (dos Estados e DF) e 134 federais. Apenas para mencionar as estatais estaduais (43,4% dão prejuízo), no ano passado, os seus titulares (Estados e DF) gastaram cerca de R$ 16 bilhões para mantê-las funcionando, ao passo que receberam em retorno, a título de dividendos, apenas R$ 2,2 bilhões.

Conforme estudos do Tesouro Nacional, o cenário base para o indicador de Dívida Bruta do Governo Geral em relação ao PIB (DBGG/PIB) aponta para uma trajetória de crescimento da dívida até 2022, alcançando 82,2% naquele ano.

Há um sintoma claro nesses números - dos R$ 4 trilhões da DPF ou dos R$ 5,6 trilhões da DPGG - que não é nada saudável: os governos brasileiros, nos três níveis federativos, não conseguem se sustentar com base nos recursos patrimoniais ou tributários, fontes adequadas para custear as despesas correntes, lançando mão, para fechar as contas, do crédito público, quando deveria deixá-lo idealmente apenas para fazer frente aos investimentos (despesas de capital). A propósito, a nossa Dívida Pública está bem acima da média dos países emergentes, nos quais a proporção gira em torno de 50% do PIB.

Não é à toa que, no inciso III do art. 167 da Constituição Federal, temos a proibição de que sejam realizadas operações de crédito que excedam o montante das despesas de capital, ficando ressalvadas as autorizadas mediante créditos suplementares ou especiais com finalidade precisa, aprovados pelo Poder Legislativo por maioria absoluta. Essa "regra de ouro", que está também consignada no art. 12, § 2º, da Lei de Responsabilidade Fiscal (LRF), ao estabelecer que o montante previsto para as receitas de operações de crédito não poderá ser superior ao das despesas de capital constantes do projeto de lei orçamentária, tem por objetivo evitar o pagamento de despesas correntes com recursos decorrentes de emissão ou contratação de novo endividamento, impondo-se que os empréstimos públicos somente deverão ser destinados a gastos com investimentos e não para financiar as despesas correntes.

Assim sendo, antes de compreender melhor o que esse elevado número significa, é necessário rememorarmos alguns conceitos básicos sobre o tema, dentro do espírito didático que habita a nossa Coluna Fiscal.

Pois bem, em primeiro lugar, devemos indagar para que precisamos da dívida pública federal? Bem, o seu **objetivo** é suprir de forma eficiente as necessidades de financiamento do governo federal (diante da insuficiência na arrecadação tributária e de receitas patrimoniais), ao menor custo no longo prazo, respeitando-se a manutenção de níveis prudentes de risco e, adicionalmente, buscando contribuir para o bom funcionamento do mercado brasileiro de títulos públicos.

Conceitualmente, a Dívida Pública Federal (DPF) é o conjunto de empréstimos contraído pelo Tesouro Nacional para financiar o déficit orçamentário do Governo Federal, nele incluído o refinanciamento da própria dívida (rolagem da dívida), bem como para realizar operações com finalidades específicas definidas em lei.

Esse endividamento pode ocorrer por meio da emissão de títulos públicos de renda fixa, que são emitidos através de oferta pública (leilão) ou diretamente ao detentor, ou pela assinatura de contratos, usualmente firmados com instituições financeiras nacionais ou internacionais.

Quando os recursos são captados por meio da emissão de títulos públicos, a dívida daí decorrente é chamada de mobiliária. Já quando a captação é feita via celebração de contratos, a dívida é classificada como contratual.

Em relação à moeda na qual ocorrem seus fluxos de recebimento e pagamento, a Dívida Pública Federal pode ser classificada como interna ou externa. Quando os pagamentos e recebimentos são realizados na moeda corrente em circulação no país, no caso brasileiro o real, a dívida é chamada de interna. Por sua vez, quando tais fluxos financeiros ocorrem em moeda estrangeira, usualmente o dólar norte-americano, a dívida é classificada como externa.

Atualmente, toda a Dívida Pública Federal em circulação no mercado nacional é paga em real e captada por meio da emissão de títulos públicos, sendo por essa razão definida como Dívida Pública Mobiliária Federal interna (DPMFi). Já a Dívida Pública Federal existente no mercado internacional é paga em outras moedas que não o real e tem sido captada tanto por meio da emissão de títulos quanto por contratos, sendo por isso definida como Dívida Pública Federal externa (DPFe).

Em termos concretos, a dívida interna está em R$ 3,9 trilhões, ao passo que a dívida externa está em R$ 160 bilhões, o que soma R$ 4,07 trilhões. Os detentores dos títulos públicos federais da dívida interna são: a) fundos de investimento (R$ 1,062 trilhão, ou 27,15% do total); fundos de previdência (R$ 945 bilhões, ou 24,16% do total); c) instituições financeiras (R$ 897 bilhões, ou 22,93% do total); d) investidores estrangeiros (R$ 474 bilhões, ou 12,14%); e) governos, seguradoras e outros (R$ 534 bilhões, ou 13,62%). Já a dívida externa está distribuída em 91% em dívida mobiliária (Global USD, Euro e Global BRL), no valor de R$ 146,3 bilhões, e 9% em dívida contratual (organismos multilaterais, agências governamentais ou credores privados), no valor de R$ 14,56 bilhões.

Embora a taxa básica de juros da economia no Brasil, utilizada no mercado interbancário para financiamento de operações com duração diária, lastreadas em títulos públicos federais - conhecida por SELIC - hoje esteja em 5,5% (e com viés de baixa nos próximos meses), o custo médio acumulado nos últimos doze meses da DPF está em 8,54% a.a., o menor valor desde 2005 quando iniciada a série histórica. No entanto, continua sendo um dos maiores do mundo.

Se olharmos para o projeto de lei orçamentária anual encaminhado pelo Poder Executivo federal ao Poder Legislativo para aprovação até o final do ano, identificamos que o Governo Federal estimou como receita primária (proveniente de tributos e rendimentos patrimoniais) o valor de R$ 1.644,5 bilhões, acrescido de R$ 2.042,7 bilhões a título de receita financeira (empréstimos públicos), totalizando o montante de R$ 3.687,2 bilhões. Por sua vez, a título de despesa primária, ou seja, os gastos ordinários com a máquina estatal, bem como com saúde, educação, segurança etc., foi fixado o montante de R$ 1.768,6 bilhões, acrescido do pagamento de R$ 1.927,7 bilhões de despesas financeiras (pagamento de dívidas), totalizando R$ 3.693,3 bilhões.

Percebe-se que as receitas e despesas de natureza financeira se tornaram as mais vultosas rubricas dentro do orçamento público federal, o que sinaliza a completa dependência do Estado brasileiro ao crédito público.

E como se soluciona esta questão? Através de medidas concretas de adoção do *princípio da sustentabilidade orçamentária*, que busca não só um equilíbrio das contas públicas na relação entre despesas e receitas, mas almeja alcançar resultados eficientes que permitam a protração no tempo deste equilíbrio de modo estável ou sustentável para as presentes e futuras gerações, com a gestão racional e prudente da dívida pública, numa noção de solidariedade e equidade intergeracional. Noutras palavras, garantir a capacidade de o Estado manter a sua solvabilidade.

Após essa visão geral da temática, agora entramos na questão fundamental: qual é o reflexo ou consequência do elevado valor da dívida pública, seja ela apenas a federal, seja ela a do governo geral, no orçamento público?

A resposta é simples: quanto maior for a dívida pública e maior forem os juros, mais custoso será mantê-la e difícil reduzi-la. Tal situação, por consequência, drena recursos orçamentários que poderiam ser destinados às despesas fundamentais (despesas "fim"), como saúde, segurança, educação e investimentos, mas acabam sendo destinadas às despesas financeiras (despesas "meio"). Quem ganha são os investidores financeiros. Quem perde são os cidadãos brasileiros.

REFORMAS CONSTITUCIONAIS À VISTA

PUBLICADO EM NOVEMBRO DE 2019

Enquanto já estamos na 103ª emenda constitucional (esta última, a da Reforma da Previdência), temos no horizonte algumas novas propostas de Emenda à Constituição (PEC) apresentadas ao Poder Legislativo para debate e eventual aprovação, seja na área tributária, seja na área financeira (das despesas públicas), as quais trarão ainda mais mudanças ao texto da nossa Carta Maior.

No âmbito tributário, temos a PEC 45/2019, na Câmara dos Deputados, e a PEC 110/2019, no Senado. Já na seara financeira, temos o Plano Mais Brasil, capitaneado pelo Governo Federal (Ministro Paulo Guedes), que abrange a PEC Emergencial (186/2019), a PEC da Revisão dos Fundos (187/2019) e a PEC do Pacto Federativo (188/2019). Além delas, temos a PEC dos Precatórios (95/2019). O objetivo da Coluna Fiscal deste mês é exatamente analisá-las de maneira breve e didática.

No segmento tributário, as citadas propostas que ora tramitam, tanto na Câmara como no Senado, aludem à unificação de diversos impostos e contribuições em uma única exação, intitulada "Imposto sobre Bens e Serviços" (IBS), dotado de não-cumulatividade plena, administrado por um comitê gestor nacional e rateado entre a União, Estados, Distrito Federal e Municípios, prevendo-se um período de transição de 5 a 10 anos, assim como a criação de um "imposto seletivo" extrafiscal, além de mudanças pontuais em outros tributos.

Mas, apesar de aspectos positivos, criar um imposto "nacional" como o IBS implica a supressão parcial de competências tributárias estaduais e municipais, substituindo-as por um modelo de repartição de receitas, questionável sob a ótica do pacto federativo. Dotá-lo de uma alíquota uniforme, incidindo igualmente na produção e na circulação de bens, assim como na prestação de serviços, poderá onerar inúmeros setores, repercutindo em toda a economia. E conviver com dois modelos tributários em paralelo, durante o período de transição, só irá dificultar ainda mais a já dura vida do contribuinte.

Enquanto aguarda-se a apresentação da proposta de reforma tributária do Governo Federal, especula-se acerca da possível criação do

Imposto sobre Transações Financeiras (ITF), similar à antiga CPMF, para compensar eventual desoneração da folha, assim como a volta da tributação sobre os dividendos e a instituição de um Imposto sobre Valor Agregado (IVA) dual pela fusão de tributos federais.

Infelizmente, não se vê em nenhuma das propostas a busca por maior justiça fiscal, com a implantação de um modelo tributário equitativo, que alcance os contribuintes mais ricos e reduza a tributação sobre os mais pobres. Tampouco se discute a imperativa mudança da base de incidência tributária, que hoje no Brasil pesa mais sobre o consumo do que sobre a renda e propriedade, o que também prejudica o cidadão menos afortunado.

Qualquer reforma que se pretenda deverá tornar o sistema tributário mais equitativo, simples e transparente, a fim de reduzir o custo fiscal indireto e estimular o pagamento espontâneo dos tributos. Da mesma forma, impõe-se promover a previsibilidade jurídica e uma nova cultura à administração tributária de facilitar a difícil relação entre fisco e contribuinte, o que contribuirá positivamente ao ambiente de negócios e reduzirá a imensa litigiosidade fiscal que hoje congestiona o Judiciário em processos que somam quase R$ 3,5 trilhões.

Por sua vez, pela PEC 95/2019, intitulada "PEC dos Precatórios", pretende-se prorrogar para os Estados, Distrito Federal e Municípios, até 31 de dezembro de 2028, o prazo de vigência do regime especial de pagamento de precatórios previsto no art. 101 do ADCT (atualmente, o prazo é até 31 de dezembro de 2024). O autor da PEC, Senador José Serra, justificou-a em razão da continuidade da grave situação de crise fiscal que impacta a Estados e Municípios, de modo a disporem de mais tempo para equilibrarem seus orçamentos.

Cabe registrar que a proposta, contudo, mantém o prazo até o final de 2024 para pagamento dos débitos de precatórios de natureza alimentícia. Andou bem neste aspecto a PEC ao não dilatar ainda mais este prazo. Entretanto, entendemos que a prorrogação, originariamente feita pela EC 99/2017, já violava o direito do titular de créditos alimentares, dada a natureza desta verba, que não deveria sequer ser parcelada, uma vez que estes referem-se a valores necessários à subsistência do credor e decorrem dos princípios da dignidade da pessoa humana e do mínimo existencial. O crédito de natureza alimentar é indispensável ao sustento do credor e de sua família.

Tal PEC também prevê o abrandamento do rigor das normas de teto de gastos estaduais para os Estados que aderiram ao Plano de Auxílio aos Estados e ao Distrito Federal (LC 156/2016), de modo que aos empréstimos contraídos para pagamento de precatórios não se aplicarão as limitações previstas no Plano de Auxílio, bem como outros limites, requisitos ou restrições legais ou constitucionais.

Durante a vigência desse regime especial, a União deverá disponibilizar aos demais entes federados uma linha de crédito especial para pagamento dos saldos remanescentes submetidos a esse regime, desde que o ente tomador do empréstimo obedeça a dois requisitos: a) utilização de certo percentual da receita corrente líquida para quitação dos débitos de precatórios (1/12 da receita corrente líquida, calculado segundo os termos do *caput* do art. 101, ADCT); b) a prévia utilização de instrumentos para pagamento de precatórios previstos no § 2º do art. 101, ADCT e no art. 105 do ADCT.

Por sua vez, a PEC Emergencial (nº 186/2019) se concentra sobre o chamado estado ou regime de "emergência fiscal", que irá impor a todos os entes federados medidas automáticas de controle de gastos, especialmente de pessoal, quando certos limites de despesas forem atingidos, para viabilizar o gradual ajuste fiscal e de forma a manter a dívida pública em níveis que assegurem sua sustentabilidade.

A proposta prevê que, atingidos certos limites nos entes federados, estarão proibidas, por exemplo, a concessão de aumentos ou quaisquer tipos de vantagens a servidores, a criação de novos cargos que impliquem aumento de despesa, a realização de concurso público que não seja para recomposição de vacâncias e a concessão ou ampliação de benefício fiscal. Também se prevê a redução temporária da jornada de trabalho de servidores, com adequação proporcional da remuneração, até o limite de 25% (vinte e cinco por cento).

Segundo estimativas governamentais, se a PEC Emergencial fosse aprovada no atual panorama, 13 estados e o Distrito Federal estariam vinculados a implementar medidas como as acima elencadas para reconduzir as despesas a limites aceitáveis.

Quanto aos benefícios fiscais federais, a proposta delimita que esses não poderão ultrapassar o percentual de 2% do PIB, devendo ser reavaliados a cada 4 anos, observadas as seguintes diretrizes: I - análise da efetividade, proporcionalidade e focalização; II - combate às desigualdades regionais; e III - publicidade do resultado das análises.

Já a PEC da Revisão dos Fundos (nº 187/2019) institui reserva de lei complementar para criação de novos fundos públicos, bem como extingue quase todos os fundos hoje existentes. Dos atuais fundos, somente subsistirão aqueles previstos nas Constituições Federal e Estaduais e Leis Orgânicas do DF e Municípios, ou aqueles que forem expressamente ratificados pelos respectivos Poderes Legislativos, por meio de lei complementar específica para cada um dos fundos, até o final do 2º exercício financeiro subsequente à data da promulgação desta Emenda Constitucional.

Estima-se que os fundos possuem cerca de R$ 220 bilhões em caixa. Os valores de cada um dos fundos extintos serão transferidos para o respectivo Poder de cada ente federado a que estão vinculados, permitindo-lhes contar com recursos antes represados e gerando maior flexibilidade em seus orçamentos. Esse montante poderá ser usado para reduzir a dívida pública, bem como parte dessa receita poderá ser destinada a medidas de combate à pobreza e de infraestrutura.

Há, ainda, a PEC do Pacto Federativo (nº 188/2019), que tem por desiderato instaurar um novo modelo fiscal que assegure o fortalecimento fiscal da República. Para tanto, cria o Conselho Fiscal da República, órgão superior de coordenação e monitoramento da política fiscal e preservação da sustentabilidade financeira, composto pelos presidentes da República, de ambas as Casas Legislativas, do STF, do TCU e representantes de estados e municípios. O TCU, por sua vez, passa a poder editar orientações normativas vinculantes, de modo a uniformizar a interpretação de conceitos constantes na legislação orçamentário-financeira.

Outra medida é a transformação do orçamento de anual em plurianual, ou seja, na fase de elaboração do orçamento será indicado o comprometimento de despesas não só do próximo exercício, mas também dos anos seguintes.

Também se prevê que lei complementar deverá dispor sobre sustentabilidade, indicadores, níveis e trajetória de convergência da dívida, resultados fiscais, limites para despesas e as respectivas medidas de ajuste, de modo a garantir a sustentabilidade fiscal de longo prazo. A esse respeito, o princípio do equilíbrio fiscal intergeracional passa a ser expressamente disposto na Constituição, aplicado à promoção dos direitos sociais.

Essa PEC também desvincula recursos públicos, para conferir maior flexibilidade orçamentária aos entes, por meio de medidas como: I - mínimo conjunto de saúde e educação; II - desindexação do reajuste de emenda parlamentares; III - supressão da obrigatoriedade de revisão geral anual da remuneração dos servidores públicos; IV - extensão da vedação de vinculação de receitas a órgão, fundo ou despesa, hoje prevista apenas para impostos, para qualquer receita pública, observadas determinadas exceções.

Outro ponto essencial é a descentralização de recursos para Estados e Municípios (*princípio da subsidiariedade*), sendo transferida uma parcela das receitas da União para os demais entes. Além do objetivo de descentralizar recursos, tem por escopo incentivar a melhoria de desempenho dos indicadores importantes para a economia brasileira como indicadores sociais (saúde e educação), fiscais e de concorrência em mercados regulados.

Por fim, propõe-se a extinção de Municípios de até 5.000 habitantes que não demostrem sustentabilidade financeira. Estes deverão, até 30 de junho de 2023, comprovar que o produto da arrecadação dos impostos municipais corresponde a, no mínimo, dez por cento da sua receita total. Caso a comprovação não ocorra, o Município será incorporado, a partir de 1º de janeiro de 2025, ao município limítrofe com melhor sustentabilidade financeira, observado o limite de até 3 Municípios por um único Município incorporador.

Segundo projeções feitas pelo governo federal, caso as três PECs sejam aprovadas, são previstas transferências de recursos da União para os demais entes de R$ 400 a R$ 500 bilhões, em um período de 15 anos. Ademais, a partir da redução das despesas obrigatórias, o governo central poderia direcionar até R$ 50 bilhões para investimentos em 10 anos.

Algumas das medidas são austeras? Sim, não o negamos. Certamente serão objeto de intenso debate no Poder Legislativo, como é salutar e esperado no jogo democrático. Contudo, mesmo que com "remendos" aqui e ali no pacote de PECs, não se pode perder de vista a necessidade de levar adiante um esforço suprapartidário para "arrumar a casa" e sanear as contas públicas, de forma a garantir a sustentabilidade financeira para a presente e as futuras gerações.

E, como já ponderamos alhures, não adianta apenas realizar uma reforma tributária se não houver, também, uma reforma administrativa e financeira, para tornar o gasto público mais eficiente. Receitas e despesas são lados opostos de uma mesma moeda.

O FANTASMA DOS RESTOS A PAGAR

PUBLICADO EM DEZEMBRO DE 2019

Nem sempre é possível quitar todas as despesas com as quais nos comprometemos no próprio ano (tecnicamente, as ditas *despesas empenhadas*). Trata-se de um fato natural das finanças, sejam públicas ou privadas, sobretudo por questões operacionais que inviabilizam o pagamento tempestivo.

Basta lembrar que a realização de uma despesa pública é um ato administrativo complexo e que contempla três etapas: empenho (registro formal do ato), liquidação (verificação do cumprimento da obrigação) e pagamento (desembolso).

O não pagamento de despesa pública no mesmo ano em que é empenhada e liquidada é uma circunstância reconhecida e disciplinada pela Lei nº 4.320, de 1964, ao prever no seu artigo 36 que se consideram "Restos a Pagar" as despesas empenhadas mas não pagas até o dia 31 de dezembro.

Aqui tratamos da hipótese de despesas empenhadas e processadas, em que é confirmado que o fornecedor de bens ou de serviços cumpriu com a sua obrigação e a Administração Pública, de maneira sinalagmática, não poderá deixar de pagá-lo, não sendo possível, neste caso, o cancelamento da obrigação contida na conta de restos a pagar (diversamente do que ocorre com a despesa empenhada mas não processada, em que não se concluiu a prestação do serviço ou entrega do bem pelo fornecedor).

Na prática regular e adequada, mesmo que não paga no mesmo exercício fiscal, a despesa intitulada de "restos a pagar" deverá sempre possuir um crédito financeiro suficiente e próprio para o seu pagamento, que necessitará estar disponível no momento da quitação extemporânea da obrigação, não podendo comprometer os recursos financeiros arrecadados no ano seguinte, sob pena de violação às boas práticas orçamentárias e, sobretudo, à gestão fiscal responsável que busca garantir o necessário equilíbrio fiscal.

Aliás, o artigo 37 da Lei nº 4.320/1964, ao se referir à conta de restos a pagar, diz expressamente que *"as despesas de exercícios encerrados, para as quais o orçamento respectivo consignava crédito próprio, com saldo suficiente para atendê-las (...) poderão ser pagos à conta de dotação específica consignada no orçamento, discriminada por elementos, obedecida, sempre que possível, a ordem cronológica".*

A propósito, esta mesma ideia – de que a conta de restos a pagar deverá ter crédito próprio pré-existente – está contida no parágrafo único do artigo 103 da Lei nº 4.320/1964, ao estabelecer que os Restos a Pagar do exercício serão computados na receita extraorçamentária para compensar sua inclusão na despesa orçamentária. Portanto, devem ser pagos a título de *dispêndio extraorçamentário*, ou seja, aquele que não consta na lei orçamentária anual, compreendendo, dentre as diversas saídas de numerários, os pagamentos de restos a pagar.

Embora devidamente regulamentada pela citada lei geral dos orçamentos, esta situação de pagamentos tardios a título de restos a pagar deveria ser eventual e, no máximo, residual. Não obstante, nossa atual realidade é outra e bem diversa daquela pretendida pelo legislador que instituiu a conta de restos a pagar.

Infelizmente, o que se observa hoje em dia é o uso excessivo e abusivo dos restos a pagar por numerosos governos, equiparável a uma manobra artificiosa contábil de postergação do cumprimento de obrigações financeiras, servindo de mecanismo indireto de rolagem de dívida (enquadrado legalmente como dívida flutuante, nos termos do artigo 92 da Lei nº 4.320/64), em que se acumulam débitos pretéritos naquela conta, sem haver recursos financeiros suficientes para a sua satisfação.

Em verdade, através do uso imoderado da conta de restos a pagar, cria-se um orçamento alternativo, apenas com obrigações de pagar, mas sem fonte de recursos, adiando-se de maneira indefinida o adimplemento de dívidas previamente contraídas.

Há, portanto, uma banalização e malversação no uso da conta de restos a pagar.

Tal fato se deve, principalmente, à elaboração de orçamentos públicos com receitas superinfladas e irreais, ou sem que haja o devido acompanhamento da execução orçamentária ao longo do ano.

Merece ainda registro que a Lei de Responsabilidade Fiscal (LC101/2000), em seu artigo 42, estabelece que, nos últimos 8 meses do mandato, nenhuma despesa poderá ser contraída se esta não puder ser paga totalmente no mesmo exercício ou, caso venha a ultrapassar este, desde que haja disponibilidade financeira a ela previamente destinada para pagamento das parcelas pendentes em exercícios subsequentes.

O citado dispositivo busca evitar a contração de obrigações que sejam custeadas com recursos futuros e comprometam orçamentos posteriores.

Todavia, entendemos que a vedação prevista no artigo 42 da LRF deveria ser interpretada de maneira ampliativa, aplicando-se não apenas aos últimos dois quadrimestres do mandato, como está literalmente previsto, mas também para o mandato inteiro, ano após ano, de janeiro a dezembro. Afinal, a própria LRF estabelece o conceito de responsabilidade na gestão fiscal, ao prever, no parágrafo único do seu artigo 1º, a ação planejada e transparente, evitando afetar o equilíbrio das contas públicas, mediante o cumprimento de metas de resultados entre receitas e despesas e a obediência a limites e condições, dentre outras, para inscrição em Restos a Pagar.

Assim, os princípios da gestão pública responsável e do equilíbrio fiscal, previstos e regulados na LRF, se aplicam inequivocamente ao instituto dos restos a pagar.

Mas o problema que se observa com o uso exagerado da conta de restos a pagar não se limita apenas à questão financeira e ao desequilíbrio fiscal gerado (fato que já é grave, por si só).

Avultam os casos a envolver despesas que possuem percentuais mínimos constitucionalmente fixados, como a saúde e a educação, que são empenhadas no próprio ano para o cumprimento do percentual mínimo, mas deixando-se para o ano seguinte a sua quitação, a título de restos a pagar, muitas vezes sabendo-se não dispor de recursos financeiros para tanto. São heranças malditas deixadas, principalmente, por governos anteriores, em afronta não apenas à LRF, mas principalmente à Constituição Federal.

E, para agravar a situação dos novos governantes, o pagamento dos restos no ano seguinte não é considerado pelos Tribunais de Contas para fins de cumprimento do percentual anual mínimo, gerando um acúmulo da dívida do ano anterior com a obrigação do percentual mínimo de cada ano.

Se, por um lado, revela-se uma nítida manobra fiscal para o cumprimento meramente formal dos percentuais mínimos por variados governos, devendo o respectivo gestor ser responsabilizado administrativa e penalmente (art. 359-C do Código Penal) pela violação à lei e à Constituição, mesmo já tendo exaurido o seu mandato; por outro, não se pode penalizar o cidadão, deixando-o sem esses direitos fundamentais constitucionalmente previstos, apesar de os novos governos herdarem obrigações financeiras deixadas de maneira irregular por seus sucedidos.

Assim, ainda que se entenda (como de fato entendemos), para o bem da coletividade, ser necessário o cumprimento das obrigações financeiras pretéritas a título de restos a pagar de serviços para a saúde e educação, juntamente com o cumprimento dos percentuais no próprio ano destas obrigações constitucionais, pensamos que deveria haver um mecanismo de flexibilização financeira (como, por exemplo, a liberação de recursos de fundos subutilizados) para o seu cumprimento pelos novos governantes, que, de boa-fé, herdaram obrigações financeiras materializadas na conta de restos a pagar, sem disponibilidade para a sua quitação. Do contrário, os novos governantes correm o risco de, sem opções financeiras, terem de lançar mão do mesmo artifício, isto é, de "empurrar com a barriga" para anos vindouros o efetivo cumprimento dos percentuais mínimos de gastos com educação e saúde.

Portanto, há que se pensar em meios para colocar um ponto final nesta prática imprópria, passando-se a respeitar as normas de direito financeiro – Lei nº 4.320/64 e LC 101/2000 –, assim como a Constituição.

Fica aqui uma pergunta final: até quando o fantasma dos restos a pagar indevidamente constituídos irá nos assombrar? Esperemos que sejam devidamente exorcizados em breve. Para a saúde das contas públicas e para o bem dos cidadãos.

RISCOS FISCAIS DEMONSTRADOS

PUBLICADO EM JANEIRO DE 2020

Você sabia que a União Federal corre um risco de *perda provável* em processos judiciais, sobretudo em ações de natureza tributária, no montante de R$ 634 bilhões, e de *perda possível* de R$ 1.550 bilhões? E que, em 2019, foram gastos cerca de 40 bilhões em perdas judiciais, montante que é o dobro do que se pagou há cinco anos, em 2015, sendo que o estoque de ações judiciais contra a União aumentou 290% de 2014 até junho de 2019, passando de R$ 559 bilhões para R$ 2.184 bilhões?

Pois bem, esses e outros dados referentes a potenciais perdas financeiras ou variações orçamentárias negativas constam do Relatório de Riscos Fiscais (RRF/2019), publicado há poucas semanas (dezembro de 2019) pela Secretaria do Tesouro Nacional. Esse documento complementa o Anexo de Riscos Fiscais (ARF) instituído pela Lei de Responsabilidade Fiscal (§ 3º, art. 4º), que prevê que a lei de diretrizes orçamentárias (LDO) deverá ter um anexo onde serão avaliados os passivos contingentes e outros riscos capazes de afetar as contas públicas, informando as providências a serem tomadas, no caso de estes se concretizarem.

Pode-se dizer que *riscos fiscais* são possibilidades de ocorrências de eventos capazes de afetar as contas públicas, prejudicando o alcance dos resultados fiscais estabelecidos como objetivos e metas.

Para que esses eventos sejam classificados como riscos fiscais, uma condição necessária é a de que os mesmos não possam ser controlados ou evitados pelo governo. Dessa forma, enquanto gastos imprevistos – decorrentes, por exemplo, de decisões judiciais desfavoráveis ao governo –, são considerados riscos fiscais. Já as despesas oriundas de decisões ou políticas governamentais – como, por exemplo, auxílios – não são consideradas riscos fiscais, ainda que acarretem desvios das metas fiscais.

Igualmente, os riscos repetitivos não podem ser classificados como riscos fiscais, devendo ser tratados no âmbito do planejamento, ou seja, precisam ser incluídos como ações na Lei de Diretrizes Orçamentárias e na Lei Orçamentária Anual do respectivo ente federativo. Por exemplo, se a ocorrência de catástrofes naturais – como secas ou inundações – ou de epidemias – como a dengue – tem sazonalidade conhecida, as ações para mitigar seus efeitos, assim como as despesas daí derivadas, devem ser previstas na LDO e na LOA do ente federativo afetado, e não serem tratadas como risco fiscal no Anexo de Riscos Fiscais.

Genericamente, podemos classificar os riscos fiscais em duas categorias: a) *riscos fiscais macroeconômicos*, a partir da variação de elementos como inflação, atividade econômica, massa salarial, taxas de juros e câmbio, uma vez que tais oscilações impactam as receitas e despesas públicas e produzem consequências sobre a trajetória da dívida pública; b) *riscos fiscais específicos*, que englobam demandas judiciais, garantias, riscos associados a programas de governo, riscos derivados do relacionamento com outros entes e empresas estatais, dentre outros.

A variação dos parâmetros macroeconômicos em relação às projeções incluídas nas peças orçamentárias constitui a fonte mais comum de riscos fiscais. A experiência tem demonstrado que todos os países passam, em maior ou menor grau, por alterações em relação aos resultados fiscais oriundas da mudança da conjuntura econômica ao longo do exercício orçamentário, com tendência a previsões mais ou menos otimistas dos resultados em decorrência, principalmente, de imprecisões na previsão do crescimento do PIB e da inflação.

As divergências entre as receitas e despesas projetadas na peça orçamentária e as verificadas ao longo do exercício impactam significativamente a execução orçamentária. Dada a necessidade de cumprimento das metas fiscais estabelecidas no âmbito da Lei de Diretrizes Orçamentárias (LDO), as mudanças nas variáveis macroeconômicas, especialmente aquelas relacionadas com a redução das receitas ou elevação das despesas, se refletem, consequentemente, em contingenciamentos de recursos. Dessa forma, quanto menor for o desvio do planejamento em relação ao realizado, melhor será a execução orçamentária.

Os *riscos fiscais macroeconômicos* podem ser exemplificados, dentre outros casos, pela: a) frustração na arrecadação devido a fatos não previstos à época da elaboração da peça orçamentária; b) restituição de tributos realizada a maior que a prevista nas deduções da receita orçamentária; c) discrepância entre as projeções de nível de atividade econômica, taxa de inflação e taxa de câmbio quando da elaboração do orçamento e os valores efetivamente observados durante a execução orçamentária, afetando o montante de recursos arrecadados; d) discrepância entre as projeções, quando da elaboração do orçamento, de taxas de juros e taxa de câmbio incidentes sobre títulos vincendos e os valores efetivamente observados durante a execução orçamentária, resultando em aumento do serviço da dívida pública; e) ocorrência de epidemias, enchentes, abalos sísmicos, guerras e outras situações de calamidade pública que não possam ser planejadas e que demandem do Estado ações emergenciais, com consequente aumento de despesas.

Sobre esses riscos, pode-se dizer que a receita primária está sujeita à volatilidade do PIB real, da inflação, da massa salarial, do câmbio, dos juros ou do preço do petróleo. E a receita de tributos representa a maior parcela sujeita ao risco pela oscilação de parâmetros macroeconômicos. Já pelo lado da despesa primária, a volatilidade está ligada às variações do salário mínimo e do INPC, impactando principalmente as despesas com benefícios previdenciários e assistenciais, como o pagamento, por exemplo, do Seguro-Desemprego e do Abono Salarial. Por sua vez, a **dívida pública federal é impactada principalmente pela variação da taxa de juros e da inflação e, de forma residual, pela variação do câmbio.**

Assim, em termos concretos, segundo consta do referido RRF/2019 da União, a variação de 1% no PIB real impacta em R$ 7,1 bilhões a receita primária, enquanto que a variação de 1% na inflação impacta em R$ 6,8 bilhões. A variação de 1% na massa salarial nominal se reflete em uma variação de R$ 4,1 bilhões, principalmente pela variação da arrecadação da contribuição previdenciária. Já o aumento de R$ 1,00 no salário mínimo implica um aumento líquido de R$ 206 milhões no déficit do Regime Geral de Previdência Social, de R$ 60,2 milhões nos benefícios assistenciais e de R$ 30,9 milhões nos benefícios do FAT (Seguro-Desemprego e Abono Salarial). Por sua vez, o aumento de 1% na taxa Selic no período de 2020 a 2022 conduz a um aumento de 1,63% na Dívida Bruta do Governo Geral (DBGG) sobre o PIB em 2022, enquanto reduções de 1% para o mesmo período no PIB real e no resultado primário levam, respectivamente, a um aumento de 3,21% e de 4,08% dessa dívida. Em um cenário em que os choques adversos sobre juros, PIB real e resultado primário são combinados, a elevação da DBGG foi estimada, segundo o RRF/2019, em 9,23% para o ano de 2022.

Já em relação aos *riscos fiscais específicos*, estes podem se materializar tanto pelo não recebimento de receitas associadas a haveres e ativos, quanto pela elevação de despesas não previstas relacionadas aos passivos do ente. O RRF/2019 indica que o total desses riscos fiscais somam o montante de R$ 4,2 trilhões, e que durante o ano de 2019 a exposição relacionada a ativos chegou a R$ 1,4 trilhão, enquanto a exposição associada aos passivos alcançou o patamar de R$ 2,8 trilhões.

Dentre estes riscos, destacamos os *passivos contingentes*, que decorrem de compromissos firmados pelo Governo em função de lei ou contrato e que dependem da ocorrência de um ou mais eventos futuros para gerar compromissos de pagamento. Tais eventos futuros não estão totalmente sob o controle do ente e podem ou não ocorrer. Como a probabilidade de ocorrência do evento e a magnitude da despesa resultante dependem de condições externas, a estimativa desses passivos é, muitas vezes, difícil e imprecisa.

Como exemplos de passivos contingentes podemos citar, dentre outros casos: a) demandas judiciais contra a atividade reguladora do Estado, tais como controvérsias sobre indexação e controles de preços praticados durante planos de estabilização e soluções propostas para sua compensação, bem como questionamentos de ordem tributária e previdenciária; b) demandas judiciais contra empresas estatais dependentes; c) demandas judiciais contra a administração do ente, tais como privatizações, liquidação ou extinção de órgãos ou de empresas e reajustes salariais não concedidos em desrespeito à lei; d) demandas trabalhistas contra o ente federativo e órgãos da sua administração indireta; e) dívidas em processo de reconhecimento pelo ente e sob sua responsabilidade; f) avais e garantias concedidas pelo ente a entidades públicas, tais como empresas e bancos estatais, a entidades privadas e a fundos de pensão, além de outros riscos.

Em números, o RRF/2019 da União apontou que, sobre os passivos contingentes decorrentes de processos judiciais, de 2014 até junho de 2019, as lides contra a União apresentaram um crescimento de 290%, passando de R$ 559 bilhões para R$ 2.184 bilhões. Deste montante, enquanto 71% (R$ 1.550 bilhões) se referem a ações de risco possível, 29% (R$ 634 bilhões) dizem respeito a ações classificadas com risco de perda provável, provisionadas no Balanço Patrimonial da União em 30 de setembro de 2019.

Ainda do referido relatório, destacamos também a situação da Dívida Ativa da União. Sua posição em junho de 2019, por tipo de crédito e *rating*, totalizava um estoque de R$ 2.340 bilhões. Desse montante, R$ 1.313 bilhões (56%) se referem a créditos irrecuperáveis, enquanto apenas R$ 213 bilhões (9%) dizem respeito a créditos com alta perspectiva de recuperação. Os demais créditos são classificados entre baixa e média perspectiva de recuperação.

Dada a grandiosidade dos números que estão em jogo, percebe-se que o seu conhecimento e a avaliação de seus possíveis impactos são essenciais para a atuação do gestor público. Os eventos identificados como de risco, caso venham a se concretizar, podem ameaçar o cumprimento de importantes regras fiscais brasileiras, como o Teto dos Gastos e a Regra de Ouro, além de comprometer as metas e objetivos fiscais definidos em leis orçamentárias. Por isso, é relevante que sejam conhecidas e antecipadas as repercussões dos riscos fiscais a fim de mitigar as suas consequências tanto no âmbito fiscal quanto em seus reflexos sociais.

Assim, de acordo com os princípios orçamentários do planejamento, da transparência e do equilíbrio fiscal, e a fim de que os Governos possam criar estratégias de combate a cenários fiscais desfavoráveis, é imperativo que o Anexo de Riscos Fiscais espelhe a situação financeiro-orçamentária da maneira mais fidedigna possível.

Portanto, como na vida cotidiana de relacionamento entre as pessoas, a virtude da sinceridade é também, nas projeções orçamentárias, uma chave-mestra para o sucesso na gestão financeira estatal.

CHUVAS, ALAGAMENTOS E ORÇAMENTOS PÚBLICOS

PUBLICADO EM FEVEREIRO DE 2020

O que se tem dito ultimamente é que os recentes eventos climáticos extremos no Brasil, com chuvas intensas e em volumes acima do padrão, em curto espaço de tempo, tornou-se o "novo normal".

Infelizmente é o que vimos acontecer recentemente em Minas Gerais, São Paulo e Rio de Janeiro. O cidadão torna-se refém de situações desesperadoras, diante das águas entrando por suas casas e lojas, ruas se transformando em rios de corredeiras carregando automóveis e tudo o mais que estiver pelo caminho, e encostas sofrendo deslizamentos de terras e pedras. Perdas de vidas, riscos para a saúde e danos patrimoniais são as nefastas consequências.

Tudo isso nos revela o óbvio ululante: que vivemos em cidades absolutamente sem estrutura e que os governos estão despreparados para lidar com essas circunstâncias.

A natureza parece querer chamar a nossa atenção para algo grave que fizemos ou que deixamos de fazer num passado recente. Todavia, as causas para a intensificação desses fenômenos climáticos e os meios para evitá-los - no Brasil ou no resto do mundo - não vêm ao caso no momento. O ponto a que nos propomos chamar a atenção do leitor é a absoluta e inequívoca previsibilidade desses fatos, que ocorrem todos os anos dentro de um mesmo período.

Ora, se as chuvas torrenciais passam a se tornar a regra e não mais a exceção, as consequências e as tragédias delas decorrentes não podem mais ser tratadas como algo inesperado e extraordinário pelos governos.

É exatamente neste dramático contexto que entra o orçamento público, como instrumento jurídico-financeiro para enfrentar e buscar dar uma solução adequada a essas situações, tanto de maneira preventiva como de forma corretiva. Afinal, trata-se de um instrumento de planejamento, gestão e controle financeiro, voltado para a definição das políticas públicas e para a fixação das escolhas do governante sobre o que deve ser feito com os recursos financeiros arrecadados, sobretudo diante do emergente interesse coletivo, pautado nas necessidades mais urgentes e prioritárias da sociedade.

Não é demais lembrar que é papel do Plano Plurianual (PPA), além de declarar e materializar as escolhas do governo e da sociedade, indicar os meios para a implementação das políticas públicas, bem como orientar taticamente a ação do Estado para a consecução dos objetivos pretendidos.

No caso das chuvas, alagamentos e deslizamentos que temos vivenciado, especialistas nesta área indicam a necessidade da construção de sistemas eficientes de drenagem, a desocupação de áreas de risco, criação de reservas florestais nas margens dos rios, diminuição dos índices de poluição e geração de lixo, além de um planejamento urbano mais consistente.

Em nível nacional, a Lei nº 11.445/2007 (Lei das Diretrizes Nacionais para o Saneamento Básico), obrigando a todos os Municípios, elenca como princípio fundamental dos serviços públicos de saneamento básico a "disponibilidade, em todas as áreas urbanas, de serviços de drenagem e manejo das águas pluviais, limpeza e fiscalização preventiva das respectivas redes, adequados à saúde pública e à segurança da vida e do patrimônio público e privado". (art. 2º, IV).

A título exemplificativo, se formos ler a Lei Municipal nº 6.317/2018, que materializa o PPA da cidade do Rio de Janeiro, veremos que, dentre os seus programas e ações para a área urbana, temos: a) diagnosticar e prevenir os riscos e vulnerabilidades intrínsecas à ocupação da zona costeira e às mudanças climáticas; b) promover a renovação do sistema de drenagem com melhorias das condições de escoamento dos rios, valas e galerias; c) estimular o aumento da permeabilidade do solo; d) buscar o equilíbrio das estruturas hidráulicas existentes, prioritariamente por meio da recuperação da vegetação das encostas e da mata ciliar e, quando necessário, da implantação de estruturas artificiais de retenção.

Portanto, parte da solução para o problema das chuvas no Rio de Janeiro já foi previsto na sua Lei do Plano Plurianual vigente, como programação de médio e longo prazo. Provavelmente, devemos encontrar previsões similares nos PPAs das outras cidades que sofrem com o tema.

Mas não podemos nos olvidar de que o PPA não produz efeitos sozinho, pois, por ser uma lei de programação de governo, dependerá, essencialmente, das leis orçamentárias anuais, as quais deverão concretizar as políticas e programas nele previstas. Portanto, devemos também verificar o que foi previsto na Lei de Diretrizes Orçamentárias (LDO) e na Lei Orçamentária Anual (LOA), esta que contemplará os meios para executar os programas estabelecidos.

Novamente buscando usar como exemplo as leis orçamentárias cariocas, encontramos na Lei Municipal nº 6.707/2020 (LOA/2020) as seguintes previsões de despesas (por função), sendo que parte delas devem ser possivelmente relacionadas com a questão das chuvas: para urbanismo, R$ 2.827.773.267,00; para saneamento, R$ 478.451.220,00; e para gestão ambiental, R$ 115.814.290,00. Por sua vez, nas despesas classificadas por órgãos, encontramos: para a Secretaria Municipal de Infraestrutura, Habitação e Conservação, R$ 1.560.250.595,00; para a Secretaria Municipal de Urbanismo, R$ 87.059.538,00; para a Secretaria Municipal de Meio Ambiente da Cidade, R$ 290.187.995,00; e para a Secretaria Municipal de Ordem Pública, R$ 708.144.092,00.

Já quanto à previsão de objetivos específicos, encontramos na referida LOA da cidade do Rio de Janeiro as seguintes ações voltadas para a questão das chuvas: a) executar obras preventivas, corretivas e emergenciais em encostas e áreas de risco de erosão acelerada, eixos viários, proteção de cais e emboques, visando garantir a segurança da população, bem como atuar preventivamente minimizando ou suprimindo os problemas causados pelas chuvas de verão, além de intervir com rapidez, eficiência e de forma descentralizada nas ocorrências de deslizamentos e outras situações de emergência; b) manter e melhorar a capacidade de escoamento das águas pluviais do sistema de drenagem dos logradouros e espaços de interesse público; c) realizar obras e serviços para promover a recuperação da pavimentação e drenagem de diversos logradouros, visando à melhoria da qualidade urbana dos bairros afetados.

Os exemplos concretos aqui citados buscam materializar o princípio orçamentário do *planejamento* ou da *programação*, isto é, a visão de que o orçamento seja instrumento de gestão, apresentando programaticamente o plano de ação do governo para o período a que se refere, integrando, de modo harmônico, as previsões da lei orçamentária, da lei do plano plurianual e da lei de diretrizes orçamentárias.

Portanto, parece que há sim recursos disponíveis no orçamento para combater este problema, bem como há metas e ações devidamente programadas. O que se pode esperar é que o gestor público execute fielmente o previsto na lei orçamentária, e o cidadão fique atento a esta execução.

Mas de nada adianta um bom planejamento se este não for cumprido. Entra em cena aqui também o princípio da *sinceridade* orçamentária, visando a coibir os orçamentos considerados "peças de ficção", que acabam sendo realizados em desacordo com a realidade econômica e social, com base em receitas "superinfladas" e despesas inexequíveis.

A sinceridade, tanto na elaboração como na execução do orçamento, funda-se nos princípios da moralidade, da legalidade, da transparência e do planejamento orçamentário, no ideal de boa-fé daqueles que elaboram, aprovam e executam o orçamento público para com a sociedade, a qual acaba tendo suas expectativas frustradas diante de promessas orçamentárias não realizadas.

E a sociedade, por sua vez, deve acompanhar não apenas o que consta do orçamento, mas o que de fato está sendo executado, inclusive comparando com aquilo que foi realizado em anos anteriores e se houve efetiva implementação das atividades que estavam previstas. Só assim o orçamento poderá também cumprir o papel de um verdadeiro instrumento de fiscalização do cidadão.

Ano após ano, as populações de grandes centros urbanos brasileiros vêm sofrendo com as agruras causadas pelas intempéries, mas a impressão que fica é a de que as Administrações Públicas envolvidas ainda pouco avançam na resolução do assunto.

Parece mais simples resolver a questão na base do "afobamento", buscando recursos emergenciais vindos do Governo federal ou da abertura de créditos extraordinários para enfrentar os desastres causados pelas chuvas estivais.

E a culpa, claro, sempre é lançada exclusivamente na conta da natureza, ou, como se diz na tradição jurídica anglo-saxã, num "*act of God*", fato natural imprevisível atribuído ao acaso ou à divindade. Como se a atuação planejada e efetiva da Administração não pudesse, ao menos, mitigar os danos previsíveis todos os anos. Já é hora de separar as responsabilidades, dando "a César o que é de César, e a Deus o que é de Deus".

IMPASSE DO ORÇAMENTO IMPOSITIVO

PUBLICADO EM MARÇO DE 2020

Há 160 anos, o então Reino da Prússia, que veio a se tornar o principal Estado-membro do Império Alemão, se via às voltas com a necessidade de aumentar os gastos bélicos para fazer frente às guerras que enfrentava.

Tal situação instaurou um "impasse orçamentário" nos anos de 1860-1866, entre o Poder Executivo e o Parlamento, que rejeitava sucessivamente o aumento das despesas.

Sob o comando do chanceler Otto von Bismarck, o conflito político é transferido para a arena jurídica, através da construção dogmática do jurista Paul Laband, do orçamento público como "lei meramente formal", mitigando o seu caráter de lei material capaz de criar verdadeiras obrigações para o Estado. Esvaziava-se, então, o perfil impositivo do orçamento, ao argumento de tratar-se de mero ato administrativo de autorização de gastos, e validaram-se juridicamente os ideais do princípio monárquico prussiano, garantindo a soberania do monarca autoritário em detrimento do Parlamento.

Infelizmente, tais premissas, gestadas no século XIX em um panorama bastante distinto, atravessaram o Atlântico e, ainda hoje, configuram as bases do contexto jurídico-orçamentário brasileiro, não obstante o ambiente democrático em que nos encontramos a partir da Constituição de 1988.

Embora ainda haja certas controvérsias doutrinárias, atualmente podemos afirmar que o orçamento público no Brasil possui natureza eminentemente impositiva, com algumas exceções que permitem afastar o caráter de cumprimento obrigatório das despesas planejadas.

Mas antes de tudo, é importante lembrar que desde a sua redação original, até os dias atuais, nunca se viu na Constituição a expressão "autorização" para as verbas orçamentárias, e, sim, a palavra "fixação" da despesa pública. O § 8º do artigo 165 que trata do assunto tem a seguinte redação:

> *A lei orçamentária anual não conterá dispositivo estranho à previsão da receita e à fixação da despesa, não se incluindo na proibição a autorização para abertura de créditos suplementares e contratação de operações de crédito, ainda que por antecipação de receita, nos termos da lei.*

Ainda que não fosse suficiente o comando constitucional, cuja literalidade possui como sinônimos os verbos "firmar", "prender", "segurar", "estabilizar", "imobilizar", "alicerçar", "consolidar", "cimentar" etc., ideias bastante distintas da mera autorização ou faculdade na execução do gasto, tivemos mais recentemente uma série de emendas constitucionais que alteraram o panorama jurídico sobre a impositividade orçamentária.

Primeiro, a *Emenda Constitucional nº 86/2015*, originária da "PEC do orçamento impositivo", estabeleceu a execução obrigatória das emendas parlamentares ao orçamento até o limite de 1,2% da receita corrente líquida da União (RCL).

Posteriormente, com o advento da *Emenda Constitucional nº 100/2019*, que alterou os artigos 165 e 166 da Constituição Federal, tornou-se inequivocamente obrigatória a execução orçamentária, como já vimos em nossa Coluna Fiscal de julho de 2019, ao prever que *"a administração tem o dever de executar as programações orçamentárias, adotando os meios e as medidas necessários, com o propósito de garantir a efetiva entrega de bens e serviços à sociedade"* (§ 10, art. 165).

Em seguida, a *Emenda Constitucional nº 102/2019* veio a ser editada para aprimorar o modelo de impositividade orçamentária, ao prever as condições e hipóteses para a execução obrigatória do orçamento público no Brasil: a) devendo-se respeitar as metas fiscais e limites de despesas; b) excetuando-se os casos de impedimentos de ordem técnica devidamente justificados; c) aplicando-se, exclusivamente, às despesas primárias discricionárias (§§ 11, 12 e 13, art. 165, CF/1988).

E, mais recentemente, a *Emenda Constitucional nº 105/2019* estabeleceu que as *emendas individuais impositivas* apresentadas ao projeto de lei orçamentária anual poderão alocar recursos a Estados, ao Distrito Federal e a Municípios por meio de transferência especial ou transferência com finalidade definida.

Assim, sobretudo com as Emendas Constitucionais 100/2019 e 102/2019, tornou-se literalmente obrigatória a execução plena do orçamento, e não apenas as provenientes de emendas parlamentares individuais ou de bancada. O novo § 10 do art. 165 impõe à Administração, sem se limitar às emendas, o dever de executar obrigatoriamente as programações orçamentárias, para garantir a efetiva entrega de bens e serviços à sociedade. Em seguida, o § 11 estabelece as exceções ao orçamento impositivo, a fim de assegurar o equilíbrio fiscal.

A propósito, este último dispositivo constitucional - que restringe a impositividade orçamentária (§ 11, art. 165) - se amolda perfeitamente ao dispositivo denominado de "limitação de empenho", previsto no artigo 9º da Lei de Responsabilidade Fiscal (LC 101/2000), para o caso de queda na arrecadação. A referida norma assim prescreve:

> Art. 9º. Se verificado, ao final de um bimestre, que a realização da receita poderá não comportar o cumprimento das metas de resultado primário ou nominal estabelecidas no Anexo de Metas Fiscais, os Poderes e o Ministério Público promoverão, por ato próprio e nos montantes necessários, nos trinta dias subsequentes, limitação de empenho e movimentação financeira, segundo os critérios fixados pela lei de diretrizes orçamentárias.

Desse modo, fica plenamente autorizado o **contingenciamento de gastos, impondo-se** o adiamento ou a não realização de parte da programação de despesa prevista na Lei Orçamentária, em função da insuficiência de receitas.

Na realidade, um iminente contingenciamento a ser realizado pelo Poder Executivo se avista muito brevemente. Isso porque diante da crise pela qual o mundo está passando com a epidemia (ou pandemia) do Coronavírus, fato que vem afetando negativamente o mercado global pela desaceleração da produção e do consumo, inequivocamente a economia brasileira será também atingida. Como consequência da redução do consumo, da produção interna e das exportações, haverá uma queda na arrecadação que irá disparar o gatilho da limitação de empenho. Esta queda arrecadatória será ainda maior diante da brusca desvalorização do preço do petróleo, que atingirá em cheio as receitas de royalties.

Fato é que tanto a jurisprudência do Supremo Tribunal Federal como a doutrina mais moderna de Direito Financeiro já vinham reconhecendo a lei orçamentária como lei material e não mais como mera lei formal de conteúdo de ato administrativo autorizativo de despesas.

Assim, a nosso ver, restam superados os entendimentos que generalizavam e afirmavam ser meramente autorizativo o orçamento público no Brasil.

Mas a antiga visão tradicional parece ainda querer assombrar as relações entre os Poderes em nossa República.

Em recente impasse, Executivo e Legislativo da União dialogam para definir como materializar a feição impositiva do orçamento, sobretudo naquela parte referente às emendas parlamentares. Isso porque, com a impositividade das emendas dos parlamentares, estes teriam a garantia de aplicação anual de rubricas por eles especialmente destinadas a seus eleitorados e regiões de onde são provenientes, sem interferência ou contingenciamentos do Poder Executivo.

O Executivo alega que esta disponibilização rígida de dinheiro público engessaria ainda mais o orçamento da União e reduziria a possibilidade de o Executivo alocar os recursos onde entendesse necessário. Assim, alguns dispositivos da Lei de Diretrizes Orçamentárias de 2020 que contemplavam essa obrigatoriedade de empenho e pagamento das emendas parlamentares foram vetados pelo Presidente da República.

A polêmica refere-se à parcela dos R$ 30 bilhões do orçamento impositivo do Parlamento e três projetos de lei encaminhados àquela casa pelo Poder Executivo, destinados a regulamentar o orçamento impositivo estabelecido na Constituição; a transferência de parte daquele montante para o Governo Federal dispor, reduzindo o valor originalmente destinado para emendas do relator do orçamento de 2020; bem como regras para a ordem de prioridade dos parlamentares na execução de parte das emendas.

Independente de tudo, fato é que cada um dos Poderes deve agir e pautar seus atos em prol do interesse da nação e garantir a capacidade governamental de melhor gerir os recursos destinados à nossa sociedade. Vivemos durante décadas sob a égide da teoria do orçamento autorizativo. Mas, assim como "Roma não foi construída em um único dia", também as novas versões das relações entre Poderes na realização dos gastos públicos necessitarão de um certo tempo de maturação e acomodação entre nós.

CORONAVÍRUS E A LEI DE RESPONSABILIDADE FISCAL

PUBLICADO EM MARÇO DE 2020

A Lei de Responsabilidade Fiscal (LC nº 101/2000), através do seu artigo 65, considera a *calamidade pública* ou os *estados de defesa* ou *de sítio* circunstâncias excepcionais que permitem afastar temporariamente algumas das suas exigências, sobretudo as limitações para os gastos e endividamento. Para tanto, este estado não basta ser decretado pelo Poder Executivo, devendo ser formalmente reconhecido pela respectiva Casa Legislativa. Afinal, vidas são mais importantes do que metas fiscais, e disso ninguém tem dúvidas.

Inequivocamente, podemos subsumir a atual situação de pandemia causada pela COVID-19 (Coronavírus) ao conceito de estado de calamidade pública, assim considerada a situação reconhecida pelo poder público de uma circunstância extraordinária provocada por desastre natural, humano ou misto, que causa sérios danos à comunidade afetada, inclusive à incolumidade e à vida de seus integrantes.

Diante dessa situação, desde que chancelada pelo Congresso Nacional, o artigo 65 da LRF autoriza a suspensão temporária (e enquanto se mantiver esta situação):

> a) da contagem dos prazos de controle para adequação e recondução das despesas de pessoal (arts. 23 e 70) e dos limites do endividamento (art. 31);
> b) do atingimento das metas de resultados fiscais e;
> c) da utilização do mecanismo da limitação de empenho (art. 9º).

Mesmo já tendo havido, em 13 de março, a abertura de crédito extraordinário na Lei Orçamentária Anual no valor de cerca de R$ 5 bilhões, conforme Medida Provisória nº 924/2020, esse montante não é suficiente. A propósito, a Constituição (art. 167, inciso V) veda a abertura de crédito suplementar ou especial sem prévia autorização legislativa, admitindo-se, todavia, o uso de Medida Provisória - apenas e tão somente - para abertura de crédito extraordinário (art. 167, § 3º), desde que seja para atender a despesas imprevisíveis e urgentes, como as decorrentes de calamidade pública.

Desta forma, a fim de evitar a necessidade de realizar bimestralmente contingenciamentos obrigatórios de despesas e para poder ultrapassar o limite da meta de déficit primário do setor público consolidado – estabelecida no artigo 2º da LDO/2020 no montante de R$ 124 bilhões de reais –, e assim poder enfrentar financeiramente a grave situação e custear as ações na área da saúde no combate ao COVID-19, em 18 de março passado o Poder Executivo federal encaminhou à Câmara dos Deputados a Mensagem Presidencial nº 93/2020, que assim demandava:

> "Solicito a Vossas Excelências o reconhecimento de estado de calamidade pública com efeitos até de 31 de dezembro de 2020, em decorrência da pandemia da Covid-19 declarada pela Organização Mundial da Saúde, com as consequentes dispensas do atingimento dos resultados fiscais previstos no art. 2º da Lei nº 13.898, de 11 de novembro de 2019, e da limitação de empenho de que trata o art. 9º da Lei de Responsabilidade Fiscal".

A necessidade de reconhecimento formal pelo Poder Legislativo do ato ou demanda do Poder Executivo de decretação de estado de calamidade pública decorre do princípio da democracia fiscal, pelo qual os representantes do povo são chamados - em nome da sociedade - a autorizar a adoção de um regime de exceção na aplicação das normas gerais e regulares constantes da Lei de Responsabilidade Fiscal.

Assim, na noite do mesmo dia 18/3, de maneira diligente, a Câmara dos Deputados aprovou, por votação simbólica, o Projeto de Decreto Legislativo (PDL) 88/2020, que reconhece o estado de calamidade pública no Brasil. Ressaltou-se, entretanto, que não se tratava de um "cheque em branco". O presidente da Câmara dos Deputados Rodrigo Maia observou que a ampliação dos gastos públicos se justificava para fazer frente ao combate à pandemia que vivenciamos, sendo certo que, ultrapassado esse difícil período, a prioridade deveria voltar a ser o controle dos gastos públicos.

Dois dias depois, em 20/3, o Senado Federal, de maneira inédita, realizou a sua primeira sessão virtual, dentro do esforço conjunto para aprovar a medida. A sessão que aprovou o decreto por unanimidade foi conduzida pelo senador Antonio Anastasia (PSD-MG), que colheu o voto de 75 senadores, os quais se manifestaram por meio de chamada de vídeo ou telefônica certificada.

O Decreto Legislativo nº 06/2020 reconhece

> "exclusivamente para os fins do art. 65 da Lei Complementar nº 101, de 4 de maio de 2000, notadamente para as dispensas do atingimento dos resultados fiscais previstos no art. 2º da Lei nº 13.898, de 11 de novembro de

2019, e da limitação de empenho de que trata o art. 9º da Lei Complementar nº 101, de 4 de maio de 2000, a ocorrência do estado de calamidade pública, com efeitos até 31 de dezembro de 2020, nos termos da solicitação do Presidente da República encaminhada por meio da Mensagem nº 93, de 18 de março de 2020".

Esse decreto legislativo também criou uma Comissão Mista no âmbito do Congresso Nacional, composta por 6 (seis) deputados e 6 (seis) senadores, com o objetivo de acompanhar a situação fiscal e a execução orçamentária e financeira das medidas relacionadas à saúde pública.

A declaração de estado de calamidade pública é inédita em nível federal. Todavia, Estados brasileiros já usaram dessa medida no passado. Com fundamento na grave crise financeira enfrentada no ano de 2016, agravada pelo desequilíbrio fiscal decorrente da queda de arrecadação e do aumento de gastos, os Estados do Rio de Janeiro (Decreto 45.692, de 17 de junho de 2016), do Rio Grande do Sul (Decreto 53.303, de 21 de novembro de 2016) e de Minas Gerais (Decreto 47.101, de 5 de dezembro de 2016) decretaram o "Estado de Calamidade Financeira", visando obter os benefícios do dispositivo.

O contingenciamento previsto no artigo 9º da LRF, que era iminente não fosse a decretação do estado de calamidade pública, estava estimado em torno de R$ 40 bilhões. Devia-se, sobretudo, à queda na arrecadação federal decorrente da desaceleração da economia brasileira e global, pela redução do consumo e da produção, além da brusca desvalorização do preço do petróleo, reduzindo as receitas de *royalties*.

E, sempre que há queda na arrecadação, o gatilho legal da limitação de empenho é disparado. Neste sentido, estabelece categoricamente o artigo 9º da LRF que, se verificado, ao final de um bimestre, que a realização da receita poderá não comportar o cumprimento das metas de resultado primário ou nominal estabelecidas no Anexo de Metas Fiscais, os Poderes e o Ministério Público promoverão, por ato próprio e nos montantes necessários, nos trinta dias subsequentes, limitação de empenho e movimentação financeira, segundo os critérios fixados pela lei de diretrizes orçamentárias. No caso de restabelecimento da receita prevista, ainda que parcial, a recomposição das dotações cujos empenhos foram limitados dar-se-á de forma proporcional às reduções efetivadas. Não serão objeto de limitação as despesas que constituam obrigações constitucionais e legais do ente, inclusive aquelas destinadas ao pagamento do serviço da dívida, e as ressalvadas pela lei de diretrizes orçamentárias.

Com o decreto legislativo, o Governo Federal também ficou dispensado de se limitar ao déficit fiscal de R$ 124 bilhões estabelecido na LDO/2020. Há cálculos que já apontam para um déficit fiscal superior a R$ 250 bilhões de reais, não apenas pelo aumento de gastos, mas também devido à queda no PIB e, por consequência, redução na arrecadação.

Este rombo nas contas públicas cobrará o seu preço futuramente, caso medidas compensatórias não sejam adotadas em algum momento. Este é, aliás, o espírito da LRF, ao dispor no seu artigo 1º, § 1º que:

> A responsabilidade na gestão fiscal pressupõe a ação planejada e transparente, em que se previnem riscos e corrigem desvios capazes de afetar o equilíbrio das contas públicas, mediante o cumprimento de metas de resultados entre receitas e despesas e a obediência a limites e condições no que tange a renúncia de receita, geração de despesas com pessoal, da seguridade social e outras, dívidas consolidada e mobiliária, operações de crédito, inclusive por antecipação de receita, concessão de garantia e inscrição em Restos a Pagar.

Após passada a tormenta da pandemia do COVID-19, medidas duras deverão ser tomadas na busca do reequilíbrio das contas públicas, e o aumento dos tributos costuma ser a primeira coisa que vem à mente do gestor da área das finanças públicas.

A verdade é que, em momentos de desaceleração econômica, medidas anticíclicas envolvem uma forte atuação estatal, impondo a redução de tributos, a expansão do crédito e o aumento dos gastos e investimentos públicos, para que estas providências estimulem a "roda da economia a voltar a girar".

Esta era a teoria da Escola Keynesiana, em que o Estado deveria assumir uma postura mais ativa e intervencionista – com aumento de gastos em geral e, sobretudo, de investimentos – para movimentar a economia e superar as insuficiências de demanda do setor privado, sem se preocupar momentaneamente com a austeridade e equilíbrio orçamentários. Mais contemporaneamente, uma nova escola, denominada de Escola Neodesenvolvimentista, ou novos keynesianos, que tem como protagonistas Joseph Stiglitz e Amartya Sen, prega a complementaridade entre o Estado e o mercado para estruturar e permitir o desenvolvimento sustentado e uma melhor distribuição de renda, dentro de um modelo que propõe novos paradigmas na produtividade da economia global, tendo como foco a equidade social.

Esta nova corrente de pensamento econômico ganhou especial destaque com a crise mundial de 2008, que obrigou as nações mundiais, sobretudo os Estados Unidos da América e as integrantes da União Europeia, a agirem de maneira intensa, através de políticas fiscais e monetárias – como a concessão de incentivos tributários, redução da taxa de juros, incremento nos gastos públicos etc. – para garantir a estabilidade do sistema financeiro e reagir diante da redução da demanda e do consumo.

E isso tudo parece se repetir agora em 2020 com a pandemia do COVID-19, em que medidas globais estão sendo adotadas para evitar uma acentuada queda do PIB mundial, assemelhadas àquelas tomadas no século XX, como o *Plano Marshall* (ajuda à Europa após a Segunda Guerra Mundial) e o *New Deal* (investimentos vultosos para enfrentar a Grande Depressão dos anos de 1930).

No Brasil, ajuda para empresas de aviação, hotelaria, bares e restaurantes já foram anunciadas. Também foram divulgadas medidas de auxílio financeiro para os trabalhadores informais em cerca de R$ 15 bilhões, além da antecipação das parcelas do 13º salário dos aposentados e de alguns setores da ativa, assim como o saque antecipado do FGTS. Na mesma linha, na área fiscal federal, foi autorizado o adiamento por seis meses do pagamento dos tributos da União para empresas optantes pelo Simples Nacional; a prorrogação de três meses para o pagamento do FGTS dos trabalhadores; redução por três meses em 50% no valor das contribuições do Sistema "S"; redução para 0% da alíquota do Imposto de Importação de produtos médicos e de limpeza, vinculados ao combate ao COVID-19; facilitação para o desembaraço de mercadorias importadas (insumos e matérias primas industriais); dentre outras.

Mas diante de tantas renúncias fiscais, e ante a obrigação prevista no artigo 14 da LRF, que impõe medidas de compensação financeira, não me espantaria se um empréstimo compulsório fosse criado nesse difícil momento, com base na autorização constitucional para atender a gastos inesperados originários de uma calamidade pública, tal como prescrito no artigo 148:

> A União, mediante lei complementar, poderá instituir empréstimos compulsórios:
> I - para atender a despesas extraordinárias, decorrentes de calamidade pública, de guerra externa ou sua iminência; (...)

Apesar de ser um remédio amargo, talvez fosse até melhor do que o mero aumento de qualquer outro tributo, pois, em se tratando de empréstimo compulsório, o Governo Federal está obrigado a restituí-lo, e devidamente corrigido. Seria, então, uma modalidade de "economia forçada". Ao menos, teríamos a sensação de participar de um esforço coletivo em prol do bem comum, sabendo-se que o valor pago será devolvido futuramente.

Fato é que, superando-se esse estado de calamidade pública causado pelo COVID-19, espera-se que os governantes e parlamentares se unam para combater outro grave flagelo, que é a falta de saneamento básico, que atinge dezenas de milhões de brasileiros, e necessita de um investimento de algumas centenas de bilhões de reais para dar-lhes água e esgoto, ou seja, conceder-lhes um mínimo de saúde e dignidade. Afinal, este é um verdadeiro estado de calamidade que se mantém há décadas.

Por fim, confio que, em um Estado Democrático de Direito como o nosso, a comunhão de interesses e esforços republicanos entre os Poderes releve a polarização instaurada e garanta os meios necessários para vencer esta grave crise pandêmica que a humanidade enfrenta, oferecendo tratamento médico, saúde e saneamento básico a todos os cidadãos brasileiros.

ORÇAMENTO DE GUERRA CONTRA A COVID-19

PUBLICADO EM ABRIL DE 2020

A pandemia da COVID-19 que vem afligindo toda a humanidade tem afetado severamente o mercado global e o interno brasileiro, por uma forte desaceleração da economia devido à redução da produção, do consumo e das exportações, ocasionada pelo isolamento social e pelo fechamento de estabelecimentos não essenciais. Como consequência, na área fiscal, temos uma queda drástica na arrecadação de tributos, além da brusca desvalorização do preço do petróleo pela menor demanda da *commodity*, reduzindo importante fonte de recursos financeiros para o país, que são as receitas de *royalties*.

Mas como se não bastassem os inesperados e vultosos gastos na área da saúde para o imperioso e urgente enfrentamento da doença causada pelo novo Coronavírus, juntamente com a diminuição nas receitas públicas, os governos, sobretudo o federal, enfrentam outro desafio: prover meios necessários e suficientes para a manutenção dos empregos, o reaquecimento da economia e, principalmente, para garantir um mínimo de renda imprescindível para os mais necessitados e vulneráveis, sobretudo àqueles que pertencem à economia informal.

No seguimento da decretação de calamidade pública federal, através do Decreto Legislativo nº 06/2020, cuja finalidade era obter os benefícios do art. 65 da Lei de Responsabilidade Fiscal – a saber, a dispensa do atingimento de resultados fiscais previstos na LDO e a suspensão do mecanismo da limitação de empenho (tema tratado na última Coluna Fiscal de 23/03/2020) –, viu-se, recentemente, o Supremo Tribunal Federal sendo acionado para afastar outras exigências previstas na LRF.

Assim foi que, em decisão monocrática datada de 29/03/2020, na Medida Cautelar na ADI nº 6.357-DF, o Ministro Alexandre de Moraes, embora entendendo e registrando que "a *responsabilidade fiscal é um conceito indispensável*", ressalvou que a pandemia representa uma condição superveniente absolutamente imprevisível e de consequências gravíssimas, exigindo atuação urgente, duradoura e coordenada de todas as autoridades federais, estaduais e municipais em defesa da vida, da saúde e da própria subsistência econômica, tornando impossível o cumprimento de determinados requisitos legais compatíveis com momentos de normalidade, sob pena de violação da dignidade da pessoa humana (art. 1º, III, CF), da garantia do direito à saúde (arts. 6º, *caput*, e 196, CF) e dos valores sociais do trabalho e da garantia da ordem econômica (arts. 1º, inciso I; 6º, *caput*; 170, *caput*; e 193). Por isso, deferiu medida cautelar, *ad referendum* do Plenário, para:

> conceder interpretação conforme à constituição federal aos artigos 14, 16, 17 e 24 da Lei de Responsabilidade Fiscal e 114, *caput, in fine* e § 14, da Lei de Diretrizes Orçamentárias/2020, para, durante a emergência em Saúde Pública de importância nacional e o estado de calamidade pública decorrente de COVID-19, afastar a exigência de demonstração de adequação e compensação orçamentárias em relação à criação/expansão de programas públicos destinados ao enfrentamento do contexto de calamidade gerado pela disseminação de COVID-19.

Com esta decisão, todas as medidas financeiras que se relacionarem com o combate ao vírus da COVID-19 ficam dispensadas de: 1) demonstração de que os gastos não afetarão as metas de resultados fiscais previstas na LDO; 2) necessidade de compensação por meio de redução de outras despesas ou pela criação ou majoração de tributos ou fonte de arrecadação; 3) apresentar a estimativa do impacto orçamentário-financeiro e a declaração do ordenador da despesa de que aqueles gastos têm adequação orçamentária e financeira com a lei orçamentária anual e compatibilidade com o plano plurianual e com a lei de diretrizes orçamentárias.

Mas isso não era suficiente. Havia ainda outras travas administrativas e fiscais, em especial aquela que veda a realização de operações de créditos que excedam o montante das despesas de capital, sendo que o endividamento seria o remédio financeiro mais indicado no momento pelos economistas para custear as novas despesas. Justifica-se: uma eventual majoração tributária atingiria a disponibilidade financeira das pessoas e empresas, e a consequência natural de qualquer aumento da carga fiscal é a redução do consumo e aumento do desemprego, exatamente o que não se quer agora.

Essa, aliás, foi a razão de este subscritor ter recentemente se manifestado alhures no sentido da criação de um empréstimo compulsório (tributo temporário e restituível), a incidir sobre o patrimônio de maneira progressiva (com alíquotas majoradas conforme a dimensão patrimonial), atingindo sobretudo os mais ricos e super-ricos, como uma espécie de imposto sobre grandes fortunas passageiro. Afinal, sobre eles, esta tributação não causaria significativa redução de disponibilidade financeira que pudesse afetar o consumo imediato. Além de que a rejeição social a esta exação seria menor do que a de um tributo comum, já que o empréstimo compulsório, pela sua própria natureza, deve ser devolvido, tempos depois, e devidamente corrigido.

Portanto, sendo a dívida pública o mecanismo supostamente adequado a financiar os novos gastos para o enfrentamento da pandemia da COVID-19, a solução que está a se delinear advém da proposta de autoria do Deputado Federal Rodrigo Maia (DEM/RJ), Presidente da Câmara dos Deputados, com apoio do Ministério da Economia, consubstanciada na PEC nº 10/2020, conhecida por "*PEC do Orçamento de Guerra*", que, ao incluir o novo **artigo 115 ao** ADCT da Constituição Federal de 1988, cria uma estrutura orçamentária mais "flexível", paralela ao orçamento geral que temos.

Até o momento, a proposta já foi votada e aprovada na Câmara dos Deputados. Noticia-se que a PEC será apreciada logo no início da próxima semana no Senado Federal. Sendo votada e aprovada em dois turnos naquela Casa Legislativa sem alterações, provavelmente teremos em breve a **Emenda Constitucional nº 106/2020**.

Nos termos em que se encontra a referida PEC, a nova emenda constitucional virá para instituir o *regime extraordinário fiscal, financeiro e de contratações*, a fim de enfrentar a calamidade pública nacional decorrente da pandemia da COVID-19, e o novel artigo 115 do ADCT afasta a aplicabilidade da conhecida "regra de ouro" prevista no inciso III do artigo 167 da Constituição – que veda o endividamento para o pagamento de despesas correntes – durante o exercício financeiro em que vigore a calamidade pública; permite que operações de crédito realizadas para o refinanciamento da dívida mobiliária possam ser utilizadas também para o pagamento de seus juros e encargos; e dispensa o cumprimento das restrições constitucionais e legais quanto à criação, expansão ou aperfeiçoamento de ação governamental que acarrete aumento da despesa e a concessão ou ampliação de incentivo ou benefício de natureza tributária da qual decorra renúncia de receita, desde que não se trate de despesa permanente, que tenha o propósito exclusivo de enfrentamento do contexto da calamidade e seus efeitos sociais e econômicos, com vigência e efeitos restritos ao período de duração desta.

Criará, também, o Comitê de Gestão da Crise, com a competência de fixar a orientação geral e aprovar as ações que integrarão o escopo do regime emergencial. Estabelece, ainda, que os conflitos federativos decorrentes de atos normativos do Poder Executivo relacionados à calamidade pública serão resolvidos exclusivamente pelo Supremo Tribunal Federal, e que as ações judiciais contra decisões do Comitê de Gestão da Crise serão da competência do Superior Tribunal de Justiça, ressalvadas as competências originárias do STF, TST, TSE e STM. Ademais, autoriza o Banco Central do Brasil a comprar e vender títulos de emissão do Tesouro Nacional, nos mercados secundários local e internacional, e direito creditório e títulos privados de crédito em mercados secundários, no âmbito de mercados financeiros, de capitais e de pagamentos, sempre limitado ao enfrentamento da referida calamidade.

Assim, um dos principais motivos que originaram a PEC do orçamento de guerra foi a necessidade de ampliação de gastos para o enfrentamento da pandemia da COVID-19 sem as condicionantes legais orçamentárias que são impostas pela Constituição Federal de 1988 e pela LRF aos gastos ordinários, sobretudo no que se refere ao uso de endividamento para despesas correntes. Pretende-se permitir, portanto, a criação de um "orçamento paralelo" mais flexível e que facilite as contratações, o aumento de despesas públicas e de endividamento, tudo de maneira mais transparente e juridicamente seguro a possibilitar o controle dos gastos. Através das novas regras, também não será mais necessário indicar a fonte de financiamento dos gastos, que poderão ser custeados pela emissão de dívida pública.

Fala-se em despesas da monta de quase 10% do PIB (cerca de R$ 600 bilhões) para este orçamento extraordinário e desvinculado da LOA em vigor. E o déficit nas contas públicas da União, Estados e Municípios deve atingir R$ 500 bilhões neste ano.

Inequivocamente, trata-se de uma situação extraordinária a exigir medidas extremas, não apenas para movimentar a economia, mas principalmente para salvar vidas. Todavia, a conta deste orçamento extraordinário será paga no futuro, quando da quitação das dívidas públicas contraídas, o que de alguma maneira afeta o *princípio fundamental da equidade intergeracional*, ao transferir para gerações vindouras o custo financeiro do presente.

Esta despesa temporária tem um alvo certo e determinado, e não pode se transformar em permanente. Mas se for para termos outro "orçamento de guerra" nos próximos anos, que seja para o Brasil enfrentar dois grandes desafios: oferecer educação e saneamento básico para esta e para as próximas gerações.

OS 20 ANOS DA LRF: O PASSADO, O PRESENTE E O FUTURO

PUBLICADO EM MAIO DE 2020

A Lei Complementar nº 101/2000 – Lei de Responsabilidade Fiscal (LRF) – completou 20 anos alguns dias atrás (segunda-feira), dentro de um contexto absolutamente inesperado para quem a acompanha desde a sua promulgação em 4 de maio de 2000, quando então pretendia-se, por ela, introduzir uma nova cultura na Administração Pública brasileira, baseada no planejamento, na transparência, no controle e equilíbrio das contas públicas e na imposição de limites para determinados gastos e para o endividamento.

Refiro-me à conjuntura fiscal atual decorrente da pandemia da COVID-19, com uma drástica queda de arrecadação e aumento inesperado de gastos – ambos não contemplados nas leis orçamentárias vigentes –, fatos que estão impondo a suspensão temporária de diversos dispositivos da LRF, tanto pela aplicação do seu próprio artigo 65, através da decretação de calamidade pública da União, dos Estados e Municípios, como também por decisão do STF (ADI 6.357) e por propostas de alterações legislativas e constitucionais que estão vindo à luz nestes últimos dias (PLP 39/2020 e PEC 10/2020).

No início da pandemia, assistimos à decretação de estado de calamidade pública federal por meio do Decreto Legislativo nº 06/2020 (o mesmo se repetindo com os demais entes federativos) e o acionamento das medidas de exceção presentes no artigo 65 da LRF, afastando temporariamente uma série de limitações e condicionantes em relação ao aumento de gastos e endividamento, sobretudo dispensando o cumprimento de metas fiscais previstas na LDO e suspendendo o mecanismo da limitação de empenho.

Não bastasse isso, tal como relatado em edição anterior da Coluna Fiscal, no bojo da ADI nº 6.357-DF, o Ministro do STF Alexandre de Moraes deferiu a medida cautelar requerida pela AGU para, concedendo interpretação conforme à Constituição Federal aos artigos 14, 16, 17 e 24 da Lei de Responsabilidade Fiscal e 114, *caput*, *in fine* e § 14, da Lei de

Diretrizes Orçamentárias/2020, desobrigar: 1) da demonstração de que os gastos não afetarão as metas de resultados fiscais previstas na LDO; 2) da necessidade de compensação por meio de redução de outras despesas ou pela criação ou majoração de tributos ou fonte de arrecadação; 3) da apresentação de estimativa do impacto orçamentário-financeiro e da declaração do ordenador da despesa de que aqueles gastos têm adequação orçamentária e financeira com a lei orçamentária anual e compatibilidade com o plano plurianual e com a lei de diretrizes orçamentárias.

E, sendo o endividamento (e não o mero aumento na tributação) o remédio financeiro mais indicado pelos economistas no momento para custear as novas despesas de enfrentamento da pandemia, e ainda havendo outras "travas fiscais" – tanto na LRF como na Constituição, em especial o seu art. 167, inciso III, que veda a realização de operações de crédito que excedam o montante das despesas de capital –, estão sendo atualmente realizadas alterações na legislação fiscal e constitucional.

A primeira modificação normativa refere-se ao PLP 39/2000, aprovado esta semana por ambas as casas legislativas (sendo agora encaminhado para sanção), que estabelece o denominado "Programa Federativo de Enfrentamento da Covid-19" e altera alguns dispositivos da LRF, prevendo a suspensão do pagamento de dívidas dos Estados, DF e Municípios para com a União, bem como a reestruturação de operações de crédito interno e externo e a entrega de recursos da União, na forma de auxílio financeiro, aos entes subnacionais. Ou seja, trata-se de uma Lei Complementar que permitirá o auxílio financeiro aos Estados, Distrito Federal e Municípios, cujo valor poderá ultrapassar R$ 60 bilhões, exclusivamente para o enfrentamento da pandemia da COVID-19.

Além disso, tivemos ontem a aprovação da PEC nº 10/2020, conhecida por *"PEC do Orçamento de Guerra"*, ensejando a promulgação, na data de hoje, 07 de maio de 2020, da Emenda Constitucional nº 106, incluindo novos dispositivos ao ADCT da Constituição Federal de 1988, para criar uma estrutura orçamentária mais "flexível" ao orçamento geral que temos, com o objetivo de permitir novos gastos para enfrentar a COVID-19. Permite-se a criação de uma espécie de "orçamento paralelo" que facilite as contratações, o aumento de despesas públicas e de endividamento, tudo de maneira mais transparente e juridicamente segura a possibilitar o controle dos gastos. Através das novas regras constitucionais de natureza temporária (apenas para o período de calamidade pública), também não será mais necessário indicar a fonte de financiamento dos gastos, que poderão ser custeados pela emissão de dívida pública, afastando-se a aplicabilidade da conhecida "regra de ouro" prevista no inciso III do artigo 167 da Constituição, que veda o endividamento para o pagamento de despesas correntes, além de autorizar o Banco Central do Brasil a comprar e vender títulos de emissão do Tesouro Nacional e outros ativos mobiliários nos mercados secundários local e internacional.

Ainda em relação à suspensão de dispositivos da LRF, também não podemos nos esquecer de que, logo em seus primeiros anos de vigência, esta lei teve contra si ajuizadas algumas ações diretas de inconstitucionalidade (sendo a principal a ADI 2238, de 04/07/2000, apensadas para julgamento conjunto as ADIs 2256, 2241, 2261 e 2365). A consequência inicial – e que durou quase vinte anos – foi a suspensão cautelar dos artigos 9º, § 3º; 12, § 2º e 23, §§ 1º e 2º. Com o julgamento em agosto de 2019 de parte das ações, tivemos a declaração de inconstitucionalidade dos artigos 56, *caput* e 57, *caput*, sendo que ainda aguarda-se a conclusão de julgamento (voto pendente do Ministro Celso de Mello), com a manutenção da suspensão dos efeitos dos artigos 9º, § 3º e 23, §§ 1º e 2º.

Nossa opinião é a de que, após um fecundo período de correção de rumos nas finanças públicas nacionais com a promulgação da LRF, pautado pela busca do equilíbrio fiscal, os últimos anos – não levando em consideração os recentes acontecimentos calamitosos, extraordinários e imprevistos – têm demonstrado que a falta do rigor no respeito de suas normas pode trazer sérios riscos para a economia e para a sociedade brasileira, impondo-se uma efetiva mudança de cultura fiscal e postura do gestor público.

De fato, o caos e a irresponsabilidade fiscal que assolavam nosso país antes da edição da LRF foram significativamente reduzidos e equacionados nos primeiros anos de sua vigência. O fim das políticas clientelistas e eleitoreiras, das despesas desprovidas de legitimidade, do desequilíbrio entre receitas e despesas públicas (e a consequente geração de *déficits* impagáveis a partir de dívidas sem lastro) foram alguns dos principais alvos a serem atacados com a edição da LRF e que precisam, hoje, ser relembrados pelos nossos governantes. Os erros do passado não podem ser repetidos.

Chama-nos a atenção também o fato de que há, ainda, mecanismos legais previstos na LRF não regulamentados desde a sua edição. É o caso do Conselho de Gestão Fiscal (art. 67) e da necessidade de imposição de limites para a dívida pública federal.

Fora estes, há outros dispositivos que merecem aperfeiçoamento, com o propósito de fechar as "brechas normativas" que vêm permitindo a alguns gestores públicos adotar meios alternativos para se desviarem das regras de equilíbrio e responsabilidade fiscal previstas na LRF e não sofrerem as sanções pelo seu descumprimento. Destes, destacaria: a) forma de contabilização de despesas de pessoal, especialmente no que se refere à possibilidade ou não de dedução (para não atingir os limites fixados na lei) dos valores pagos aos terceirizados, aos aposentados e despesas tributárias que incidem nos pagamentos de pessoal (IR e Contribuições); b) definição objetiva das despesas (sobretudo em relação às despesas correntes) que podem ser financiadas com o uso de receitas variáveis como os *royalties*; c) fixação das despesas que devem ser necessariamente quitadas dentro do mesmo mandato, em reforço à vedação prevista no art. 42 (do uso de "restos a pagar"); e d) especificação dos limites de empenho que devem ser obrigatoriamente cumpridos por todos os poderes de cada ente.

Mas, ao fim e ao cabo, passadas duas décadas da edição da LRF, é inegável reconhecer que, graças ao nosso progresso democrático e institucional, hoje o Brasil possui instituições públicas sólidas, capazes de dar efetividade aos preceitos da lei, materializados no tripé do planejamento orçamentário, da transparência e do equilíbrio fiscal, diretrizes inequivocamente imprescindíveis para a realização dos objetivos da República brasileira constantes do artigo 3º da nossa Constituição: construir uma sociedade livre, justa e solidária, desenvolver o país, acabar com a pobreza e a marginalização e minimizar as desigualdades sociais e regionais, promovendo o bem de todos.

Apesar dos seus 20 anos recém-completados, a Lei de Responsabilidade Fiscal é uma obra jurídica dinâmica e inacabada, que exige constante evolução e aperfeiçoamento. Garantir sua efetividade, permitindo a discussão da qualidade e dimensionamento das receitas e das despesas, com o necessário controle das finanças públicas, faz parte de um projeto de desenvolvimento nacional sustentável.

EFEITOS DA PANDEMIA NAS CONTAS PÚBLICAS E O PAPEL FISCAL DO ESTADO

PUBLICADO EM JUNHO DE 2020

Segundo as estimativas do Banco Mundial, constantes do relatório "*Global Economic Prospects – June 2020*", o PIB mundial terá uma queda de mais de 5% neste ano de 2020, ao passo que o Brasil sofrerá uma retração de 8% (página 24, capítulo 1). O referido relatório descreve que "*O COVID-19 provocou um enorme choque mundial, acarretando recessões acentuadas em muitos países. As previsões de referência vislumbram uma contração de 5,2% do PIB global em 2020 — a recessão global mais profunda em décadas*".

Aqui no Brasil, os efeitos fiscais decorrentes da pandemia da COVID-19 também começam a se revelar em números que institutos e órgãos oficiais vêm divulgando.

Os dados negativos que veremos a seguir decorrem da já esperada forte desaceleração econômica, com a consequente queda na arrecadação de tributos, aliada ao aumento de despesas para o enfrentamento da crise sanitária, com destaque para a ampliação de gastos na saúde, prestação de auxílio financeiro para as pessoas consideradas "mais vulneráveis" pertencentes ao mercado informal de emprego, redução da tributação sobre crédito, diferimento no pagamento de tributos, concessão de benefícios fiscais às empresas visando reaquecer a economia e ajuda financeira da União para Estados e Municípios, seja diretamente pelo repasse de recursos financeiros ou, indiretamente, pela suspensão do pagamento das dívidas.

Conforme recente publicação feita pelo IBGE, em que se considerou este como sendo "o pior momento da história da indústria brasileira", identificou-se uma queda de 18,8% na atividade industrial brasileira em abril em comparação com o mês anterior, e redução de 27,2% se cotejado com o mesmo mês do ano passado. A partir daí, estima-se uma retração no PIB superior a 10% para o corrente ano de 2020.

Por sua vez, os dados divulgados pelo Tesouro Nacional indicam um déficit fiscal acumulado entre janeiro e abril deste ano no valor de R$

95,8 bilhões, sendo R$ 92,9 bilhões apenas para o mês de abril, montante justificado pelas medidas adotadas no combate e pelos efeitos da crise COVID-19.

Já a Receita Federal do Brasil identificou, somente para abril de 2020, uma redução na arrecadação de R$ 35,1 bilhões relativa aos diferimentos tributários e de R$ 1,6 bilhão referente à diminuição no IOF-crédito. Ainda neste mesmo mês, a receita total apresentou redução de R$ 47,3 bilhões (31,9%) em termos reais, frente a abril de 2019. Houve redução real nos principais grupos de receita, com destaque para: IR (- R$ 9,9 bilhões), COFINS (- R$ 10,7 bilhões), PIS/PASEP (- R$ 2,8 bilhões), arrecadação líquida para o RGPS (- R$ 12,1 bilhões), exploração de Recursos Naturais (- R$ 3,4 bilhões) e demais receitas (- R$ 3,8 bilhões). A receita líquida apresentou redução de R$ 45,5 bilhões (35,6%) em termos reais em relação a abril de 2019. Por sua vez, neste período, as despesas em resposta à crise Covid-19 totalizaram R$ 59,4 bilhões, sendo as principais: a) auxílio emergencial a pessoas em situação de vulnerabilidade; b) despesas adicionais dos ministérios e c) concessão de financiamento para o pagamento da folha salarial (PESE).

É importante registrar que esses números se referem ao mês de abril, quando o auxílio emergencial de três parcelas de R$ 600,00 – destinado aos trabalhadores sem carteira assinada, pessoas de baixa renda e desempregados – ainda não havia sido pago, não estava concretizada a transferência da primeira parcela do socorro financeiro da União a Estados e Municípios no montante total de 60 bilhões de reais, assim como ainda não implementada a suspensão do pagamento das dívidas dos Estados e Municípios com a União e bancos públicos (cerca de R$ 100 bilhões), que foram autorizadas pela Lei Complementar nº 173, de 27 de maio de 2020.

Acrescente-se que, recentemente, o BNDES suspendeu até o fim deste ano o pagamento das dívidas de todo os Estados e de 44 Municípios, que somam R$ 3,9 bilhões.

Cabe ainda lembrar que a União federal já adotou uma série de medidas de natureza tributária a fim de oferecer condições financeiras e "fôlego" para as empresas enfrentarem o difícil período, mas que tem impacto imediato na arrecadação. Apenas para citar algumas: a Resolução CGSN nº 154/2020 prorrogou as datas de vencimento dos tributos apurados no âmbito do Simples Nacional; a Medida Provisória nº 927/2020 autorizou o diferimento do recolhimento das contribuições ao FGTS; a Portaria PGFN nº 7.821/2020 previu a suspensão dos atos de cobrança da dívida ativa da União pelo prazo de 90 dias; a Medida Provisória nº 932/2020 estabeleceu uma redução de 50%, durante três meses, nas contribuições destinadas às entidades do "Sistema S"; o Decreto nº 10.305/2020 reduziu para zero a alíquota do Imposto sobre Operações Financeiras (IOF) para as operações de crédito por 90 dias; a Instrução Normativa nº 1.930/2020 da Secretaria da Receita Federal prorrogou por dois meses o prazo para a entrega da declaração do IRPF; o Decreto nº 10.285/2020, ampliado pelo Decreto nº 10.302/2020, reduziu para zero a alíquota do IPI para produtos utilizados na prevenção e tratamento da Covid-19; a Portaria nº 201/2020, do Ministério da Economia, prorrogou os prazos de vencimento de parcelas mensais relativas aos programas de parcelamento administrados pela Secretaria Especial da Receita Federal do Brasil (RFB) e pela Procuradoria-Geral da Fazenda Nacional (PGFN); dentre outros.

Os cofres estaduais, que já não vinham bem mesmo antes da pandemia, também têm sido bastante afetados pela Covid-19, sobretudo com a queda na arrecadação de ICMS e royalties de petróleo. Em relação ao Rio de Janeiro, para os meses de abril e maio, há uma estimativa de perda de receitas em torno de R$ 1,7 bilhão, montante que pode atingir os R$ 20 bilhões até o fim deste ano. Para Minas Gerais, a estimativa de queda da arrecadação para os meses de abril e maio está na casa dos R$ 3 bilhões. No Rio Grande do Sul, a arrecadação caiu 17,5% em abril. E, em São Paulo, no mesmo mês, a arrecadação de ICMS declinou 19%.

Neste cenário, especialistas preveem que a dívida pública brasileira saltará dos atuais 76% para em torno de 93% do PIB, o que imporá responsabilidade fiscal no controle de gastos por parte do Governo Federal, sobretudo quanto às despesas correntes, almejando o respeito ao teto de gastos, além da busca de novos meios arrecadatórios (aumento ou criação de novos tributos).

Mas o que se percebe, tanto aqui no Brasil, como em diversos outras nações no mundo – em sua grande maioria capitalistas de ideologia liberal – é a adoção de inúmeras medidas de socorro financeiro aos cidadãos e às empresas em geral, sinalizando que a pandemia deixa exposta algumas falhas nos modelos econômico e fiscal atualmente adotados, e que o Estado deverá incorporar outras funções e exercer um novo papel.

Assim que superarmos a pandemia da Covid-19, a tributação deverá ser majorada para que se possa quitar as dívidas hoje contraídas e fornecer bens e serviços que passarão a ser mais intensamente demandados; a sociedade cobrará dos seus governantes a ampliação e universalização de serviços públicos, sobretudo na área da saúde e saneamento básico; a redução das desigualdades socioeconômicas entrará na pauta das políticas públicas, principalmente a partir da experiência advinda dos auxílios financeiros emergenciais concedidos aos cidadãos economicamente mais frágeis, pertencentes ao mercado informal, que até então eram "invisíveis" aos olhos dos governos; e a adoção de políticas econômicas fortes e estruturadas para as indústrias e o setor de serviços será um tópico inafastável do debate pelos governos.

O modelo de Estado de bem-estar social ou "Estado-providência", tal como adotado no pós-Segunda Guerra Mundial, parece ressurgir com uma nova roupagem como agente fomentador da economia e promotor na área social.

Muito se falou recentemente em "orçamento do guerra" de forma a permitir a realização de despesas urgentes para enfrentamento da pandemia custeadas pelo crédito público, dando ensejo à EC nº 106/2020.

Mas será que, em breve, ouviremos falar em algum novo modelo de "tributação de guerra", tanto para quitar as dívidas hoje contraídas, como para custear este novo papel que o Estado, inclusive o brasileiro, poderá ser chamado a adotar?

FISCALIZAÇÃO DOS GASTOS PÚBLICOS EM TEMPOS DE PANDEMIA

PUBLICADO EM JULHO DE 2020

Vivemos tempos difíceis, em que vultosos gastos públicos precisam ser realizados com rapidez, porém com eficiência e efetividade, para permitir que cheguem ao cidadão todas as medidas, bens e serviços suficientes e necessários ao enfrentamento da pandemia da Covid-19.

Não obstante a emergência das circunstâncias - que a própria legislação do Direito Financeiro reconhece como situação extraordinária de exceção à regra, sobretudo o art. 65 da LRF -, não há dispensa da imprescindível necessidade de transparência, fiscalização e controle das despesas que são realizadas neste período.

Os órgãos de fiscalização já se manifestaram no sentido de que adotar requisitos rígidos e complexos neste período de crise pode prejudicar a população. Todavia, apesar da "flexibilização de controles", não se pode abandonar a verificação de abuso nos preços, fraudes e corrupção.

A Controladoria-Geral da União (CGU) vem adotando política de monitoramento com o mínimo de interferência, a fim de não gerar entraves para o atendimento humanitário. Por sua vez, o Tribunal de Contas da União (TCU) aprovou, logo no início da crise, um plano de acompanhamento especial.

A propósito, a Emenda Constitucional nº 106/2020 foi categórica em relação à transparência fiscal e à prestação de contas, ao adotar o regime extraordinário fiscal, financeiro e de contratações simplificadas para atender às necessidades decorrentes da pandemia, destacando, no final do seu artigo 2º, que não poderá haver prejuízo da tutela dos órgãos de controle. Ademais, a EC 106/2020 estabeleceu, no seu artigo 5º, que as autorizações de despesas deverão "constar de programações orçamentárias específicas ou contar com marcadores que as identifiquem" e "ser separadamente avaliadas na prestação de contas do Presidente da República e evidenciadas, até 30 (trinta) dias após o encerramento de cada bimestre, no relatório a que se refere o § 3º do art. 165 da Constituição Federal" (Relatório Resumido de Execução Orçamentária).

Na mesma linha, a Lei Complementar nº 173/2020, que estabeleceu o "Programa Federativo de Enfrentamento ao Coronavírus SARS-CoV-2 (Covid-19)" e alterou os artigos 21 e 65 da Lei de Responsabilidade Fiscal, também enfatizou em seu texto a necessidade de transparência, fiscalização e controle. Neste sentido, o inciso II do § 1º do art. 3º ressalvou que as exceções criadas na lei não eximem

> "seus destinatários, ainda que após o término do período de calamidade pública decorrente da pandemia da Covid-19, da observância das obrigações de transparência, controle e fiscalização referentes ao referido período, cujo atendimento será objeto de futura verificação pelos órgãos de fiscalização e controle respectivos, na forma por eles estabelecida".

Igualmente, a LC nº 173/2020, ao alterar o texto do artigo 65 da Lei de Responsabilidade Fiscal, também destacou que a suspensão temporária, durante a calamidade pública, dos limites e vedações impostos pela LRF "*não afasta as disposições relativas a transparência, controle e fiscalização*" (inciso II, § 2º, do art. 65).

Assim sendo, as mais importantes alterações normativas editadas no período da pandemia da Covid-19 deixaram claro que não pode haver obscuridade nos gastos emergenciais e os órgãos de fiscalização e controle deverão atuar preventivamente e posteriormente em caso de malversação de recursos públicos.

Apesar de todos os destaques desses textos legais, infelizmente os fatos nos mostram que a realidade é outra e que as normas não vêm sendo cumpridas.

Segundo identificou o Tribunal de Contas da União (TCU) em relatório disponibilizado no final de junho passado, empresários, servidores públicos e até mesmo pessoas já falecidas estavam na lista do auxílio emergencial de 3 parcelas de R$ 600,00 (benefício posteriormente ampliado para mais algumas parcelas, elevando o gasto em mais R$ 51 bilhões), concedido pelo Governo Federal para trabalhadores de baixa renda e informais, conforme estabelecido na MP nº 936/2020, que instituiu o "Programa Emergencial de Manutenção do Emprego e da Renda". Ao todo, serão pagos R$ 200 bilhões para mais de 50 milhões de brasileiros.

Aquele tribunal de contas encontrou cerca de 620 mil pessoas recebendo pagamentos indevidamente, sem fazerem jus ao benefício por não se enquadrarem nos requisitos legais, já que só poderiam receber aqueles que têm renda familiar de até R$ 3.125,00 ou individual de R$

522,50. Encontram-se na lista de beneficiários irregulares mais de 235 mil empresários, 134 mil servidores públicos ou pensionistas, mais de 17 mil pessoas mortas e, até mesmo, 136 políticos com bens superiores a 1 milhão de reais (dados do TSE sobre candidatos nas eleições de 2016).

Antes do citado relatório, o próprio TCU, através de seu Ministro Bruno Dantas, relator do processo que acompanha a implementação do programa, divulgou a estarrecedora notícia de que "milhões de filhos da classe média estariam recebendo o auxílio emergencial indevidamente" por força de uma falha no cruzamento de dados na declaração do Imposto de Renda de pessoas que possuem dependentes.

Em liminar concedida em maio (confirmada pelo Plenário), o referido Ministro determinou o ressarcimento aos cofres públicos dos valores pagos indevidamente para mais de 70 mil militares da ativa, da reserva e pensionistas, dependentes e anistiados, que receberam a primeira parcela do auxílio.

A Controladoria-Geral da União (CGU) já mapeou mais de 300 mil servidores dos três níveis federativos (7 mil da União, 17 mil militares e 292 mil estaduais e municipais) que receberam indevidamente o auxílio, em montante superior a 200 milhões de reais.

Por outro lado, um erro no sistema da Dataprev prejudicou quase 100 mil trabalhadores - estes, sim, devidamente enquadrados no programa - no recebimento da segunda parcela do benefício emergencial, provocando redução no valor do pagamento.

Por ironia ou não, o Gabinete de Responsabilidade do Governo norte-americano noticiou que - também por uma falha - os Estados Unidos pagaram mais de 1 milhão de bolsas de auxílio emergencial da Covid-19, no valor de 1,4 bilhão de dólares, para pessoas mortas.

A tradução desses fatos indica que, por falha nos controles, quem não deveria receber, recebeu; e quem deveria, não recebeu.

Mas esses problemas nos pagamentos do auxílio financeiro não são os únicos que têm sido identificados como irregularidades, demonstrando a necessidade de maior fiscalização e controle nos gastos durante a pandemia.

O Tribunal de Contas do Município do Rio de Janeiro identificou prováveis indícios de superfaturamento em compras durante a pandemia, num valor de R$ 157 milhões a mais por remédios e equipamentos de proteção para o combate à Covid-19. A título ilustrativo, noticiou-se que o preço de máscaras de proteção antes da pandemia era de R$ 0,10 a unidade, mas foram comercializadas por diferentes fornecedores por R$ 2,50 e R$ 4,80 cada. Já as máscaras profissionais "N95" eram vendidas por R$ 2,40 a unidade antes da pandemia, mas estavam sendo cotadas por exorbitantes R$ 59,90 cada. Os abusos nos preços também atingiram remédios. Uma das empresas, cujos contratos foram fiscalizados, propôs a venda de comprimidos de "Propranolol" (para hipertensão) por R$ 0,22 cada um, sendo que antes o preço era de apenas um centavo.

Os possíveis desvios aparentemente chegaram também às Organizações Sociais (OS) responsáveis pela gestão de unidades hospitalares do Estado do Rio de Janeiro, fato relatado na operação deflagrada pelo Ministério Público - RJ, intitulada "Operação Pagão", que investiga malversação de mais de R$ 9 milhões. Em relação aos respiradores não é diferente, havendo investigação do MP-RJ de possível sobrepreço que pode chegar a R$ 183 milhões.

Já o Ministério Público do Tribunal de Contas da União investiga provável superfaturamento na compra sem licitação de insumos para a produção de medicamentos à base de cloroquina.

É importante lembrar que, apenas em abril deste ano, os gastos com o enfrentamento da pandemia somaram quase R$ 60 bilhões, gerando um déficit no mês de R$ 93 bilhões, juntamente com uma queda nas receitas federais de 35%, havendo uma projeção de déficit para o corrente ano de 2020 em torno de R$ 700 bilhões. Por sua vez, a dívida pública brasileira poderá atingir 93% do PIB, muito acima dos atuais 75% e também acima da média dos países emergentes que gira em torno de 50% a 60%.

É muito dinheiro para não ser devidamente aplicado.

Não podemos nos esquecer de que, após a crise da Covid-19 - que exigiu gastos extraordinários totalmente fora de qualquer previsão -, devemos retomar as discussões sobre a implementação de modelos que imponham maior disciplina fiscal para a União, Estados e Municípios, assim como voltar à pauta legislativa as reformas estruturais, sobretudo a tributária.

Será imperioso retomar o ciclo virtuoso que vínhamos nos esforçando para levar a cabo nos últimos anos, de controle responsável dos gastos e melhor gestão da arrecadação tributária. Pelo bem das contas públicas, mas, sobretudo, das futuras gerações, que acabarão por arcar *amanhã* com as despesas de *hoje*.

REFORMA TRIBUTÁRIA SEM A REFORMA PARA A TRIBUTAÇÃO DIGITAL?

PUBLICADO EM AGOSTO DE 2020

Os gastos com o enfrentamento dos efeitos da pandemia da COVID-19 vêm aumentando mês após mês, crescente que pode se potencializar quando se fala agora na manutenção do "auxílio emergencial" até o final do ano, ainda que com um valor menor, acrescentando-se o fato de que, segundo recentes dados da ANS, mais de 280 mil pessoas abandonaram seus planos de saúde privados, passando a serem usuários do SUS, o que aumentará ainda mais os gastos públicos na área da saúde.

Segundo o Banco Central, a dívida bruta atingiu 85,5% do PIB, e o endividamento da União, Estados e Municípios já ultrapassa R$ 6,15 trilhões até junho de 2020.

Nesse cenário de elevação de despesas e endividamento público, o tema da reforma tributária emerge como uma demanda necessária dos governos e da sociedade, especialmente por vozes da classe empresarial, tanto com a bandeira da simplificação do nosso ultracomplexo modelo tributário, quanto com o ideal de justiça fiscal a partir de uma melhor repartição dos encargos tributários, ampliando-se a base de contribuintes e, por decorrência, reduzindo-se a carga fiscal.

Além das propostas que hoje já existem no Parlamento, tanto na Câmara dos Deputados (PEC nº 45/2019), como no Senado (PEC nº 110/2019), viu-se recentemente a proposta encaminhada pelo Governo Federal (primeira parte de um conjunto a ser proposto), tendo como núcleo a unificação da PIS e da COFINS na intitulada Contribuição Social sobre Operações com Bens e Serviços (CBS), com alíquota de 12%. Especula-se, ainda, em futuras propostas a serem encaminhadas, acerca da criação de um tributo sobre operações financeiras, da desoneração da folha e da mudança no Imposto de Renda de empresas e pessoas físicas. Todavia, pouco se fala sobre a inclusão, na reforma tributária, da questão da economia digital.

Ocorre que o distanciamento social que estamos vivendo por força da quarentena nesta pandemia que assola a humanidade colocou a nu um movimento inexorável: a virtualização das relações em geral, sobretudo as econômicas, em que podemos adquirir toda sorte de bens e serviços, de maneira simples e com rapidez e qualidade, através de operações eletrônicas do "*e-commerce*" ou "*e-services*".

O fato é que a revolução digital da tecnologia da informação, da biotecnologia e da inteligência artificial já começa a alterar os paradigmas que conhecemos hoje. Por exemplo, o modelo de *home-office*, inequivocamente, veio para ficar.

Entretanto, nosso arquétipo tributário ainda está baseado em padrões de transações físicas. Não à toa, temos ainda vigente um Código Tributário promulgado mais de 50 anos atrás, quando os avanços e desenvolvimentos da era digital encontravam espaço, no máximo, em obras de literatura de ficção científica.

Riquezas estão sendo geradas em escala exponencial na economia digital, mas a necessidade e capacidade de tributar (desdobramento estatal do dever fundamental de pagar tributos, como o "preço da civilização", nas palavras de Oliver Wendell Holmes Jr., Ministro da Suprema Corte americana) não está acompanhando as novas tecnologias.

O problema se inicia com o fato de que as transações digitais não obedecem a fronteiras nacionais, como estamos acostumados a raciocinar. Como diria Zygmunt Baumann, os limites territoriais onde se exerce a soberania se tornaram "líquidos".

A circulação de capitais por meio de complexas operações em escala global implica a criação de fatos geradores que os Estados, por sua legislação interna ou acordos multilaterais de tributação, são incapazes de tributar eficazmente. Esse fenômeno, comum na realidade do direito tributário internacional, acaba por reduzir as bases tributárias dos países envolvidos, com a consequente perda de arrecadação.

Hoje, as empresas do setor digital criam riqueza no ambiente virtual sem necessidade de estarem fisicamente presentes nos países onde se encontram seus clientes/consumidores. Ou seja, criam um mercado consumidor em diversos países que não terão condições de tributá-las, pois seu estabelecimento permanente se localiza fora do território nacional do mercado consumidor (sendo este último convencionalmente denominado de "jurisdição de mercado").

Mas como então tributar essas novas realidades se trabalhamos com modelos tributários antigos?

Atenta a isso, em 2013, a Organização para a Cooperação e Desenvolvimento Econômico – OCDE – lançou um plano de ação denominado "Chamando a atenção para a erosão da base tributável e a transferência artificial de lucros" (*Addressing base erosion and profit shifting*). A sigla BEPS (*Base Erosion and Profit Shifting*) pode ser traduzida como "erosão da base e transferência de lucros". Este plano dimensionou as perdas enfrentadas pelos países diante da erosão fiscal e transferência de lucros para jurisdições de baixa tributação, expondo a preocupação com a redução das bases tributárias dos países-membros e a necessidade de adotar medidas para harmonização da legislação tributária internacional. Já naquela época, o 1º (primeiro) plano de ação previsto no Plano BEPS (2014) era justamente o de "identificar as principais dificuldades que a economia digital apresenta na aplicação das normas internacionais vigentes de tributação, tanto direta como indireta".

De lá para cá, muita coisa aconteceu, e as relações econômicas de natureza digital se potencializaram, chegando-se a ver uma desconfortável espécie de "rivalização" entre Estados Unidos e Europa na questão tributária. No continente europeu se concentra um enorme mercado consumidor de serviços digitais, ao passo que algumas das principais empresas do setor – como Google, Microsoft, Amazon, Apple, Facebook, dentre outras, conhecidas como "*Big Techs*" – se localizam do outro lado do Atlântico, nos Estados Unidos. Percebia-se como injusto que empresas estrangeiras (especialmente as norte-americanas) gerassem valor e riquezas com milhões de clientes europeus, sendo os lucros tributados fora da Europa.

Para tentar mitigar o embate comercial, a OCDE iniciou uma série de negociações buscando criar novos mecanismos de tributação do setor digital em que parte da cobrança de tributos pudesse ser feita também na jurisdição de mercado. Todavia, os EUA deixaram a mesa de tratativas.

A ideia do modelo de tributação gira em torno da incidência tributária sobre a receita bruta auferida pelas empresas de tecnologia a partir das vendas de produtos e serviços, de publicidade ou intermediação de negócios, tendo como elemento de conexão o mercado consumidor, no que se tem denominado de *Digital Services Tax* (DST).

Faço um aparte para recordar que, no ano passado, a França já havia aprovado um imposto (que acabou suspenso pelas negociações travadas entre União Europeia e EUA), no valor de 3% sobre a receita de serviços digitais prestados a consumidores localizados em território francês, por empresas com receita superior a 25 milhões de euros no país e 750 milhões de euros em todo o mundo.

Há duas semanas, no dia 15 de julho passado, a Comissão Europeia anunciou um pacote de medidas tributárias que atingirá as ditas *"Big Techs"*, para ser implementado até o ano de 2024. Divulgou o órgão europeu que será adotada uma nova abordagem na tributação para enfrentar o que, segundo ela, seriam "os desafios da economia digital e para garantir que todas as multinacionais paguem a justa parte que lhes cabe, buscando melhorar a justiça tributária, intensificando a luta contra fraudes fiscais, restringindo a concorrência desleal e aumentando a transparência tributária". Afirmou-se também que as medidas irão ajudar a economia a se recuperar para o enfrentamento da pandemia.

Muito está sendo feito e movimentado no hemisfério norte a respeito da busca da justa tributação desta nova realidade digital. E é este exemplo que penso deva ser seguido aqui no Brasil, dentro do escopo da reforma tributária que ora se desenha, fundamental para o reequilíbrio das contas públicas e o enfrentamento de um momento "pós-pandemia", de maneira a permitir o desenvolvimento econômico e a retomada dos investimentos no país.

Recordo que o artigo 11 da Lei de Responsabilidade Fiscal (LRF) estabelece que: "Constituem requisitos essenciais da responsabilidade na gestão fiscal a instituição, previsão e efetiva arrecadação de todos os tributos da competência constitucional do ente da Federação". E o setor da tributação da economia digital é uma relevante lacuna que temos em nosso vetusto sistema tributário.

Agora, com todo esse novo paradigma do mundo virtual, precisamos superar as nossas antigas dificuldades, principalmente através de uma reforma tributária que inclua a questão da tributação da economia digital, para que se possa dar efetividade ao supra citado artigo da LRF no sentido de termos a requerida instituição, previsão e arrecadação de todos os tributos como requisitos essenciais da responsabilidade na gestão fiscal.

Encerro lembrando que, apesar de realidades tão novas, ainda vale o antigo conceito de justiça formulado por Ulpiano na era clássica do direito romano: a justiça é a constante e firme vontade de dar a cada um o que é seu. E a porção adequada de tributos, também na era digital, é parte integrante de dar à sociedade aquilo que lhe é devido.

INTENSA CONJUNTURA ORÇAMENTÁRIA

PUBLICADO EM SETEMBRO DE 2020

São tantos assuntos na pauta de debates exatamente neste momento que, diversamente de analisar apenas um tema por vez, como a Coluna Fiscal costuma fazer, hoje optei por dar um panorama geral do que está acontecendo neste tenso início de setembro em matéria fiscal, sobretudo a orçamentária.

Antes de adentrar as questões nacionais, já me vem à mente a possibilidade de um *shutdown* nos Estados Unidos da América, uma vez que o prazo para aprovação do orçamento de 2021 naquele país é o próximo dia 30 de setembro e, como se encontram em ano de eleição, embates políticos com reflexos fiscais são comuns.

Apenas para relembrar, o *shutdown* dos EUA é a paralisação temporária dos serviços públicos considerados "não essenciais" de responsabilidade do governo federal norte-americano, devido ao impasse em relação à aprovação do orçamento público da União no Congresso dos EUA dentro do prazo legal. Lembro-me de que, entre os anos de 2018 e 2019, a paralisação norte-americana chegou a 35 dias. Lá, o princípio da legalidade e anualidade orçamentária são devidamente respeitados, encontrando-se expressos no art. 1º, Seção 9, Cláusula 7, da Constituição dos Estados Unidos da América, segundo o qual *"dinheiro algum poderá ser retirado do Tesouro senão em consequência de dotação determinada em lei"*.

Nós não possuímos o mesmo mecanismo, embora tenhamos também o imperativo da legalidade orçamentária, segundo o qual não poderá haver nenhuma despesa sem a devida e regular previsão legal que a autorize (inc. I, art. 167 da CF/88 e art. 6º da Lei nº 4.320/1964). No Brasil, quando o orçamento público não é aprovado até 31 de dezembro, não há qualquer paralisação. Adota-se temporariamente, na proporção mensal de 1/12 avos (duodécimos), a proposta de lei orçamentária ou a prorrogação da lei orçamentária do ano anterior, a partir da interpretação por analogia do art. 32 da Lei nº 4.320/1964, que trata da hipótese de não envio da lei orçamentária pelo Chefe do Executivo no prazo estipulado e que, neste caso, permite a utilização da lei orçamentária então vigente, desde que a lei de diretrizes orçamentárias assim o autorize.

A propósito da aprovação da lei orçamentária em nosso país, vimos, no início da semana que passou (31/08/2020), o encaminhamento, no último dia do prazo legal, do PLN 28/2020 (o projeto de lei orçamentária para 2021) pelo Poder Executivo federal ao Legislativo. Nele, a União estimou, a título de receitas para o exercício financeiro de 2021, o montante de R$ 4.291.872.437.622,00 (quatro trilhões, duzentos e noventa e um bilhões, oitocentos e setenta e dois milhões, quatrocentos e trinta e sete mil, seiscentos e vinte e dois reais) e fixou a despesa pública em igual valor. Merece destaque o seguinte trecho da mensagem presidencial que acompanha o projeto de lei:

> "A retomada da agenda de equilíbrio macroeconômico por meio da consolidação fiscal é uma condição necessária para promover de forma sustentada a recuperação econômica do País. Em especial, a manutenção do teto de gastos, que constitui o pilar macrofiscal fundamental neste processo, e que permitirá endereçar pontos essenciais, tais como: fortalecer o arcabouço de proteção social transferindo recursos de programas ineficientes para programas sociais de comprovada eficiência no combate à pobreza; melhorar a eficiência das políticas de emprego; aprimorar a legislação de falências; fortalecer e desburocratizar o mercado de crédito, de capitais e de garantias; implementar o novo marco regulatório do setor de saneamento básico; aprovar o novo marco regulatório do setor de gás; promover a abertura comercial; ampliar o programa de privatizações e concessões; avançar na reforma tributária; e implementar a agenda de reformas pró-mercado, como a desburocratização, facilidade para abrir empresas e empreender, facilidade de adoção de novas tecnologias; dentre outras medidas nessa linha".

Em teoria, tudo o que foi dito acima é bastante positivo. Colocar na prática tudo o que se pretende é o grande desafio.

Sobretudo porque há vários temas sensíveis que os Poderes Executivo e Legislativo têm pela frente na aprovação da Lei Orçamentária Anual de 2021, tais como: o respeito pelo teto de gastos; o elevado endividamento que foi gerado para fazer frente à pandemia da COVID-19; a pretensão de introdução do novo plano intitulado "Renda Brasil"; e a questão do peso da folha de pagamento dos servidores e de aposentadorias, que consome boa parte do orçamento. E, tudo isso, dentro de um contexto de pressão pelas reformas tributária e administrativa, e em meio a um período de eleições municipais.

É importante recordar que, em maio deste ano, a Lei de Responsabilidade Fiscal (LRF) completou 20 anos. Nesse período, a LRF nos brindou com efeitos positivos na gestão do erário, ao tentar criar uma cultura de gestão fiscal responsável. Todavia, a sua não observância plena ensejou a elevação do déficit público e do endividamento, que se avolumaram após 2015.

Para corrigir o rumo das finanças, estabeleceu-se o Regime do Teto de Gastos, pela Emenda Constitucional nº 96/2016, e o Regime de Recuperação Fiscal, através da Lei Complementar nº 159/2017. Ambos complementam e fortalecem a LRF, na busca de se ter justiça fiscal acompanhada de justiça social.

Esses dois institutos consubstanciaram duas grandes conquistas fiscais que obtivemos e que não podem sofrer retrocessos. Do contrário, prejudica-se o cidadão, pois o déficit fiscal gera endividamento público – o qual, por sua vez, drena recursos financeiros que deveriam custear gastos fundamentais como a educação, a saúde e a segurança –, despendendo-se centenas de milhões de reais para o pagamento de juros e amortização da dívida. Quem ganha são os investidores financeiros. Quem perde são os brasileiros.

Pelo Teto de Gastos se estabeleceu que, por 20 anos, haverá um limite de gastos para a despesa primária total, corrigida anualmente apenas pela variação da inflação (IPCA). O objetivo é reduzir as despesas públicas e permitir a retomada do crescimento econômico e do equilíbrio fiscal sustentável.

Qualquer tentativa de burlar o teto de gastos ensejará não apenas violação à Constituição, mas também descrédito perante os agentes econômicos, abalando este importante pilar de solvência do país. Ou os gastos são racionalizados, tornando-os mais eficientes, ou teremos que aumentar os tributos.

Já o Regime de Recuperação Fiscal (RRF) destinou-se a criar instrumentos jurídico-fiscais para que os Estados pudessem ajustar as suas finanças e superar a situação de grave desequilíbrio fiscal, assegurando-se a suspensão de certas restrições da LRF, bem como o acesso a instrumentos de recuperação financeira.

Embora os Estados do Rio Grande do Sul, Minas Gerais e Goiás já tenham solicitado seu ingresso no regime, ainda se encontram em processo de adesão. O Estado do Rio de Janeiro foi o único que efetivamente ingressou no RRF, nele mantendo-se ao longo de três anos, prazo esse que está para se esgotar no início do próximo mês, mas em vias de prorrogação, tal como admite expressamente a LC nº 159/2017, sem impor qualquer condicionante.

A possibilidade de prorrogação do RRF aos Estados, como ocorre agora com o Rio de Janeiro, manifesta-se de modo claro, ostentando natureza vinculante, por estar adstrita ao binômio *possibilidade-necessidade*: a lei permitir a prorrogação, com o Estado sendo capaz de se manter dentro das regras do regime (o que vem ocorrendo, no Rio de Janeiro, ao longo desses três anos), juntamente com a imperiosa necessidade de renovação por outro período a fim de manter as contas públicas em ordem (no caso fluminense, por outro triênio).

Ora, no exemplo anterior, o objetivo do programa do RRF ainda não foi plenamente alcançado, e a prematura exclusão levaria o referido Estado ao colapso fiscal. No fim, o maior prejudicado acabaria sendo o próprio cidadão fluminense, sobretudo em meio à dramática conjuntura da pandemia da COVID-19. Para evitar esse malfadado resultado, uma bem lançada decisão liminar do Ministro do TCU Bruno Dantas garantiu a prorrogação do RRF, minimizando esta insegurança.

Não obstante, esforços deverão ser implementados pelo Estado do Rio de Janeiro para equacionar as suas contas públicas, renegociando contratos de fornecedores, reavaliando desonerações e benefícios fiscais concedidos e, principalmente, "cortando na carne" da máquina pública estadual, sobretudo no que se refere às despesas de pessoal (em especial o número de cargos comissionados).

Ao singrar os mares revoltos das finanças públicas, o navio da cultura da responsabilidade fiscal procura orientar-se na direção de águas mais tranquilas, em busca de um porto seguro que nos conduza a um cenário de ordem e de progresso.

CONSTITUCIONALIZAÇÃO DA TRANSPARÊNCIA FISCAL

PUBLICADO EM OUTUBRO DE 2020

Já tive oportunidade, em outra ocasião, de afirmar que a ordem jurídica instituída com a promulgação da Constituição Federal de 1988 introduziu significativa evolução em praticamente todos os campos jurídicos, inclusive no Direito Financeiro. Como ocorreu com todos os demais ramos, o Direito Financeiro também sofreu os efeitos benfazejos da irradiação constitucional sobre a disciplina, sendo possível falar em uma *constitucionalização do Direito Financeiro*.

Afinal, no Estado Democrático de Direito, em que as normas jurídicas derivam do texto constitucional, a atividade financeira encontrará, nesse documento, não apenas seu fundamento de validade, mas também os objetivos a serem atingidos e as formas para a sua realização.

Como professor de Direito Financeiro há vários anos, vejo como uma de minhas missões pessoais levar adiante a mensagem – que nunca me canso de repetir – de *desmistificação* desta disciplina. Ela não é apenas uma especialidade envolta em números e voltada para um tecnicismo contábil e formalista, em que reina uma primazia do aspecto técnico em detrimento do axiológico, por vezes visto como um domínio reputado exótico e distante pelos juristas em geral. Vários de seus institutos não somente passam a ser previstos textualmente na Constituição, mas todos eles, onde quer que estejam expressos, tomam forma a partir dos princípios e valores constitucionais (*conformação constitucional*), deixando claro que o aspecto jurídico-constitucional agora é protagonista, e não mero coadjuvante, das grandes discussões financeiras do cenário nacional.

A temática financeira vem assumindo grande relevância e os questionamentos que dela partem hoje alcançam, frequentemente, a mais alta Corte da nação, tal como nos julgamentos de inconstitucionalidade de normas da LRF (ADI 2.238), de admissibilidade do controle abstrato de constitucionalidade das leis orçamentárias (ADI 5.468), de flexibilização de exigências da LRF durante a pandemia da COVID-19 (ADI 6.357) e do reconhecimento de um "estado de coisas inconstitucional" no sistema penitenciário nacional, determinando-se judicialmente a realização de investimentos públicos para melhorar as condições carcerárias no país (ADPF 347).

Pois bem, apesar deste contexto, ainda faltava um importante princípio das finanças públicas tornar-se expresso e literal na Carta Maior – o da transparência fiscal –, sendo apenas considerado, até então, como um princípio implícito, desdobramento do princípio da publicidade prescrito no artigo 37 da Constituição Federal de 1988.

Felizmente, a recente Emenda Constitucional nº 108, de 26 de agosto de 2020, além de trazer outras alterações na Constituição (em relação à redistribuição de receitas tributárias e quanto ao FUNDEB), introduziu o novo artigo 163-A, a título de *"disciplinar a disponibilização de dados contábeis pelos entes federados"*, assim estabelecendo:

> Art. 163-A. A União, os Estados, o Distrito Federal e os Municípios disponibilizarão suas informações e dados contábeis, orçamentários e fiscais, conforme periodicidade, formato e sistema estabelecidos pelo órgão central de contabilidade da União, de forma a garantir a rastreabilidade, a comparabilidade e a publicidade dos dados coletados, os quais deverão ser divulgados em meio eletrônico de amplo acesso público.

Inicialmente, é interessante destacar que este dispositivo tem redação bem próxima àquela do artigo 48, § 2º da Lei de Responsabilidade Fiscal (LC 101/2000), incluído pela Lei Complementar nº 156, de 2016, prevendo que "a União, os Estados, o Distrito Federal e os Municípios disponibilizarão suas informações e dados contábeis, orçamentários e fiscais conforme periodicidade, formato e sistema estabelecidos pelo órgão central de contabilidade da União, os quais deverão ser divulgados em meio eletrônico de amplo acesso público". Mas, independentemente da similitude, fato é que a inovação na LRF inserida pela LC 156/2016 foi tão bem acolhida que o comando mereceu a atenção do constituinte derivado, ingressando agora no texto constitucional e ganhando ainda mais força.

Nunca é demais recordar que a transparência fiscal é um relevante pilar da LRF para a prestação de contas à sociedade, contemplando a divulgação em veículos de fácil acesso, inclusive pela Internet, das finanças e de atividade financeira estatal, objetivando possibilitar a qualquer cidadão acompanhar diariamente informações atualizadas sobre a execução do orçamento e obter informações sobre recursos públicos transferidos e sua aplicação direta (origens, valores, favorecidos).

No plano infraconstitucional, a LRF já estabelecia regras sobre a disponibilização de dados agora prevista no art. 163-A da Constituição. O art. 48, § 4º, LRF determina que, caso não sejam disponibilizadas e divulgadas tais informações na forma do estabelecido pelo órgão central de contabilidade da União (a Secretaria do Tesouro Nacional, conforme art. 17, inciso I, da Lei 10.180/2001), o ente federado sofrerá as penalidades previstas no § 2º do art. 51. Isto significa que, até que a situação seja regularizada, o ente ficará impedido de receber transferências voluntárias e contratar operações de crédito, exceto as destinadas ao refinanciamento do principal atualizado da dívida mobiliária.

Por sua vez, o § 5º do mesmo artigo estabelece que, caso o ente federado envie seus dados contábeis e fiscais – exigidos pelo art. 163-A da Constituição – ao Sistema de Informações Contábeis e Fiscais do Setor Público Brasileiro – SICONFI (gerido pela Secretaria do Tesouro Nacional - STN), seguindo os requisitos exigidos na Portaria STN nº 642/2019, reputa-se que já foi cumprido o dever de dar ampla divulgação, inclusive em meios eletrônicos de acesso público, dos planos, orçamentos e leis de diretrizes orçamentárias; das prestações de contas e do respectivo parecer prévio; do Relatório Resumido da Execução Orçamentária e do Relatório de Gestão Fiscal; e das versões simplificadas desses documentos. Neste caso, será a própria Secretaria do Tesouro Nacional que, por meio do SICONFI, se encarregará de dar publicidade a esses dados provenientes dos entes federados, sem prejuízo de que cada ente também o faça em seus portais eletrônicos institucionais.

Transparência fiscal e publicidade são duas virtudes imprescindíveis para qualquer Estado de Direito. Ambas se complementam e potencializam: o princípio da publicidade tecnicamente se refere à ampla divulgação das contas públicas pelos meios oficiais, para garantir a todos o livre acesso ao seu teor, ao passo que o princípio da transparência relaciona-se ao seu conteúdo, para evitar previsões obscuras, despesas camufladas, renúncias fiscais duvidosas que possam ensejar manobras pelos executores para atender a interesses diversos.

A propósito, a transparência fiscal não pode ser vista apenas sob a ótica do acesso à informação e seu conteúdo, mas seu conceito deve ser compreendido de maneira mais abrangente, abarcando outros elementos tais como responsividade, *accountability*, combate à corrupção, prestação de serviços públicos, confiança, clareza e simplicidade.

A transparência fiscal é fundamental instrumento que possibilita o pleno exercício da cidadania na seara financeira pelos integrantes da sociedade brasileira, tendo na educação fiscal importante política de conscientização dos direitos e deveres de cada um.

A secular complacência com práticas que envolvem a malversação do Erário encontra cada vez mais repulsa pela sociedade brasileira, numa inequívoca aproximação ao ideário republicano no seu viés fiscal. E o Direito Financeiro – com o instrumental da transparência fiscal – passa a constituir uma importante ferramenta de mudança do estado de coisas que vivemos, permitindo o efetivo exercício da cidadania fiscal.

Portanto, saudemos efusivamente o advento do novo artigo 163-A da Constituição Federal, o qual só vem a se somar aos valorosos esforços de fortalecimento do ambiente democrático pátrio.

SEM ORÇAMENTO, NÃO HÁ PLANEJAMENTO

PUBLICADO EM NOVEMBRO DE 2020

Estamos a pouco mais de um mês e meio do fim do ano e não há qualquer previsão pelo Congresso Nacional para a votação do projeto de lei orçamentária anual (LOA) para 2021 na esfera federal. Sequer foi instalada a Comissão Mista de Orçamento (CMO) a fim de examinar e emitir parecer sobre este projeto, conforme exigido pelo art. 166, § 1º, da Constituição. Nem mesmo o projeto de lei de diretrizes orçamentárias (LDO) de 2021 foi votado, sendo que devemos lembrar que a LDO é um pressuposto constitucional para orientar a elaboração da LOA (art. 165, § 2º, CF/88).

De fato, vive-se um momento atípico e conturbado no Poder Legislativo. Ao mesmo tempo em que estamos às voltas com importantes votações de reformas estruturais da maior relevância para o país, existe o embate político nas Casas Legislativas acerca da ampliação do auxílio-emergencial para 2021, com toda a pressão que isso traria sobre o equilíbrio das contas públicas. Soma-se a este cenário o fato de que teremos, em breve, eleições municipais e, em fevereiro, haverá a eleição da Presidência da Câmara e do Senado Federal. Ambas as campanhas criam tensões políticas e desviam o foco do orçamento como algo prioritário.

A propósito, assistimos ao vice-presidente da República, Hamilton Mourão, reconhecer o fato e afirmar esta semana que o orçamento só deverá ser votado no ano que vem. Nas suas palavras:

> "O Congresso, até agora, não conseguiu se reunir e colocar em pé a Comissão Mista de Orçamento. Tudo indica que nós não vamos votar o Orçamento neste ano, o que será um problema, o que provavelmente vai levar uma queda em nossa avaliação pelas agências de rating. E nós vamos ter o Orçamento só para abril do ano que vem. Vamos ficar três, quatro meses só podendo gastar 1/12 daquilo que está previsto, planejado para o Orçamento".

A se confirmar este quadro, além da nefasta consequência de não dispormos de uma lei em sentido estrito que autorize os gastos federais, teremos que enfrentar um ambiente fiscal desprovido de planejamento orçamentário.

A ausência de lei orçamentária anual já foi abordada em outra edição da Coluna Fiscal. Como vimos, a situação de "anomia orçamentária", infelizmente, não é incomum. Embora não haja qualquer previsão legal ou constitucional expressa para disciplinar esta situação, a solução para a ausência de lei orçamentária aprovada decorre da utilização temporária, na proporção mensal de 1/12 avos (duodécimos), da proposta de lei orçamentária ou da prorrogação da lei orçamentária do ano anterior, a partir da interpretação por analogia do art. 32 da Lei nº 4.320/1964, que trata da hipótese de não envio da lei orçamentária pelo Chefe do Executivo no prazo estipulado. Neste caso, seria permitida a utilização da lei orçamentária então vigente, desde que a lei de diretrizes orçamentárias assim o autorize.

Porém, estamos agora diante de outro fator complicador novo: a lei de diretrizes orçamentárias de 2021 sequer foi votada até o momento, o que pode levar à exclusão do argumento da autorização expressa em LDO para a adoção do mecanismo temporário de duodécimos enquanto a LOA não for aprovada.

Não é à toa que o Tribunal de Contas da União (TCU), de maneira diligente e numa atuação que merece elogios, se antecipou a este cenário e, no final de outubro passado, estabeleceu um prazo de 10 dias para que o Tesouro Nacional e o Ministério da Economia apresentem um plano de ação para enfrentar este panorama, ou seja, como garantir que se possa fazer uso do modelo de duodécimos caso a LDO não seja aprovada até 31 de dezembro.

O ministro do TCU Bruno Dantas advertiu do risco de um "*shutdown*", ou seja, uma paralisação da máquina pública por falta de autorização legal para realizar as despesas públicas. Nas sábias palavras do Ministro:

> *"O planejamento fiscal responsável exige que o Poder Executivo comece a adotar medidas para se precaver contra esse grande risco, que embora indesejável, começa a se apresentar como uma possibilidade. Ao mesmo tempo, não poderá se dizer surpreendido por essa situação, caso ela se configure". (...)*
>
> *"Dessa forma, entendo conveniente promover imediata oitiva do Tesouro Nacional e do Ministério da Economia para que no prazo de 10 dias se manifestem sobre eventuais medidas a serem adotadas para viabilizar a execução provisória do orçamento de 2021 na hipótese de a LDO não ser aprovada até 31 de dezembro, assim como sobre a existência de um plano de ação ou de contingência para se evitar a paralisação das atividades do poder público federal caso esse risco se concretize".*

Não podemos nos esquecer de que, em se tratando de patrimônio e recursos financeiros públicos, o orçamento público é o instrumento típico de planejamento utilizado pela União, Estados, Distrito Federal e Municípios. Por meio dele, os entes federativos deverão projetar e controlar, a curto, médio e longo prazos, suas receitas e despesas, estabelecendo metas e objetivos a serem atingidos.

A utilização das três leis orçamentárias – PPA, LDO e LOA – de forma integrada e harmônica possibilita ao gestor público uma administração fiscal responsável e zelosa dos recursos públicos. Um planejamento orçamentário bem elaborado permite uma execução orçamentária eficiente e uma política fiscal de resultados concretos e visíveis para a sociedade, devendo fazer parte, de uma vez por todas, da cultura fiscal brasileira.

Não planejar adequadamente enseja gastar mal os recursos públicos em prioridades imediatistas e muitas vezes subjetivas ou de conveniência passageira. No final, os governos passam e se sucedem uns aos outros, mas o grande perdedor é o cidadão e as gerações vindouras, aquelas que herdarão amanhã a conta dos desmandos e excessos cometidos ainda hoje.

É justamente em momentos dramáticos como o atualmente vivido por nós que o planejamento, em vez de ser relegado a segundo plano – sob a justificativa da "emergência" –, se faz ainda mais necessário. O Tribunal de Contas da União andou muito bem ao perceber o dilema e ao exigir uma solução para o impasse orçamentário que se avizinha no horizonte.

A pandemia não pode ser interpretada como uma carta branca para que todos os compromissos constitucionais e legais sobre as finanças públicas sejam ignorados, uma vez que seus contornos se encontram delineados na própria Lei Maior e na Lei de Responsabilidade Fiscal, bem como nas disposições da tríade orçamentária (PPA, LDO e LOA). Não devemos nos deixar seduzir pelo "canto da sereia", nem que, para isso, tal como Ulisses, tenhamos que nos atar ao "mastro do navio" da responsabilidade fiscal.

INCÊNDIO: QUEM PAGARÁ A CONTA DOS BOMBEIROS?

PUBLICADO EM DEZEMBRO DE 2020

Na coluna fiscal deste mês, vamos tratar de uma reviravolta na jurisprudência do STF que deve ter soado a "sirene de alarme" de muitos governos estaduais: o fim da possibilidade de cobrança das já antigas e, por todos, conhecidas taxas estaduais de incêndio, recentemente declaradas inconstitucionais pela nossa Suprema Corte, e as consequências disto para o financiamento da atividade dos bombeiros militares estaduais.

Após décadas de cobrança pacífica e inquestionável da taxa estadual de incêndio, o movimento de virada de entendimento dentro do STF começou em maio de 2017, quando, em repercussão geral (RE 643.247), a Corte analisou a constitucionalidade de uma taxa municipal de incêndio. Naquele caso, ficou assentado que a Constituição, em seu art. 144, atribuiu aos Estados, por meio dos Corpos de Bombeiros Militares, a execução de atividades de prevenção e combate a incêndios. Assim, tais funções seriam próprias do Estado-membro, não podendo o Município substituir-se ao ente competente e com atribuição para o combate a incêndio para criar uma taxa *municipal* de incêndio, a qual foi reputada inconstitucional.

Contudo, embora a taxa municipal de incêndio já fosse inconstitucional por esse motivo de vício de competência para sua instituição, as razões do voto vencedor do Ministro Marco Aurélio não pararam por aí. Ficou também decidido que as taxas de incêndio em geral - fossem municipais ou mesmo estaduais - eram inconstitucionais por violarem os requisitos exigidos no art. 145, II da Constituição de que os serviços públicos a serem custeados por taxas fossem específicos e divisíveis, ou seja, individualizados em relação ao contribuinte, que poderá identificar e mensurar o seu benefício.

Assim, chegou-se à fixação da seguinte tese de repercussão geral:

> "*A segurança pública, presentes a prevenção e o combate a incêndios, faz-se, no campo da atividade precípua, pela unidade da Federação, e, porque serviço essencial, tem como a viabilizá-la a arrecadação de impostos, não cabendo ao Município a criação de taxa para tal fim*".

Esta orientação foi consolidada no STF no julgamento, em 11/10/2019, da ADI 2.908, sendo declarada inconstitucional a taxa de incêndio do Estado de Sergipe, sob o argumento de que "a taxa anual de segurança contra incêndio tem como fato gerador a prestação de atividade essencial geral e indivisível pelo corpo de bombeiros, sendo de utilidade genérica, devendo ser custeada pela receita dos impostos".

Mais recentemente, em 18/08/2020, foi também declarada inconstitucional a taxa de incêndio do Estado de Minas Gerais na ADI 4.411, com o mesmo fundamento.

Como sabemos, o art. 102, § 2º da Constituição é claro em estabelecer que, nas decisões do STF nas ações diretas de inconstitucionalidade e nas ações declaratórias de constitucionalidade, está presente a eficácia contra todos (*erga omnes*) e vinculante relativamente aos demais órgãos do Poder Judiciário e à administração pública direta e indireta, nas esferas federal, estadual e municipal.

Portanto, não há mais por onde escapar: todos os Estados (ou eventuais Municípios que a cobram) deveriam, numa demonstração de moralidade e boa-fé tributária estatal, cessar imediatamente a cobrança de tal taxa.

Apresentado o panorama tributário, passemos agora a considerações de direito financeiro. É conhecida a crise fiscal pela qual passam os Estados-membros da Federação, agravada neste ano com a inesperada pandemia da COVID-19. Com a extinção dessa taxa, receita pública que há décadas custeava a prestação de serviço de salvamento, prevenção e combate a incêndios - antes mesmo da Constituição de 1988 em alguns Estados -, fica o questionamento: como evitar o sucateamento dos serviços e dos equipamentos necessários à adequada prestação desta atividade pública? De onde os Estados, já com suas finanças públicas combalidas, retirarão recursos para esse fim, uma vez que, diferentemente da União, não possuem competência constitucional para a criação de novos tributos?

Para tornar ainda mais dramática a situação para os cofres públicos estaduais, o STF, ao julgar a ADI 2.908, negou expressamente a modulação de efeitos de sua decisão. Isto significa que, além de não mais arrecadar esse tributo, o Estado pode ser chamado a restituir todos os valores pagos referentes a essa taxa nos últimos cinco anos, nos termos do art. 168 do Código Tributário Nacional.

Parece-me que a solução para mais esse capítulo de crise financeira estadual passará por uma ação similar àquela ocorrida quando da declaração de inconstitucionalidade pelo STF das taxas municipais de iluminação pública, afetando milhares de Municípios ao redor do país. A discussão foi exatamente a mesma agora posta: não era possível vislumbrar a divisibilidade e especificidade do serviço de iluminação pública, cobrada dos proprietários de imóveis, dado que o serviço era fruído por qualquer pessoa que transitasse por vias públicas. Não à toa, o tema foi consignado na Súmula Vinculante nº 41 do STF: "O serviço de iluminação pública não pode ser remunerado mediante taxa".

Logo após a declaração de inconstitucionalidade, os Municípios capitanearam um movimento para que o Congresso Nacional aprovasse a Emenda Constitucional nº 39/2002, a qual inseriu o art. 149-A na Constituição, criando um novo tipo de tributo no sistema tributário nacional: a contribuição para o custeio do serviço de iluminação pública.

Quando a contribuição de iluminação pública foi também questionada no STF (RE 573.675, repercussão geral), este entendeu que, diferentemente da taxa, que necessitava de especificidade e divisibilidade do serviço a ser custeado, na espécie tributária de contribuição, estas características não eram exigíveis, motivo pelo qual a declarou constitucional. Com isso, o financiamento municipal para a iluminação pública restou garantido.

Penso que esse será o caminho natural a ser trilhado pelos Estados a partir do ano que vem, por meio de suas bancadas parlamentares na Câmara e no Senado: a tentativa de aprovação de uma emenda constitucional criando uma nova contribuição de prevenção e combate a incêndio (ou outra nomenclatura similar) para substituir a taxa inconstitucional.

Essa futura contribuição será inserida, quem sabe, sob a forma de um novo artigo 149-B na Constituição, situado logo após o artigo 149-A (que resolveu de uma vez por todas o problema do custeio do serviço público municipal de iluminação pública).

Uma sugestão para um possível texto normativo para esse novo artigo poderia ser:

> *"Art. 149-B. Os Estados e o Distrito Federal poderão instituir contribuições, na forma das respectivas leis, para o custeio dos serviços públicos prestados pelo Corpo de Bombeiros Militar".*

Lembremos também que, embora o pagamento de tributos seja sempre sentido como algo incômodo pelo contribuinte, os Corpos de Bombeiros Militares dos Estados, em função de suas atividades de preservação de vidas e patrimônio, estão entre as instituições públicas mais bem vistas pela população. Além disso, as antigas taxas de incêndio não alcançavam valores tão altos como, por exemplo, o IPTU, incidente sobre a propriedade imobiliária urbana. A conjugação desses fatores quiçá diminua a rejeição popular à manutenção desta cobrança, agora sob o novo manto de "contribuição". Ouso dizer que a população costuma ter carinho pelos bombeiros e vê com grande simpatia a atuação desses homens e mulheres que arriscam suas vidas para preservar a vida do próximo.

Nas cerimônias militares fúnebres, é costume o toque dos clarins como última honra a um bombeiro ou militar falecido em serviço. Hoje, os clarins soam pela antiga taxa estadual de incêndio. Resta esperar para ver se também assistiremos a um ressurgir deste tributo, tal como a ave fênix, símbolo mítico do renascimento em meio ao fogo e às cinzas.

PELO PACTO FEDERATIVO: MAIS OU MENOS MUNICÍPIOS?

PUBLICADO EM JANEIRO DE 2021

Caro leitor, a Coluna Fiscal deste começo de 2021 inicia com uma singela pergunta a respeito do que você entende ser mais sensato diante da atual situação econômica, social e fiscal pela qual o nosso país passa:

> ver dois municípios vizinhos autônomos de até 5 mil habitantes cada, e suas 2 prefeituras, 2 casas legislativas e toda a máquina estatal para manter o funcionamento, com apenas 2 hospitais e 2 escolas para atender a população local; ou ver a fusão destes entes em um único município de 10 mil habitantes, passando a existir apenas uma prefeitura e uma casa legislativa, e vertendo-se os gastos da administração pública da municipalidade extinta para educação e saúde, passando a região a dispor agora de 3 hospitais e 3 escolas?

A resposta parece óbvia. Entretanto, há uma série de variantes nesta equação que torna a operacionalização deste projeto – integrante da proposta do governo federal que visa a reestruturar o Pacto Federativo a partir do intitulado "Plano Mais Brasil", no bojo da PEC nº 188/2019 – um tanto mais complexa, sobretudo num país de dimensões continentais.

Desde já, fazemos uma advertência: embora a hipótese apresentada tenha origem em uma PEC que tramita no Congresso Nacional, e seja objeto de um dos projetos do atual Governo Federal, o presente artigo não possui qualquer viés político ou ideológico, e se propõe apenas a analisar a situação sob a ótica fiscal e do Direito Financeiro.

Pois bem: o Brasil hoje possui 5.570 municípios autônomos (com capacidade política, decisória e supostamente financeira), sendo que, destes, quase 1.200 foram criados a partir da Constituição de 1988. A proposta da PEC nº 188/2019 – por meio da inserção de um novo artigo 115 no ADCT – é justamente a extinção de Municípios de até 5.000 habitantes que não demonstrem sustentabilidade financeira.

Estes deverão, até 30 de junho de 2023, comprovar que o produto da arrecadação dos impostos municipais reunidos (ISS, IPTU e ITBI) corresponde a, no mínimo, dez por cento de sua receita total. Caso a comprovação não ocorra, o Município será incorporado, a partir de 1º de janeiro de 2025, ao município limítrofe com melhor sustentabilidade financeira, observado o limite de até três Municípios por um único Município incorporador. A incorporação pelo não atendimento aos critérios expostos se daria sem a consulta por plebiscito às populações diretamente afetadas.

A ideia de unificar municípios pequenos e contíguos, com população inferior a 5 mil habitantes, decorre essencialmente de que a quase integralidade de suas rendas não advém do exercício de sua competência tributária ou, em alguns casos, até mesmo da falta de vontade política de exercê-la (no que convencionei chamar, em artigo de 13.06.2018 desta Coluna Fiscal, de "preguiça fiscal"), uma vez que vivem financeiramente por dependência dos repasses que a União e Estados realizam, sobretudo por meio do Fundo de Participação dos Municípios (FPM).

Naquela oportunidade, destaquei que a não instituição e cobrança de impostos por aqueles Municípios encontrava justificativa jurídica numa suposta *natureza facultativa* do exercício da competência tributária, a partir da interpretação do disposto no art. 8º do Código Tributário Nacional, que estabelece que "o não exercício da competência tributária não a defere a pessoa jurídica de direito público diversa daquela a que a Constituição a tenha atribuído".

Nossa opinião manifestada, à luz da Lei de Responsabilidade Fiscal (LC nº 101/2000), sempre foi a de que, sendo o seu objetivo principal a *gestão fiscal responsável*, e com base no estabelecido pelo artigo 11 do referido diploma legal, não seria razoável e muito menos aceitável caracterizar como plenamente facultativo o exercício da competência tributária se isso pudesse comprometer o cumprimento das obrigações estatais, prejudicando a própria sociedade. Afinal, como será possível instituir e implementar adequadamente as políticas públicas e atender às necessidades sociais e fundamentais constitucionalmente asseguradas sem dispor da totalidade dos recursos financeiros, oriundos de uma competência tributária que acaba por não ser exercida?

Segundo levantamento efetuado, o projeto envolveria a extinção de mais de 1.200 municípios, com a consequente redução de 11 mil cargos eletivos (prefeitos, vice-prefeitos e vereadores), juntamente com 30 mil cargos de servidores públicos, na grande maioria, cargos em comissão de funcionários não concursados. E a economia gerada poderia ser vertida para a atividade-fim estatal, tal como saúde e educação.

Portanto, em resumo, o grande argumento dos defensores da medida estaria justamente em uma maior racionalização financeira do gasto público dos entes menores da Federação. O mote seria: menos despesas com burocracia e funcionalismo, mais gastos com serviços públicos locais de qualidade.

Por outro lado, a tese municipalista, encabeçada pela Confederação Nacional de Municípios (CNM), conta com argumentos igualmente de peso. Em Nota sobre a proposta do governo federal de extinção de Municípios, a referida entidade afirma que o critério escolhido pela PEC é falho, pois, pela regra apresentada, dos 1.252 Municípios abaixo de 5.000 habitantes, 1.217 (97%) não atingiriam o limite de 10% dos impostos sobre suas receitas totais e teriam de ser extintos.

Indo além, a CNM explica que, ao aplicar esse mesmo critério sobre a receita corrente dos 5.568 Municípios brasileiros em 2018, 4.585 (82%) ficariam abaixo deste limite, só escapando da supressão aqueles que detêm mais de 5.000 habitantes (pois, pelo critério de arrecadação tributária, também seriam considerados "ineficientes").

Ademais, segundo a Confederação, a PEC ignoraria a realidade brasileira de que a maior parte dos Municípios conta com baixa população, e que muitos deles possuem núcleos urbanos pequenos, estando as riquezas de tais cidades concentradas na área rural. Ora, o IPTU é um imposto incidente apenas sobre a propriedade urbana, e o ISS volta-se para o setor de prestação de serviços, historicamente mais relacionado com o meio urbano. Assim, os Municípios essencialmente rurais seriam penalizados com a aplicação de tais critérios, pois sua arrecadação quanto a impostos municipais ligados ao meio urbano é ínfima.

A CNM faz também uma observação de cunho político-constitucional: mesmo Municípios reputados como diminutos em contingente populacional podem ser bastante extensos em sua dimensão territorial, como aqueles da região amazônica. Desse modo, a extinção de tais entes poderia levar ao efeito colateral de afastar ainda mais tais populações da sede do poder local (que passaria a ser em outro Município, por vezes distante), dificultando a participação de cidadãos na vida política local e violando o princípio da democracia.

Por fim, a CNM entende que a vedação feita pela PEC (no proposto art. 115, § 5º) de consulta por plebiscito às populações locais afetadas feriria de morte o princípio federativo, cláusula pétrea da Constituição, uma vez que o art. 18, § 4º da Lei Maior – norma oriunda do constituinte originário – expressamente prevê que a incorporação e a fusão de Municípios dependerão de consulta prévia, mediante plebiscito, às populações dos Municípios envolvidos.

O debate está lançado, com as respectivas posições *pró* e *contra*, as quais serão tema de calorosos embates no Congresso Nacional quando das discussões para votação desta PEC. Os Municípios já anunciaram que lutarão com todas as suas forças contra essa nova proposta, defendendo sua autonomia e sua existência. Resta-nos esperar que, nesse verdadeiro cabo de guerra entre o governo central e os entes locais, sejam tomadas decisões que levem em conta os interesses dos cidadãos.

DILEMAS ORÇAMENTÁRIOS

PUBLICADO EM FEVEREIRO DE 2021

Vivemos um momento de indefinição e de dilemas na seara fiscal e orçamentária. Não apenas porque o Congresso Nacional ainda não votou o projeto de lei orçamentária da União para o corrente ano de 2021, mas, principalmente, devido à necessidade de elevação nas despesas e à redução em determinados tributos, tudo isso a ser conciliado com a intenção de se respeitar o "teto de gastos" e sem comprometer ainda mais a já difícil sustentabilidade financeira: segundo o Tesouro Nacional, encerramos o ano de 2020 com uma dívida pública de R$ 5,1 trilhões (quase 90% do PIB), o que representa um acréscimo de 18% em relação ao ano anterior.

A sustentabilidade financeira brasileira só não está mais comprometida devido a este elevado montante da dívida pública pois vivemos um período de taxa de juros reduzida (SELIC de 2% a.a.), valor bem menor do que aquele da série histórica das últimas décadas. Em 2015, ela ultrapassava 14% a.a., em 2010, girava em torno de 10% a.a., tendo alcançado brutais 26,5% a.a. em 2003, circunstância que encarecia sobremaneira os custos financeiros da dívida pública.

Entretanto, em breve, o Banco Central viverá o dilema de aumentar a taxa de juros atual para tentar conter a inflação que vem crescendo nos últimos meses. E a consequência será o aumento de gastos financeiros para o refinanciamento da dívida pública.

Já o limbo orçamentário pelo qual passamos decorre da falta de aprovação, até este momento, do orçamento público para este ano, não obstante, em 31/08/2020, tenha sido encaminhado pelo Poder Executivo Federal ao Legislativo o PLN 28/2020 (Projeto de Lei do Congresso Nacional nº 28/2020-C), em que a União estima, a título de receitas para o exercício financeiro, o montante de R$ 4.291 trilhões, fixando a despesa pública em igual valor. A justificativa no campo legislativo teve como argumento a dificuldade no processo de votação devido às eleições municipais e à eleição da presidência da Câmara e do Senado.

Como sabemos (tema já abordado em outro texto da Coluna Fiscal), o Brasil não possui o mesmo mecanismo de *shutdown* que os Estados Unidos. Embora o princípio da legalidade orçamentária nos seja cogente, ao predizer que não poderá haver nenhuma despesa sem a devida e regular previsão legal que a autorize (inc. I, art. 167 da CF/88 e art. 6º da Lei nº 4.320/1964), adotamos no Brasil a fórmula de duodécimos. Isto quer dizer que, nessas situações de ausência de orçamento aprovado, é possível a liberação de gastos na proporção mensal de 1/12 avos, a partir da interpretação por analogia do art. 32 da Lei nº 4.320/1964 – que trata da hipótese de não envio da lei orçamentária pelo Chefe do Executivo no prazo estipulado –, que, neste caso, permite a utilização da lei orçamentária então vigente, desde que a lei de diretrizes orçamentárias assim o autorize.

Dentro desse contexto, tem sido noticiado que instituições como o Banco Central, o IBGE e o IPEA só dispõem de recursos para o pagamento da folha de pessoal até o mês de março, bem como os recursos financeiros das Forças Armadas para pagamento dos soldos dos militares se esgotam em abril.

Não bastasse essa situação de indefinição, debate-se a possibilidade de se dar continuidade ao programa de assistência social de transferência direta de renda ao cidadão intitulado "Auxílio Emergencial", criado pela Lei nº 13.892, de 2 de abril de 2020, que estabeleceu o pagamento de valor de R$ 600,00 em prestações mensais.

O objetivo do programa foi o de mitigar os efeitos nefastos sobre a população da drástica redução do ritmo das atividades econômicas, em razão das medidas de isolamento e distanciamento social levadas a cabo para tentar conter o avanço da pandemia da COVID-19 no país. Após o seu encerramento, foi editada a Medida Provisória nº 1.000/2020 para criar o auxílio emergencial residual, a ser pago em até quatro parcelas mensais no valor de R$ 300,00 (trezentos reais) ao trabalhador beneficiário, o que se encerrou no final do ano de 2020.

Agora assistimos à volta do tema nas discussões entre o Poder Executivo e o Legislativo para a recriação do auxílio financeiro, porém em menor valor e, talvez, para um público mais reduzido (estima-se em três parcelas de R$ 200,00 para parte dos beneficiários do programa original). O presidente da Câmara dos Deputados, Arthur Lira, afirmou esta semana: *"Vamos com o Senado e o Executivo discutir e construir uma política de auxílio viável para quem mais precisa. Devemos incluir também crédito para apoiar quem gera emprego. Sempre respeitando o teto"*.

De fato, o desafio é duplo: primeiro, é necessário encontrar recursos para fazer frente a este novo gasto que não estava previsto no orçamento deste ano; segundo, ainda que se encontre recursos financeiros, há que se cortar despesas em outra área para que, no cômputo geral, não se ultrapasse o teto de gastos.

Apenas para rememorar, a Emenda Constitucional nº 96/2016 estabeleceu o Regime do Teto de Gastos, fixando que, por 20 anos, haverá um limite de gastos para a despesa primária total, corrigida anualmente apenas pela variação da inflação (IPCA). O objetivo foi o de reduzir as despesas públicas e permitir a retomada do crescimento econômico e do equilíbrio fiscal sustentável.

Contudo, além de mais essa dificuldade, vive-se agora outra: a demanda da categoria profissional dos caminhoneiros para a redução do preço do diesel. A solução mais simples e imediata (que não envolva alterações constitucionais em relação ao ICMS) seria reduzir a PIS/COFINS incidente sobre o preço do diesel (o que pode ser feito por decreto).

Todavia, ao renunciar a esta receita, o governo federal precisará encontrar outra fonte de arrecadação para atender aos preceitos da Lei de Responsabilidade Fiscal, que no seu artigo 14 exige medidas compensatórias para recursos que deixarem de ingressar nos cofres públicos. Segundo os cálculos apresentados, para cada centavo renunciado no preço do diesel, há um impacto financeiro negativo de R$ 575 milhões, o que pode chegar a R$ 20 bilhões de rombo.

Este cenário é indicativo de uma possível e breve majoração de algum tributo federal já existente ou da extinção de um benefício fiscal vigente. Fala-se, até mesmo, na volta da CPMF, com a conta a ser arcada por toda a sociedade.

O aumento da taxa de juros, a aprovação da lei orçamentária federal para 2021 sem majoração do já elevado déficit, a concessão de novo auxílio emergencial ou a redução dos tributos incidentes sobre o diesel são providências que estão na pauta do dia e todas elas possuem bons motivos para serem implementadas.

Resta, porém, a pergunta: dentro de um espírito de gestão fiscal responsável, quais medidas compensatórias serão adotadas para enfrentar este cenário fiscal turbulento? Num momento dramático para o país, em que diversas famílias choram a perda de seus entes queridos vitimados pela COVID-19, a classe política deve superar as divergências partidárias ocasionais e preparar o terreno para que, no pós-pandemia, iniciemos a retomada essencial dos rumos de nossas vidas que todos ansiosamente aguardamos.

DIVIDENDOS DAS ESTATAIS TAMBÉM SÃO RECEITAS PÚBLICAS

PUBLICADO EM MARÇO DE 2021

Cerca de vinte dias atrás, passamos por um momento de turbulência na economia em decorrência de fatos de gestão que envolveram importantes empresas estatais brasileiras, como a Petrobras, Eletrobras e o Banco do Brasil.

A Coluna Fiscal, que tem sempre um foco acadêmico e didático, e um olhar voltado à análise jurídico-fiscal de questões que se apresentam no nosso dia a dia, sem emitir qualquer juízo ou opinião de natureza política, pretende hoje abordar a temática dos dividendos que as estatais podem gerar e que têm natureza jurídica de receita pública, podendo contribuir positivamente com as contas públicas.

Antes de tudo, é importante revisitar as modalidades de receitas públicas que o nosso Direito Financeiro contempla.

As receitas públicas em sentido amplo podem se originar: a) do *patrimônio estatal*: da exploração de atividades econômicas por entidades estatais ou do seu próprio patrimônio, tais como as rendas do patrimônio mobiliário e imobiliário do Estado, receitas de aluguel e arrendamento dos seus bens, de preços públicos, compensações financeiras da exploração de recursos naturais e minerais (royalties), de prestação de serviços comerciais e de venda de produtos industriais ou agropecuários; b) do *patrimônio do particular*: pela tributação, aplicação de multas e penas de perdimento, recebimento de doações, legados, heranças vacantes etc.; c) das *transferências intergovernamentais*: relativas à repartição das receitas tributárias transferidas de um ente diretamente para outro ou por meio de fundos de investimento ou de participação; d) dos *ingressos temporários*: mediante empréstimos públicos, ou da utilização de recursos transitórios em seus cofres, como os depósitos em caução, fianças, operações de crédito por antecipação de receitas etc.

Exatamente no primeiro item acima – *do patrimônio mobiliário estatal* – identificamos a remuneração que advém dos dividendos pagos pelas empresas públicas e sociedades de economia mista, em que o Estado detém a totalidade ou parcela das cotas ou ações daquelas sociedades empresariais (sendo consideradas "estatais" aquelas em que o Estado detém o controle acionário). Portanto, quando empresas como o BNDES, a CEF, o Banco do Brasil, a Eletrobras ou a Petrobras obtêm lucros, elas geram rendimentos financeiros ao Estado ao distribuírem *dividendos* e *juros sobre capital próprio (JCP)* aos seus acionistas, controladores ou não.

Não se pode esquecer de que a alienação destes títulos em processos de *privatização* gera, também, rendimentos financeiros para o Estado. Porém, neste caso, o rendimento financeiro se dará de uma única vez, com o pagamento do preço das ações alienadas pelo "mercado" ao Estado.

A propósito, é o Decreto nº 2.673/1998 que dispõe sobre o pagamento de dividendos e juros sobre o capital próprio das empresas estatais federais. Sobre a destinação de tais recursos, o § 2º do artigo 1º do referido decreto estabelece que, após deliberação em Assembleia Geral de acionistas, "o recolhimento, ao Tesouro Nacional, de dividendos ou juros, de que trata este Decreto, far-se-á na Conta Única do Tesouro Nacional, na forma a ser estabelecida pela Secretaria do Tesouro Nacional, nos prazos a seguir: I - pelas sociedades por ações, no prazo máximo de dez dias, a partir da data em que se iniciar o pagamento aos demais acionistas; II - pelas empresas públicas, no prazo máximo de trinta dias, a contar da data da publicação a que se refere o art. 4º deste Decreto".

Portanto, ao lado dos valores arrecadados com tributos e outras espécies de receitas públicas, os recursos oriundos de parcela dos lucros que as empresas estatais distribuem à União ingressam como recursos financeiros no Tesouro Nacional, em se tratando da esfera federal; e da mesma forma ocorre com as empresas estaduais e municipais, que versarão seus valores aos respectivos cofres.

Apenas para dimensionar o volume de recursos financeiros que ingressam nos cofres públicos federais a título de dividendos e/ou JCP, o montante total, referente ao ano de 2014, foi de cerca de R$ 18,9 bilhões; já relativamente ao ano de 2015, o valor girou em torno de R$ 12 bilhões; por sua vez, dos dividendos e JCP das estatais referentes ao ano base de 2019, o valor foi de R$ 20,870 bilhões, sendo destes R$ 3,708 bilhões do Banco do Brasil, R$ 4,785 bilhões da Caixa Econômica Federal, R$ 9,498 bilhões do BNDES e R$ 1,313 bilhão da Petrobras.

E, conforme anunciado há cerca de três semanas, referente aos lucros do ano de 2020, somente a Petrobras repassará em breve ao Governo Federal R$ 2,9 bilhões, de um total de R$ 10,3 bilhões que distribuirá a seus acionistas.

Não nos olvidemos de que, para além de dividendos, todas as empresas – públicas ou privadas – movimentam a economia, geram empregos diretos e indiretos, pagam tributos e fornecem bens e serviços para toda a sociedade. Enfim, todas elas acabam por exercer a sua "função social" perante a coletividade.

E tudo isso atendendo aos preceitos constitucionais previstos no art. 5º, inciso XXIII, o qual estabelece que *"a propriedade atenderá a sua função social"*; no art. 170, prevendo que *"a ordem econômica, fundada na valorização do trabalho humano e na livre iniciativa, tem por fim assegurar a todos existência digna, conforme os ditames da justiça social, observados os seguintes princípios: I - soberania nacional; II - propriedade privada; III - função social da propriedade"*; no artigo 173, contemplando que, *"ressalvados os casos previstos nesta Constituição, a exploração direta de atividade econômica pelo Estado só será permitida quando necessária aos imperativos da segurança nacional ou a relevante interesse coletivo, conforme definidos em lei"*, sendo que o seu § 1º fixa que *"a lei estabelecerá o estatuto jurídico da empresa pública, da sociedade de economia mista e de suas subsidiárias que explorem atividade econômica de produção ou comercialização de bens ou de prestação de serviços, dispondo sobre: I - sua função social e formas de fiscalização pelo Estado e pela sociedade"*. Na mesma linha, atente-se ao Código Civil, trazendo em seu art. 421 a previsão de que *"a liberdade contratual será exercida nos limites da função social do contrato"*.

Não à toa, o tema da Governança Ambiental, Social e Corporativa (*"ESG - Environmental, Social and Corporate Governance"*, em inglês) tem, cada vez mais, ingressado nos debates corporativos. E não poderia ser diferente em relação às empresas estatais. Sem perder o foco no seu *"core business"*, todas as empresas devem se preocupar não apenas com o retorno financeiro a seus acionistas, mas também com questões ambientais e sociais.

A criação de fundos específicos para gerir e destinar os recursos financeiros advindos da distribuição de lucros das empresas estatais, como se tem noticiado, não deixa de ser uma opção aos governos para propiciar maior transparência fiscal na aplicação dos dinheiros públicos, facilitando ao cidadão visualizar onde esses recursos são aplicados.

Entretanto, devemos lembrar que esta importante modalidade de receita pública – dividendos das estatais – possui natureza eventual e valor variável, não sendo adequada para custear despesas fixas (sobretudo as correntes), uma vez que, em se tratando de atividade empresarial, poderá haver períodos em que os lucros sequer existam ou mesmo nem sejam distribuídos.

O importante é gerir com responsabilidade fiscal seja qual for a modalidade de receita pública, inclusive os dividendos pagos pelas empresas públicas e sociedades de economia mista em que o Estado detenha participação. E o óbvio ainda impera: quanto mais lucros elas derem, mais dividendos distribuirão, mais tributos pagarão e mais empregos gerarão; por outro lado, o prejuízo destas empresas implicará custos adicionais, muitas vezes absorvidos pelos acionistas, sobretudo o controlador (o que acaba, no fim do dia, sendo repartido por toda a coletividade).

Portanto, essa dimensão de responsabilidade social e gestão adequada é ainda mais aguda em se tratando de empresas estatais, pois, em última instância, o capital para sua criação e mesmo aportes eventuais de seu controlador (o Estado) saem do erário público, o qual, por sua vez, é alimentado pelos recursos provenientes dos cidadãos.

Não em sentido técnico e jurídico, mas recorrendo aqui a uma licença poética, pode-se dizer que, como vivemos em uma república (derivada da ideia de *res publica* ou *coisa pública*, em latim), temos uma "pequenina fatia indireta" de participação em todas essas estatais. Sua gestão, destinos e caminhos trilhados – e sua saúde e robustez financeiras – são certamente do interesse de todos nós brasileiros.

NOVAMENTE OS PRINCÍPIOS ORÇAMENTÁRIOS

PUBLICADO EM ABRIL DE 2021

Por duas vezes, esta "Coluna Fiscal" teve a oportunidade de abordar a temática dos princípios orçamentários fundantes e norteadores para uma boa gestão fiscal. A primeira vez foi há pouco mais de cinco anos, em 04 de fevereiro de 2016, quando publicamos o texto intitulado "Onze princípios orçamentários para uma gestão responsável". No ano seguinte, em 30 de outubro de 2017, publicamos por aqui o texto "Diretrizes orçamentárias da OCDE", onde se apresentava o resultado de um estudo daquela instituição internacional no qual são identificados 10 princípios para orientar as boas práticas sobre toda a atividade orçamentária.

Passado esse tempo, agora, neste início do mês de abril de 2021, revisitamos o assunto dos princípios orçamentários, com um olhar focado no atual contexto fiscal que vivenciamos, após a recente – embora tardia – aprovação pelo Congresso Nacional do projeto de lei orçamentária federal de 2021, cuja proposta original enviada pelo Poder Executivo recebeu sensíveis alterações.

Noticia-se na imprensa em geral que haveria um possível "impasse orçamentário" entre os Poderes diante do que foi inicialmente proposto e do resultado final do Projeto de Lei do Congresso Nacional nº 28 de 2020 (PLOA 2021), enviado agora para sanção presidencial.

Dentre as críticas apresentadas – não apenas por especialistas na matéria, mas também por ambos os lados progenitores da LOA – indicando a criação de uma lei orçamentária para o ano de 2021 inexequível e irreal, já apelidada de "peça de ficção", destacam-se os seguintes problemas: ter havido subestimação nos montantes dos gastos (inclusive assistenciais e previdenciários) – sobretudo pela proposta inicial estar baseada numa projeção de inflação inadequada (de apenas 2%), que estaria desatualizada e abaixo da efetivamente vivenciada no corrente ano de 2021 –, além de apurar e designar valores para o custeio da máquina estatal em montante muito inferior ao efetivamente necessário, implicando possível "*shutdown*"; e terem sido feito cortes de gastos na Casa Legislativa, inclusive em despesas obrigatórias, para que se pudessem destinar valores para as emendas parlamentares.

Pois bem, antes de adentrarmos a questão dos princípios orçamentários, é necessário dizer que a participação conjunta dos Poderes Executivo e Legislativo no processo orçamentário é mais do que lícita e legítima, integrando o que denominamos de "democracia orçamentária".

Afinal, como sabemos, está previsto expressamente em nossa Constituição de 1988 que a iniciativa dos projetos de leis orçamentárias é privativa e vinculada – na modalidade de "poder-dever" – do Poder Executivo (art. 165), e estes deverão ser encaminhados ao Poder Legislativo para que sejam apreciados (art. 166), inclusive podendo – e por vezes devendo – sofrer modificações, aperfeiçoamentos ou ajustes, a partir de emendas parlamentares que são também constitucionalmente previstas e reguladas. Após, o que restar aprovado na Casa Legislativa deverá ser encaminhado à Presidência da República para sanção ou veto, total ou parcial.

Porém, neste procedimento de criação das leis orçamentárias anuais há uma série de parâmetros que devem ser seguidos. Primeiramente, o conteúdo do orçamento público deve estar sempre de acordo com o estabelecido na respectiva lei de diretrizes orçamentárias (LDO) e vinculado ao previsto na lei do plano plurianual (PPA). Segundo, deve-se respeitar as limitações financeiras decorrentes do Teto de Gastos instituído pela Emenda Constitucional nº 95/2016. Terceiro, mas não último, é imperioso observar as regras impostas pela Lei de Responsabilidade Fiscal e demais normas constitucionais e infraconstitucionais do Direito Financeiro.

Para além destas três advertências sobre parâmetros basilares quanto ao orçamento público no Brasil, não podemos nos esquecer de alguns princípios orçamentários que são relevantíssimos e aparentemente foram deixados de lado recentemente. Sua observância e respeito impõem ao administrador público uma atuação de molde a garantir o cumprimento da finalidade do orçamento público em sua elaboração, interpretação e execução.

Aqui não me refiro aos tradicionais princípios orçamentários da legalidade, unidade, publicidade, exclusividade, dentre outros. Destacaria, diante do atual contexto fiscal e orçamentário, a importância do respeito aos princípios da sinceridade orçamentária, da transparência fiscal, da sustentabilidade financeira e da equidade fiscal intergeracional.

O *princípio da sinceridade orçamentária* visa coibir os orçamentos considerados "peças de ficção", que acabam sendo realizados em desacordo com a realidade econômica e social, com base em receitas "superinfladas" e despesas subestimadas ou inexecutáveis. Este postulado pode ser considerado também como *princípio orçamentário da exatidão*. Sua fundamentação decorre do respeito aos princípios da moralidade, da legalidade, da transparência e do planejamento orçamentário, no ideal de boa-fé para com a sociedade daqueles que elaboram, aprovam e executam o orçamento público.

O *princípio orçamentário da transparência* obriga não somente à ampla divulgação do orçamento público, mas principalmente impõe que as suas previsões, tanto de receitas e despesas públicas, assim como as renúncias fiscais, sejam dispostas de maneira facilmente compreensível para todos. Pretende, principalmente, coibir a existência de despesas obscuras ou a inclusão de verbas, programas ou benefícios fiscais imprecisos ou inexplicáveis que, por falta de clareza ou transparência, possam induzir a erro ou serem manipulados para atender a objetivos diversos dos originalmente previstos e aprovados. Este princípio visa também coibir a denominada "contabilidade criativa" no orçamento público, em que manobras fiscais ilegítimas e de legalidade duvidosa acabam sendo adotadas para maquiar os números estabelecidos no orçamento, os resultados financeiros e as metas fiscais.

O *princípio orçamentário da sustentabilidade financeira*, derivado do ideal de equilíbrio fiscal em uma gestão responsável, recomenda que para toda despesa haja uma receita suficientemente bastante para financiá-la, a fim de evitar o surgimento de déficits orçamentários crescentes ou descontrolados, que possam prejudicar as contas públicas presentes e futuras. Através dele almeja-se alcançar resultados eficientes que permitam a protração no tempo de um equilíbrio de modo estável ou sustentável para a presente e as futuras gerações, com a gestão racional e prudente da dívida pública, numa noção de solidariedade e equidade intergeracional.

Como seu desdobramento, temos o *princípio orçamentário da equidade fiscal intergeracional*, que revela a capacidade financeira de uma nação satisfazer necessidades atuais sem comprometer as futuras. Pretende-se garantir que não se imporá às gerações futuras o ônus financeiro da dívida pública contraída no passado, de maneira que haja uma justa e proporcional distribuição entre diferentes gerações dos benefícios obtidos com a atividade estatal e os custos para o seu financiamento.

Não podemos nos olvidar de que o Direito Financeiro moderno e todas as suas regras e princípios orçamentários possuem a elevada função de direcionar positivamente os atos dos governantes e influenciar para melhorar a vida em sociedade.

E o orçamento público, nesse contexto, é um importante instrumento que integra a nossa democracia e garante a realização da cidadania fiscal. É, portanto, um mecanismo jurídico de racionalização do processo de alocação de recursos, dotado de valores éticos que não podem ser menosprezados. Lealdade, correção e veracidade compõem o substrato com o qual os Poderes Executivo e Legislativo devem conduzir todo o processo orçamentário, sob pena de desmoralizar a significância das leis orçamentárias e prejudicar o cidadão, ao aprovarem orçamentos que não são capazes de garantir recursos suficientes para a satisfação das necessidades sociais.

Num momento tão difícil como o atual, com premência de recursos para necessidades fundamentais, sobretudo para o enfrentamento da pandemia da COVID-19, ainda temos que debater os pressupostos e princípios de que partimos para tratar as matérias orçamentárias, pois, como nos recorda Aristóteles, "um pequeno erro no princípio acaba por tornar-se grande no fim".

MEC RECONHECE O DIREITO FINANCEIRO COMO DISCIPLINA OBRIGATÓRIA

PUBLICADO EM ABRIL DE 2021

Após anos de incansável luta por esta nobre causa – o reconhecimento da importância do Direito Financeiro para o exercício da cidadania e a necessidade de torná-lo novamente uma disciplina obrigatória –, vemos agora, com regozijo, os primeiros frutos positivos se materializarem.

O Ministério da Educação recentemente publicou no Diário Oficial da União (15/04/2021, Edição: 70, Seção: 1, Página: 580) a homologação, subscrita pelo Exmo. Ministro da Educação Milton Ribeiro, do Parecer CNE/CES nº 757/2020, da Câmara de Educação Superior do Conselho Nacional de Educação, que votou favoravelmente à alteração do art. 5º da Resolução CNE/CES nº 5, de 17 de dezembro de 2018, que institui as Diretrizes Curriculares Nacionais do curso de graduação em Direito, para o fim de incluir a disciplina DIREITO FINANCEIRO no rol de disciplinas jurídicas de conteúdo essencial, tornando-a obrigatória nos cursos de graduação em Direito, deixando de ser facultativo o seu oferecimento pelas Faculdades, que deverão inseri-la obrigatoriamente na grade curricular.

Cada um tem a sua participação e a sua versão a respeito do como e do porquê o MEC voltou, somente agora, a considerar o Direito Financeiro uma disciplina de conteúdo essencial e obrigatória (rebaixada à matéria "eletiva" ou "optativa" desde a década de 1970). Passo a relatar essa saga sob a minha ótica e contribuições pessoais (tendo todos os documentos que passo a citar). Antes, porém, cabe-me agradecer a todos aqueles que nesta trajetória colaboraram para esse importante marco e virada na história do currículo jurídico dos cursos de Direito, com especial significância nos dias de hoje, em que as finanças públicas têm sido tão maltratadas, e as regras jurídicas para a gestão fiscal responsável ignoradas.

Pois bem, tudo começou em dezembro de 2014, quando redigi e submeti uma carta a renomados professores de Direito Financeiro e Tributário de diversas universidades públicas do Brasil, para o fim de apresentar o nosso pleito ao Conselho Federal da Ordem dos Advogados do Brasil. Esta carta foi subscrita por mim, juntamente com André

Mendes Moreira (UFMG), Denise Lucena (UFC), Fernando Scaff (USP), Heleno Torres (USP), José Maurício Conti (USP), José Marcos Domingues (UERJ), Luiz Cesar Queiroz (UERJ), Marcus Lívio Gomes (UERJ), Mizabel Machado Derzi (UFMG), Onofre Alves Batista (UFMG), Regis Fernandes de Oliveira (USP) e Sérgio André Rocha (UERJ).

A referida carta continha a seguinte justificativa final e pedidos:

> "*Afinal, o nível de conhecimento da real importância dos principais aspectos do Direito Financeiro ainda é muito incipiente no Brasil, e as faculdades de Direito pouco colaboram. Entendemos, assim, que um primeiro passo neste caminho pode se dar na esfera acadêmica, especialmente perante os alunos de Direito em todo o país. Assim sendo, gostaríamos de sugerir:*
> *a) a inclusão pela OAB no Edital do Exame de Ordem, em sua prova objetiva (item 3.4.1), da disciplina do Direito Financeiro, juntamente com a de Direito Tributário, esta já presente;*
> *b) o encaminhamento pela OAB ao Conselho Nacional de Educação de recomendação para a inclusão do Direito Financeiro no rol de disciplinas integrantes do Eixo de Formação Profissional constante da organização curricular dos cursos de graduação em Direito, de que trata o artigo 5º da Resolução CNE/CES nº 9/2004, que Institui as Diretrizes Curriculares Nacionais do Curso de Graduação em Direito e dá outras providências.*"

No Conselho Federal da OAB, a carta foi recebida e acolhida pela Comissão Especial de Direito Tributário, que entendeu que o pedido detinha importância, legitimidade e conexão com a sua temática, e ganhou a assinatura dos seus integrantes, os advogados Dr. Jean Cleuter e Dr. Luiz Cláudio Allemand, juntamente com a assinatura do Dr. Eid Badr, à época Presidente da Comissão Nacional de Educação Jurídica, que também reconhecia a pertinência do pleito e encampava o pedido na sua comissão. A propósito, o Dr. Allemand, eminente tributarista capixaba, devo registrar que sempre esteve ao meu lado no front (por vezes à frente) neste movimento em prol das finanças públicas.

Formalmente protocolada, a carta transformou-se no requerimento nº 49.0000.2014.014434-6, dirigido ao então Presidente do CFOAB, Dr. Marcus Vinícius Furtado Coelho, com o encaminhamento de submissão ao Plenário para deliberação. Em 10 de agosto de 2015, tivemos a alegria de receber uma cópia do Ofício do Presidente do Conselho Federal da OAB dirigido ao MEC (Ministro Renato Janine Ribeiro) requerendo a inclusão das seguintes disciplinas como obrigatórias: Mediação e Arbitragem, Direito Eleitoral e Direito Financeiro.

Importante registrar que o apoio e reconhecimento da relevância do Direito Financeiro pelo Conselho Federal da OAB já era sólido e foi revelado na publicação, no ano de 2016, de uma coletânea de mais de 40 textos, organizada por mim, juntamente com o Dr. Marcus Vinícius Furtado Coelho e o Dr. Luiz Cláudio Allemand, intitulada: "Responsabilidade Fiscal: Análise dos 15 anos da Lei Complementar nº 101/2000".

Infelizmente, não houve resposta do Ministério da Educação ao ofício enviado pelo CFOAB, e o pedido acabou "perdido" no tempo e no espaço.

Mas a teimosia e determinação não me deixaram esmorecer.

Em junho do ano de 2017, nascia, durante o IV Congresso Internacional de Direito Financeiro, sediado no Tribunal de Contas do Estado do Ceará (dias 8 e 9 de junho), a Sociedade Brasileira de Direito Financeiro – SBDF, instituição sem fins lucrativos que se destina a desenvolver os estudos e debates sobre temas relacionados com o Direito Financeiro e Finanças Públicas (fundada por mim, juntamente com Dr. Edilberto Lima, Dr. Ronaldo Chadid e Dr. Francisco Pedro Jucá, este último assumindo a Presidência).

Naquele evento foi apresentada ao público a "Carta de Fortaleza", manifesto por mim redigido, subscrito pela SBDF e lido pelo Dr. Francisco Pedro Jucá, em que se destacava a relevância do Direito Financeiro e requeria-se a sua transformação como disciplina obrigatória nos cursos de Direito e a sua exigência no Exame de Ordem da OAB. Destaco o seguinte trecho da Carta:

> "Acreditamos que a educação fiscal possui importante papel no desenvolvimento da consciência fiscal, virtude imprescindível para qualquer nação que pretenda o bem estar dos seus integrantes, pois será através dela que o cidadão, conhecedor dos seus direitos e deveres, demandará ao governante o cumprimento adequado do seu múnus para que se possa ter, ao final, justiça fiscal e a criação de uma sociedade mais justa e digna."

Concretamente, não houve resultado, mas inequivocamente foi mais um importante passo dado em prol da causa.

Em setembro de 2019 recebi, com alegria, a nomeação como "Presidente de Honra" da Comissão Especial de Direito Financeiro do Conselho Federal da OAB (Portaria CFOAB nº 1.338/2019), que naquele momento era criada pelo seu Presidente, o eminente advogado Dr. Felipe Santa Cruz, grande entusiasta e efetivo colaborador para reascender o Direito Financeiro.

A nossa primeira providência, adotada em conjunto com o Presidente efetivo da Comissão Especial de Direito Financeiro do CFOAB, Dr. Luiz Claudio Allemand, foi requerer a inclusão da disciplina nas provas à Coordenação Nacional do Exame de Ordem da OAB, pedido formalizado no Processo n°. 49.0000.2019.012442-2.

O substancioso parecer da Coordenação Nacional do Exame de Ordem, datado de 20 de fevereiro de 2020, manifestou os seguintes entendimentos:

> *- Em sintonia com o pedido feito, RECOMENDO a inserção do tema em Seminários Nacionais de Educação Jurídica realizados pela OAB Nacional com a finalidade de conscientizar os mantenedores, coordenadores, docentes e alunos sobre a importância do conteúdo e a necessidade de sua oferta de forma obrigatória por todas Universidades, Centros Universitários e Faculdades, até a modificação da Resolução do CNE;*
> *- No tocante ao Exame de Ordem, RECOMENDO a continuidade da cobrança do conteúdo de Direito Financeiro, sempre que possível, em todas as provas aplicadas anualmente, observando a sua inserção em diferentes áreas do Direito, respeitando a sua interdisciplinaridade.*
> *- Por fim, RECOMENDO, o envio do presente parecer aos Requerentes para conhecimento e à Fundação Getulio Vargas para conhecimento e adoção das providencias cabíveis.*

Ato contínuo, ainda em fevereiro de 2020, também através da Comissão Especial de Direito Financeiro do CFOAB, foi requerida ao Ministério da Educação a inclusão da disciplina Direito Financeiro na grade curricular obrigatória no Curso de Graduação em Direito. O pedido foi subscrito em conjunto com o Dr. José Alberto Simonetti, Secretário-Geral do Conselho Federal da OAB, e com o Dr. Marisvaldo Cortez Amado, Presidente da Comissão Nacional de Educação Jurídica. Nele assim constava:

> *"Considerando a grande importância da disciplina DIREITO FINANCEIRO para o exercício da advocacia pública e privada, bem como a sua relevância nos dias de hoje para o exercício da cidadania em prol da sociedade brasileira, vimos pelo presente, respeitosamente, requerer a inclusão, pelo Ministério da Educação (Conselho Nacional de Educação), da matéria jurídica DIREITO FINANCEIRO no rol de disciplinas obrigatórias integrantes do Eixo de Formação Geral, Técnico-Jurídico e Profissional constante da organização curricular dos cursos de graduação em Direito para todas as instituições de ensino superior (IES), de que tratam os incisos I, II e III do artigo 5° da Resolução CNE/CES n° 5/2018, que Institui as Diretrizes Curriculares Nacionais do Curso de Graduação em Direito e dá outras providências.*

Em complemento, após solicitação da nossa Comissão de Direito Financeiro, o Presidente da OAB Nacional, Dr. Felipe Santa Cruz, juntamente com o Secretário-Geral e Coordenador Nacional do Exame de Ordem, Dr. Alberto Simonetti, subscreveram dois ofícios: um ao então Presidente do Conselho Nacional de Educação Luiz Roberto Liza Curi, e outro ao então Ministro da Educação Abraham Weintraub, em que se requeria em ambos, ao final, o seguinte: *"solicitamos a especial atenção de V. Exa. quanto à possibilidade de modificação da referida Resolução, a fim de contemplar em seu bojo a obrigatoriedade do conteúdo de Direito Financeiro"*.

Já no contexto da pandemia da COVID-19, em meados de junho, solicitei reuniões (por videoconferência) com o Ministro da Justiça, Dr. André Mendonça, e com o Advogado Geral da União, Dr. José Levi, para expor o nosso pleito. Ambos encamparam a ideia e oficiaram ao Presidente da Câmara de Educação Superior do MEC, requerendo a inclusão do Direito Financeiro no currículo obrigatório dos cursos de Direito. A colaboração de ambos foi fundamental e decisiva, especialmente junto ao Ministro da Educação, para o bom êxito da empreitada.

Para reforçar, em 24 de setembro de 2020, o Dr. Luiz Claudio Allemand e eu subscrevemos, como presidentes da Comissão de Direito Financeiro do CFOAB, ofício dirigido ao Presidente da Câmara de Educação Superior do Conselho Nacional de Educação, fazendo referência aos ofícios enviados não apenas pela OAB Nacional, mas também aos ofícios enviados pelo Ministro da Justiça e AGU, reiterando todos os pedidos.

Busquei também o apoio da Associação dos Membros dos Tribunais de Contas – ATRICON e do Instituto Rui Barbosa. Ambos subscreveram ofício ao Ministério da Educação, através de seus presidentes, respectivamente, Dr. Fabio Filgueiras e Dr. Ivan Bonilha. Na mesma toada, solicitei ao Ministro do TCU Dr. Bruno Dantas que levasse a questão ao plenário da Corte de Contas, que acabou aprovando por unanimidade uma moção de apoio.

Ao longo dos meses seguintes, enviei uma série de e-mails ao Ministério da Educação e à Câmara de Educação Superior indagando sobre as providências em relação aos diversos ofícios enviados.

Para minha alegria, recebi o Ofício nº 583/2020/CES/SAO/CNE/CNE-MEC, datado de 6 de novembro de 2020, que informava a constituição de uma comissão para revisar as diretrizes nacionais do cursos de Direito e apreciar o nosso pleito de inclusão do Direito Financeiro, conforme redação abaixo:

> Recebemos, neste Conselho Nacional de Educação (CNE), o Ofício nº 2119/2020/ASTEC/GM/GM-MEC, da Chefe da Assessoria Técnica de Gestão Administrativa do Gabinete do Ministro que encaminhou a sua Correspondência Eletrônica, datada de 3 de outubro de 2020, constante do processo nº SEI 23123.005917/2020-61, por meio da qual Vossa Excelência solicita a inclusão da disciplina jurídica de Direito Financeiro no rol de disciplinas jurídicas de conteúdo essencial, constantes no inciso II do artigo 5º da Resolução CNE/CES nº 5/2018.
>
> Sobre o assunto, informamos que na Reunião Pública desta Câmara, ocorrida no dia 8 de outubro de 2020, o Presidente desta Câmara de Educação Superior (CES), conselheiro Joaquim José Soares Neto, fez Indicação para constituir Comissão para revisar as supramencionadas DCNs, principalmente no que se refere ao artigo 5º. A Comissão ficou constituída da seguinte forma: conselheiro Marco Antônio Marques da Silva, Presidente, conselheiro Luiz Roberto Liza Curi, Relator, conselheiros José Barroso Filho e Robson Maia Lins, na condição de membros.

Ao noticiar esses andamentos para um grupo eletrônico (de e-mails) de professores de Direito Financeiro e Tributário, o professor Heleno Torres chamou-me a atenção para o fato de que o Dr. Robson Maia, professor de Direito Tributário da PUC-SP, integrava a comissão, e que por ser alguém da nossa área jurídica (Direito Tributário), poderia colaborar. E, de fato, colaborou em muito, pois tenho certeza de que, sem a sua participação, tendo prontamente acolhido o pleito, o resultado positivo não se materializaria naquela Comissão.

Em 10 de dezembro de 2020, a Câmara Superior de Educação – com a decisiva participação do Dr. Robson Maia – aprovou a proposta de alteração do art. 5º da Resolução CNE/CES nº 5, de 17 de dezembro de 2018, que institui as Diretrizes Curriculares Nacionais do curso de graduação em Direito, para incluir, dentre outras, o Direito Financeiro.

Deixando passar o recesso de final de ano, em meados de janeiro voltei à carga, enviando novamente diversos e-mails ao Ministério da Educação cobrando a homologação e publicação daquela deliberação, o que veio a ocorrer recentemente, em 15 de abril deste ano.

Mas a luta ainda não acabou. Primeiro, precisamos ver a implementação desta diretiva do MEC pelas faculdades de Direito em todo o Brasil. Simultaneamente, já iniciaremos a retomada do "pleito complementar": a cobrança do Direito Financeiro no Exame de Ordem da OAB.

Para mim, há um tempero especial ao ver a materialização de um grande esforço pessoal ocorrer contemporaneamente ao momento em que me tornei Professor Titular de Direito Financeiro da UERJ (em dezembro de 2020).

Mas essa vitória não é apenas individual, e sim de todos nós: constitui uma excepcional realização para todos os cultores do Direito Financeiro. Esperemos agora, a partir desse primeiro passo tão relevante, um alvissareiro e brilhante futuro para a nossa disciplina no Brasil, que para mim, como já dito alhures, é uma importante ferramenta de mudança social.

O PORQUÊ DA NÃO TRIBUTAÇÃO DOS LIVROS

PUBLICADO EM MAIO DE 2021

O tema abordado hoje em nossa Coluna Fiscal envolve uma desoneração fiscal que reputamos mais do que justa e devida: a não tributação dos livros, ou seja, a não incidência de impostos e de contribuições sociais – ou tributo equivalente que venha a ser futuramente criado – sobre a venda de livros pelas editoras e livrarias em geral.

Trata-se de uma situação excepcional de isenção tributária específica para os livros, uma vez que sempre entendemos que os benefícios fiscais que temos em nosso sistema tributário são de difícil mensuração quanto a seus resultados concretos em termos de retorno socioeconômico. Além disso, pregamos a plena aplicação do artigo 11 da Lei de Responsabilidade Fiscal (LC nº 101/2000), dispondo que constituem requisitos essenciais da responsabilidade na gestão fiscal a instituição, previsão e efetiva arrecadação de todos os tributos da competência constitucional do ente da Federação.

Porém, aqui não estamos diante da desoneração fiscal sobre um mero objeto ou mercadoria. Há bens jurídicos de elevado valor a serem protegidos que justificam tal política fiscal: a liberdade de expressão e o direito à educação, à cultura e à informação.

Pois bem, como sabemos, os livros possuem uma imunidade constitucional quanto aos impostos. Neste sentido, segundo o artigo 150, inciso VI, letra "d" da Constituição Federal de 1988, é vedado instituir impostos sobre os livros, jornais, periódicos e o papel destinado a sua impressão. A propósito, o Supremo Tribunal Federal, através da Súmula Vinculante nº 57, conferiu interpretação teleológica ao tema e estendeu essa imunidade também aos livros eletrônicos ("*e-books*" e "*e-readers*").

Todavia, a desoneração quanto a impostos não era bastante para baratear suficientemente os livros. Por isso, implementou-se então, no final do ano de 2004, a redução para 0 (zero) da alíquota das contribuições sociais PIS/PASEP e da COFINS incidentes sobre a receita bruta decorrente da venda dos livros no mercado interno, através da Lei nº 10.865/2004, artigo 28, inciso VI.

Portanto, na realidade fiscal de hoje, os livros gozam de imunidade quanto à incidência de impostos e de isenção quanto à incidência das contribuições PIS/COFINS.

Ocorre que, recentemente, deparamo-nos com a controvérsia sobre a possível revogação desta isenção para os livros no bojo da proposta de reforma tributária (Projeto de Lei nº 3.887/2020), que criará um novo tributo, intitulado Contribuição sobre Bens e Serviços – CBS, e que viria a incidir sobre a venda de livros.

A Secretaria da Receita Federal do Brasil (SRF), ao publicar em seu *site* o documento *"Perguntas e Respostas da CBS"* (versão 2 – 2021.04), respondeu a indagação de número 14, sobre a incidência da Contribuição sobre Bens e Serviços nos livros, alegando que, face à insuficiência de recursos financeiros, a futura revogação da isenção estaria justificada: primeiro, por não existirem avaliações identificando uma efetiva redução nos preços dos livros após a concessão da desoneração fiscal; e, segundo, porque a pesquisa "Orçamentos Familiares" de 2019 teria constatado que "famílias com renda de até 2 salários mínimos não consomem livros não didáticos e a maior parte desses livros é consumida pelas famílias com renda superior a 10 salários mínimos".

A afirmação de que não há avaliações sobre o barateamento dos livros após a desoneração das contribuições sociais supracitadas, além de não ser comprovada e documentada pelo órgão fazendário, é, a nosso ver, equivocada.

Ao ter acesso a um estudo desenvolvido pelo Sindicato Nacional dos Editores de Livros (SNEL) e pela Câmara Brasileira do Livro, pode-se identificar os efeitos positivos da isenção aos livros. Outrossim, sobre a isenção concedida desde 2004, as citadas instituições assim se manifestaram expressamente:

> *"Isso permitiu uma redução imediata do preço dos livros nos anos seguintes: entre 2006 e 2011, o valor médio diminuiu 33%, com um crescimento de 90 milhões de exemplares vendidos. Os fatos demonstram claramente a correlação entre crescimento econômico, melhoria da escolaridade e aumento da acessibilidade do livro no país".*

Em relação ao segundo argumento da SRF, referente ao consumo quase inexistente de livros por famílias de baixa renda – fato este que, aos olhos da Receita, justificaria a não manutenção do benefício fiscal –, a seguir-se tal lógica canhestra, teríamos uma verdadeira inversão de prioridades nas políticas públicas de acesso à leitura, mantendo-se esta parcela expressiva da população nacional ainda mais alijada dos livros.

Para ser coerente, ao querer fazer incidir a nova CBS sobre os livros, o respectivo projeto de lei tributária deveria trazer em seu bojo a própria revogação da atual *Política Nacional do Livro*, instituída pela Lei nº 10.753/2003. Tal lei, em suas diretrizes (art. 1º), apresenta o livro como meio principal e insubstituível da difusão da cultura e transmissão do conhecimento, e propõe como seus objetivos, dentre outros, assegurar ao cidadão o pleno exercício do direito de acesso e uso do livro; fomentar e apoiar a produção, a edição, a difusão, a distribuição e a comercialização do livro; promover e incentivar o hábito da leitura. Tal diploma legislativo também determina a responsabilidade do Poder Executivo em criar e executar projetos de acesso ao livro e incentivo à leitura e ampliar os já existentes (art. 13).

Por fim, não se pode olvidar de que nossa atual Constituição, no artigo 205, prevê a educação como um direito de todos e dever do Estado e da família. A função do livro não está limitada a um mero repassar de informações, mas se conecta diretamente ao estímulo da imaginação, à ampliação da capacidade de raciocinar, à propagação da cultura e, primordialmente, à perpetuação da própria civilização. O educador Paulo Freire muito bem demonstrou em sua obra *"A importância do ato de ler"* o valor que a leitura tem na compreensão e diálogo com o mundo que nos cerca.

Ao invés de buscar o aumento da arrecadação pela tributação dos livros, propomos que a reforma tributária procure outras bases de incidência, sobretudo aquela sobre a renda. Por que não instituir o Imposto sobre Grandes Fortunas, previsto há mais de três décadas em nossa Constituição? Ou, então, porque não revogar a isenção concedida em 1995 do imposto de renda sobre dividendos pagos pelas empresas aos sócios ou acionistas?

Tributar o livro, este importante instrumento de desenvolvimento social, é, na realidade, fazer um retrocesso no direito à educação, à democratização da cultura e no amplo acesso à informação. Parodiando aqui o dilema hamletiano proposto pelo mago das letras que foi Shakespeare, "tributar ou não tributar os livros?", diríamos: eis uma falsa questão!

PROTAGONISMO CONSTITUCIONAL DO DIREITO FINANCEIRO

PUBLICADO EM JUNHO DE 2021

Inequivocamente, o Direito Financeiro tem, a cada dia, conquistado mais espaço nas nossas atenções, além de ser uma área jurídica de forte protagonismo em nosso ordenamento, sobretudo o de foro constitucional.

Nos últimos cinco anos, desde a promulgação da Emenda Constitucional nº 93/2016 até a mais recente (a Emenda Constitucional nº 109/2021), tivemos 17 emendas alterando o texto da Constituição Federal de 1988, sendo que, destas, mais da metade (isto é, 10 delas) trataram de matéria do Direito Financeiro.

Para demonstrar esta "pujança normativa", pretendemos realizar hoje um breve caminhar pelas alterações constitucionais em matéria de finanças públicas.

Pois bem, iniciamos pela EC nº 93/2016 que ampliou o mecanismo da desvinculação das receitas, o qual passou a aplicar-se não só à União (DRU), mas também aos Estados, ao Distrito Federal e aos Municípios (DRE e DRM), desvinculando não apenas 20%, mas agora 30% de suas receitas até o final do ano de 2023.

Por sua vez, a EC nº 94/2016, além de alterar o texto do § 2º do art. 100 (em que se majorou o rol de preferências para receber precatórios), incluiu ainda os §§ 17, 18, 19 e 20, além de inserir também os arts. 101 a 105 no Ato das Disposições Constitucionais Transitórias, introduzindo um novo regime especial de garantia de pagamento de precatórios. Assim, ficava determinado que os entes federados em mora com o pagamento de seus precatórios teriam até 31/12/2020 para pagá-los, mediante depósito mensal em conta especial do Tribunal de Justiça local de 1/12 (um doze avos) de valor calculado sobre as respectivas receitas correntes líquidas.

Já a EC nº 95/2016 instituiu o então denominado "Novo Regime Fiscal do Teto dos Gastos Públicos", no âmbito dos Orçamentos Fiscal e da Seguridade Social da União. Por meio dessa emenda constitucional, se estabeleceu, por 20 (vinte) exercícios financeiros, um limite de gastos individualizado para a despesa primária total em cada ano (excluídas as relativas à dívida pública) para cada Poder, corrigida apenas pela variação do Índice Nacional de Preços ao Consumidor Amplo ⊠ IPCA.

No ano seguinte, a EC n° 99/2017 alterou o art. 101 do ADCT, bem como inseriu alterações nos arts. 102, 103 e 105 do ADCT para aperfeiçoar o regime especial de pagamento de precatórios de entes federados em mora, estendendo o prazo até 31/12/2024 e mantendo o depósito mensal de 1/12 da receita corrente líquida em conta do Tribunal de Justiça local.

Em 2019, a EC n° 100/2019 modificou os arts. 165 e 166 da Constituição, criando para a administração, no art. 165, § 10, o dever de executar as programações orçamentárias, adotando os meios e as medidas necessários, com o propósito de garantir a efetiva entrega de bens e serviços à sociedade (impositividade orçamentária); e nas inserções no art. 166, a execução da programação orçamentária proveniente de emendas de bancada de parlamentares de Estado ou do Distrito Federal.

A EC n° 102/2019 inseriu os §§ 11 a 15 no art. 165 da Constituição, prevendo os requisitos para a aplicação da impositividade orçamentária (§ 11); a inserção na LDO, para o exercício a que se refere e, pelo menos, para os 2 exercícios subsequentes, de anexo com previsão de agregados fiscais e a proporção dos recursos para investimentos que serão alocados na LOA para a continuidade daqueles em andamento (§ 12); a obrigatoriedade das novas regras de orçamento impositivo apenas para a União (§ 13); a inserção de que a lei orçamentária anual poderá conter previsões de despesas para exercícios seguintes, com a especificação dos investimentos plurianuais e daqueles em andamento (§ 14); a inserção da previsão de que a União organizará e manterá registro centralizado de projetos de investimento contendo, por Estado ou Distrito Federal, pelo menos, análises de viabilidade, estimativas de custos e informações sobre a execução física e financeira. (§ 15).

A EC n° 105/2019 introduziu o art. 166-A na Constituição para autorizar a transferência direta de recursos federais aos demais entes federados mediante emendas individuais impositivas ao projeto de lei orçamentária anual, pelas modalidades de transferência especial ou transferência com finalidade definida.

Já no ano passado, a EC n° 106/2020 veiculou o regime extraordinário fiscal, financeiro e de contratações para enfrentamento de calamidade pública nacional decorrente da pandemia da COVID-19.

E a EC n° 108/2020 trouxe novos critérios de distribuição da cota municipal do ICMS, com aplicação obrigatória de parte destes recursos na melhoria do ensino; disciplinou a disponibilização de dados contábeis pelos entes federados por meio de critérios estabelecidos pelo órgão central de contabilidade da União e em meio eletrônico de amplo acesso, garantindo a rastreabilidade, a comparabilidade e a publicidade dos dados; e tratou da vinculação de recursos à educação e os critérios de distribuição do Fundo de Manutenção e Desenvolvimento da Educação Básica e de Valorização dos Profissionais da Educação (Fundeb).

Por fim, a recente EC nº 109/2021 constitui uma das mais extensas emendas constitucionais em matéria de direito financeiro dos últimos anos, veiculando uma série de normas de direito financeiro para contenção dos gastos públicos, tais como a diminuição dos percentuais de despesas possíveis com o Poder Legislativo Municipal (nova redação do art. 29-A); a reserva de lei complementar para dispor sobre sustentabilidade da dívida pública, especificando indicadores de sua apuração, níveis de compatibilidade dos resultados fiscais com a trajetória da dívida, trajetória de convergência do montante da dívida com os limites definidos em legislação, medidas de ajuste, suspensões e vedações, planejamento de alienação de ativos com vistas à redução do montante da dívida (art. 163, inc. VIII); o dever de condução das políticas fiscais de todos os entes federados de forma a manter a dívida pública em níveis sustentáveis, devendo a elaboração e a execução de planos e orçamentos refletir a compatibilidade dos indicadores fiscais com a sustentabilidade da dívida (art. 164-A); a inserção de que a LDO deve conter também as diretrizes de política fiscal e respectivas metas, em consonância com trajetória sustentável da dívida pública (art. 165, § 2º); a necessidade de que a tríade orçamentária (PPA, LDO e LOA) observe, no que couber, os resultados do monitoramento e da avaliação das políticas públicas (art. 165, § 16); a vedação de criação de fundo público, quando seus objetivos puderem ser alcançados mediante a vinculação de receitas orçamentárias específicas ou mediante a execução direta por programação orçamentária e financeira de órgão ou entidade da administração pública (art. 167, XIV); a ampliação do rol de recursos de Estados e Municípios que podem ser vinculados para pagamento de débitos com a União e para prestar-lhe garantia ou contragarantia (art. 167, § 4º); para fins de apuração ao término do exercício financeiro do cumprimento do limite de realização de operações de créditos que excedam o montante das despesas de capital, as receitas das operações de crédito efetuadas no contexto da gestão da dívida pública mobiliária federal somente serão consideradas no exercício financeiro em que for realizada a respectiva despesa (art. 167, § 6º); a criação de mecanismo de ajuste fiscal, com diversas limitações de aumento de despesa, quando apurado que, no período de 12 meses, a relação entre despesas correntes e receitas correntes supera 95% nos entes federados (art. 167-A); a inserção permanente no texto constitucional da previsão de regime extraordinário fiscal, financeiro e de contratações sempre que estiver em vigor estado de calamidade pública de âmbito nacional (art. 167-B); as regras excepcionais do regime extraordinário de calamidade pública (art. 167-C a 167-G); a vedação de transferência a fundos de recursos financeiros oriundos de repasses duodecimais (art. 168, § 1º); a devolução do saldo financeiro decorrente dos repasses duodecimais ao caixa único do Tesouro do ente federativo, ou dedução de seu valor das primeiras parcelas duodecimais do exercício seguinte (art. 168, § 2º); a ampliação do prazo de pagamento de precatórios de entes federados em mora, por depósito mensal de 1/12 da receita corrente líquida em conta do Tribunal de Justiça local, até 31/12/2029 (art. 101, ADCT); a criação de vedações para Poder ou órgão em que a proporção da despesa obrigatória primária em relação à despesa primária total foi superior a 95% (art. 109, ADCT).

Com tantas modificações no texto constitucional em temática de finanças públicas, podemos singelamente dizer que veio em boa hora a alteração do art. 5º da Resolução nº 05/2018 pela Resolução nº 2/2021, ambas do Conselho Nacional de Educação do Ministério da Educação (Diário Oficial da União, Brasília, 23 de abril de 2021, Seção 1, p. 116), que institui as Diretrizes Curriculares Nacionais do Curso de Graduação em Direito, para incluir o Direito Financeiro como conteúdo e disciplina obrigatória nos cursos de Direito no Brasil.

Com o ingresso maciço do Direito Financeiro na Constituição e em suas recentes alterações, não é mais possível relegar a disciplina ao *status* de meramente eletiva ou optativa, sob pena de não oferecermos aos alunos de graduação o instrumental teórico básico para compreenderem parte expressiva e relevante de nossa Lei Maior.

Devemos reconhecer a necessidade de constantes ajustes nas normas constitucionais face à realidade fática e contemporânea, a fim de evitar eventual descompasso a acarretar ruptura entre a ordem jurídica e a social e econômica. Precisamos, também, aceitar que o texto constitucional está em constante desenvolvimento.

Mais de trinta anos após sua promulgação, a Carta de 1988 permanece viva e intensa através das suas emendas, e o Direito Financeiro refloresce no mesmo compasso.

REFORMA NA TRIBUTAÇÃO DO IR, SUSTENTABILIDADE FINANCEIRA E ALGUMAS OBVIEDADES

PUBLICADO EM JULHO DE 2021

Qualquer nação do mundo que pretenda oferecer minimamente bens e serviços públicos aos seus cidadãos, a fim de que tenham uma vida digna, depende de recursos financeiros elevados para fazer frente aos gastos públicos fundamentais.

Até hoje, nenhuma experiência histórica concreta de sociedade foi capaz de afastar por completo o imperativo de contribuição tributária por parte da coletividade. Além disso, sempre que se verificou uma acentuada distinção na sua cobrança entre membros de uma mesma sociedade, sobretudo no que se refere ao *quantum* de carga tributária a ser suportada, isto era causa de insurreições e revoluções por violar o ideal de *justiça* na partição dos deveres sociais.

Nos dias de hoje, poucas nações possuem uma fonte de recursos próprios suficientes para não dependerem integralmente da tributação e do endividamento, como é o caso de alguns países do Oriente Médio que detêm em abundância petróleo, riqueza natural que custeia boa parte da sua atividade pública. Entretanto, na maior parte de nosso planeta, o financiamento do gasto público se dá, essencialmente, pela arrecadação tributária e por algumas fontes secundárias (receitas patrimoniais), sendo complementado pelo empréstimo público (endividamento).

Merece registro a clássica obra do português **Vítor Faveiro** (*O Estatuto do Contribuinte*, editora Coimbra, 2002), ensinando-nos que a pessoa humana, por ser um ente com vocação natural à sociabilidade, possui um dever inato de contribuir para a sociedade em que está inserida. Esta seria a contraparte necessária da consagração da pessoa humana como ponto fulcral do ordenamento jurídico, assumindo, na esfera tributária, o contorno de *cidadão-contribuinte*. Daí decorre que o dever de contribuir configura-se como um pressuposto componente da própria ordem constitucional. Mais tarde, o mesmo raciocínio foi intitulado *"dever fundamental de pagar impostos"* na obra do também lusitano José Casalta Nabais.

Nunca é demais repetir que a fórmula básica – e inequívoca, para não se dizer óbvia – para a sustentabilidade e o equilíbrio financeiro estatal vem de uma arrecadação justa somada a um gasto eficiente. Tributar menos de mais pessoas e empresas, ampliando-se a base de incidência fiscal, e gastar melhor com menos recursos, de maneira competente através de uma gestão pública responsável, sem que se permitam desvios, corrupção, superfaturamentos, falta de planejamento e outras mazelas nas finanças públicas, é a equação ideal.

Ademais, a sustentabilidade financeira, além de estar intimamente ligada à noção de equilíbrio orçamentário, também incorpora uma dimensão de projeção temporal: não só se busca um equilíbrio das contas públicas na relação entre despesas e receitas, mas se almeja alcançar resultados eficientes que permitam a protração no tempo deste equilíbrio de modo estável ou sustentável para as presentes e futuras gerações, numa noção de solidariedade e equidade intergeracional fiscal.

Considerando a continental dimensão de nosso país e a consequente disparidade econômica e social entre as regiões, revelada por uma infeliz realidade de insuficiência na oferta de serviços públicos essenciais e fundamentais nos três níveis federativos – como saúde, saneamento básico, educação e segurança pública, dentre alguns –, que não atendem aos anseios da população, uma das diretrizes para se alcançar o equilíbrio orçamentário entre arrecadação e gastos está no polo ou lado da receita pública: o aumento da tributação pela instituição de novos tributos ou a majoração dos já existentes, aliado à redução dos benefícios e renúncias fiscais concedidos.

Em geral, essa via é restrita e costuma ser evitada pela impopularidade social e pela pressão que coloca sobre os contribuintes, o que muitas das vezes chega a afetar a saúde da economia nacional. Mas este é o caminho que se aventa no momento com a recente proposta de "Reforma do Imposto de Renda" encaminhada pelo Governo Federal ao Congresso Nacional (PL nº 2.337/2021).

Percebe-se que a pretensão inicial de realizar uma ampla e verdadeira reforma tributária se limitou, neste momento, à alteração em alguns aspectos da legislação do Imposto de Renda de pessoas físicas e jurídicas, deixando-se outras mudanças na área fiscal – especialmente a tão propagada "Contribuição sobre Bens e Serviços - CBS" – para um momento posterior.

No presente projeto de lei, identificamos os seguintes tópicos basilares: a redução da carga fiscal para contribuintes de menor renda e para empresas em geral; a criação ou o aumento da carga fiscal em algumas bases de incidência que hoje não são tributadas; e a revogação de benefícios fiscais. Noutras palavras, certa elevação da carga tributária de incidência direta.

Assim, além de pretender alterar as faixas de tributação sobre a renda de pessoa física, alargando a faixa de isenção, e de limitar o desconto padrão das declarações simplificadas, revoga-se a isenção do IR sobre a distribuição de dividendos e se exclui a possibilidade de dedutibilidade do pagamento de Juros sobre Capital Próprio (JCP) para as empresas (IRPJ e CSLL). Além disso, propõe-se a alteração da alíquota do IRPJ (reduzindo-o), cria-se uma nova tributação incidente na atualização do valor dos imóveis com alíquota favorecida e se estabelece a tributação sobre operações financeiras no mercado de capitais, incluindo aplicações em títulos ou valores mobiliários, fundos de investimento, bolsa de valores e de mercadorias e futuros.

Aqui destacamos dois aspectos positivos que identificamos no PL e que, a nosso ver, dão efetividade à justiça fiscal: ao alargar a faixa de isenção do IR, beneficia-se o contribuinte de menor renda; da mesma forma, ao passar a tributar os dividendos, o ônus fiscal recai sobre contribuintes de maior renda.

Ainda na seara positiva, os debates que vêm sendo travados hoje na Casa Legislativa para reduzir a alíquota do IRPJ, que hoje é de 25%, para 12,5%, e não apenas ficar com a queda de 5% ao longo de dois anos (de 25% para 20%), traz alívio ao setor empresarial, mas não podemos nos esquecer de que esta conta terá que fechar.

Por outro lado, restringir o desconto padrão da declaração simplificada do IR de pessoas físicas atingirá com aumento de carga fiscal um grande número de contribuintes pessoas físicas integrantes da classe média que se beneficiavam do modelo. Além disso, a tributação de dividendos (isentos desde 1995) e a indedutibilidade de JCP pode afugentar investidores, que podem migrar seus investimentos para outro país ou ampliar seus planejamentos fiscais para esquivarem-se da incidência.

Temas envolvendo a parcela adequada de tributação nunca são simples de serem equacionados, pois se situam exatamente no entrechoque, por um lado, da infinitude das necessidades e desejos humanos e, por outro, da limitação das possibilidades materiais estatais em atendê-los e de cobrar tributos para tal custeio.

Em todas as épocas, esse foi sempre um tenso equilíbrio, mas sobretudo agora nos ambientes democráticos contemporâneos, marcados pela complexidade das forças sociais e dos mecanismos de tomada de decisões, em que não basta a simples vontade do governante isolado para resolver a questão. O Estado, submetido a imperativos de direitos fundamentais no trato com o cidadão-contribuinte, deve ser um verdadeiro "equilibrista" em meio a um multiforme conflito de interesses – este é o desafio da fiscalidade de nossos tempos.

ENTENDENDO AS EMENDAS PARLAMENTARES ORÇAMENTÁRIAS

PUBLICADO EM AGOSTO DE 2021

Em meio ao atual noticiário repleto de questões fiscais sensíveis e controversas, tais como a proposta de emenda à Constituição para parcelamento do pagamento dos precatórios, o questionamento de eventual redução dos repasses financeiros para Estados e Municípios com as modificações constantes do projeto de reforma da legislação do Imposto de Renda, ou o respeito ao teto de gastos na implementação de um novo programa social/assistencial (nova versão para o "Bolsa Família" intitulado "Auxílio Brasil"), um assunto tem despontado com relevância nos debates: as emendas parlamentares.

Dentro da proposta da nossa Coluna Fiscal de ser um espaço eminentemente acadêmico e didático em temas de Direito Financeiro, e sem apresentar qualquer viés político, pretendemos adentrar nesta temática realizando uma abordagem instrutiva para fins de futuras reflexões pelo próprio leitor.

A partir da Constituição Federal de 1988, a participação do Poder Legislativo passou a ser determinante na elaboração do orçamento público ao lado do Poder Executivo, conferindo maior legitimidade e efetividade ao processo democrático nas finanças públicas brasileiras.

Como se sabe, a elaboração do orçamento público é de iniciativa do Poder Executivo, sendo os projetos de lei relativos ao plano plurianual, às diretrizes orçamentárias, ao orçamento anual e aos créditos adicionais sempre encaminhados ao Legislativo para apreciação pelas duas Casas do Congresso Nacional, na forma do regimento comum (art. 166, *caput*, CF/1988). Após encaminhar os projetos de leis orçamentárias no prazo legal, é permitido ao Presidente da República enviar mensagem ao Congresso Nacional para propor modificação nos projetos enquanto não iniciada a votação, na Comissão mista, da parte cuja alteração é proposta (§ 5º, art. 166, CF/1988).

Em seguida, a competência para dar seguimento à criação das leis orçamentárias passa a ser do Poder Legislativo. A apreciação dos projetos ficará a cargo da Comissão Mista permanente de Senadores e Deputados a que alude o § 1º do art. 166 da Constituição. É a concretização da participação popular no orçamento, através dos seus representantes eleitos.

É importante lembrar que este modelo procedimental orçamentário federal deve ser seguido por Estados, DF e Municípios a partir da aplicação do princípio da simetria constitucional. Portanto, a Casa Legislativa de todo ente federativo deverá apreciar e transformar em lei ordinária as propostas orçamentárias que lhes são apresentadas, sendo possível, dentro das condições e limites legais, apresentar propostas de alteração no respectivo texto (as ditas "emendas parlamentares").

Durante a análise e apreciação dos projetos, será possível aos congressistas oferecerem emendas aos projetos de leis orçamentárias, que serão apresentadas na Comissão mista, a qual sobre elas emitirá parecer, e apreciadas, na forma regimental, pelo Plenário das duas Casas do Congresso Nacional (§ 2º do art. 166, CF/1988).

A emenda parlamentar, que pode ser apresentada individual ou coletivamente (comissões ou bancadas), é meio pelo qual os parlamentares podem intervir em projetos de lei que não foram de sua autoria, incluindo, alterando ou suprimindo proposições.

As emendas parlamentares podem ser classificadas da seguinte maneira:

I – *quanto ao autor*: a) *emenda individual*: apresentada por qualquer parlamentar individualmente (81 senadores e 513 deputados federais), no limite de até 25 emendas no seu mandato; b) *emenda coletiva*: apresentada por bancadas estaduais, de interesse de cada unidade da federação, ou por comissões permanentes, de caráter institucional e de interesse nacional; c) *emenda de relator*: apresentada para corrigir erros e omissões de ordem técnica ou legal; recompor, total ou parcialmente, dotações canceladas, limitada a recomposição ao montante originalmente proposto no projeto; atender às especificações dos Pareceres Preliminares.

II – *quanto ao objeto*: a) *emenda à receita*: é a que tem por finalidade alteração da estimativa da receita, devido a sua reestimativa por variações positivas ou negativas, ou por renúncia de receitas; b) *emenda à despesa*: pode ser de remanejamento, que propõe acréscimo ou inclusão de dotações com a anulação equivalente de outras dotações; de apropriação, que propõe acréscimo ou inclusão de dotações com a anulação equivalente de recursos integrantes da Reserva de Recursos ou outras dotações definidas no Parecer Preliminar; ou de cancelamento, que propõe a redução de dotações constantes do projeto; c) *emenda ao texto*: pode ser *aditiva*, que acrescenta proposta; *modificativa*, que altera proposta existente; *supressiva*, que exclui uma proposta; *substitutiva*, que substitui proposta principal por outra.

As emendas ao projeto de lei do orçamento anual ou aos projetos que o modifiquem somente podem ser aprovadas caso: I – sejam compatíveis com o plano plurianual e com a lei de diretrizes orçamentárias; II – indiquem os recursos necessários, admitidos apenas os provenientes de anulação de despesa, excluídas as que incidam sobre: a) dotações para pessoal e seus encargos; b) serviço da dívida; c) transferências tributárias constitucionais para Estados, Municípios e Distrito Federal; ou III – sejam relacionadas: a) com a correção de erros ou omissões; ou b) com os dispositivos do texto do projeto de lei (§ 3º do art. 166, CF/1988).

A Emenda Constitucional nº 86/2015 passou a prever, no art. 165, § 9º, CF/1988, que as emendas parlamentares individuais ao projeto de lei orçamentária serão aprovadas no limite de 1,2% da receita corrente líquida prevista no projeto encaminhado pelo Poder Executivo, sendo que a metade deste percentual será destinada a ações e serviços públicos de saúde. Tais emendas passaram a ser de execução obrigatória (*impositivas*), nos termos do art. 165, § 11, CF/1988.

Por sua vez, quanto às emendas de bancadas estaduais, também se tornaram obrigatórias no montante de até 1% da receita corrente líquida realizada no exercício anterior, conforme o art. 165, § 12, CF/1988 (Emenda Constitucional nº 100/2019).

A Emenda Constitucional nº 105/2019 acrescentou o art. 166-A à Constituição Federal, para autorizar que as emendas individuais impositivas apresentadas ao projeto de lei orçamentária anual possam alocar recursos a Estados, ao Distrito Federal e a Municípios por meio de transferência especial ou transferência com finalidade definida.

Merece, ainda, ser citado um novo conteúdo que foi acrescido às "Emendas do Relator-Geral" (também chamadas de "Emendas RP 9" – Identificador de Resultado Primário 9), inserido pela Lei nº 13.898/2019 (Lei de Diretrizes Orçamentárias federal de 2020) e repetido na Lei nº 14.116/2020 (LDO de 2021), constando também do art. 7º, § 4º, II, "c", item 4, PLN nº 3/2021 (projeto de LDO para 2022), cujo texto autoriza a inclusão de novas despesas primárias discricionárias a serem indicadas exclusivamente pelo relator-geral do orçamento ao prever, literalmente, a existência de:

> "*despesa discricionária decorrente de programações incluídas ou acrescidas por emendas: de relator-geral do projeto de lei orçamentária anual que promovam alterações em programações constantes do projeto de lei orçamentária ou inclusão de novas (...)*".

Por meio de tais emendas, o relator-geral pode livremente indicar órgãos e entidades federais em que serão investidos bilhões de reais. Após isto, parlamentares podem apontar aos órgãos e entidades contemplados onde gostariam de ver tais recursos empregados. A decisão final de atender ou não a pedidos de certos parlamentares em detrimento de outros fica nas mãos destes órgãos e entidades, os quais são integrantes do Poder Executivo.

Justamente pela possibilidade que se abre, em tese, de o Executivo favorecer apenas alguns parlamentares na distribuição das emendas do relator-geral, esta espécie de despesa apresentada pelo relator-geral do orçamento ao projeto de lei orçamentária anual tem sofrido críticas quanto à sua legitimidade e transparência, sobretudo por configurar um poder financeiro livre e amplo, e ao mesmo tempo concentrado nas mãos de um único parlamentar.

Dando-se seguimento à tramitação, encerradas as análises, emitido o parecer pela Comissão Mista, os projetos de leis orçamentárias serão votados pelo Plenário do Congresso Nacional. Aprovado pelo Poder Legislativo, o projeto será encaminhado ao Presidente da República para a respectiva sanção presidencial, promulgação e publicação no Diário Oficial.

É possível, entretanto, que o Presidente da República vete – total ou parcialmente – a proposta orçamentária. Neste caso, o projeto será devolvido ao Congresso Nacional, no prazo de 15 dias, com a comunicação das razões do veto, para ser analisado e votado no Legislativo no prazo de 30 dias. Se o veto for rejeitado, será devolvido ao Presidente da República para promulgação final. Se o veto for mantido, o projeto será promulgado pelo chefe do Executivo sem a parte que foi vetada.

A dinâmicas das emendas, bem como os diversos interesses em jogo, indicam-nos que o orçamento público – por suas três leis orçamentárias (PPA, LDO e LOA) – não pode ser apenas um campo de batalha. Deve ser configurado sobretudo como instrumento fundamental do Estado Democrático de Direito para dar efetividade às previsões constitucionais e materializar os direitos fundamentais e sociais. Para tanto, os Poderes Executivos e Legislativo devem estar alinhados e despidos de meros interesses próprios em prol do interesse público e do bem-estar do cidadão.

REFORMA NA TRIBUTAÇÃO E O FEDERALISMO FISCAL

PUBLICADO EM SETEMBRO DE 2021

A Câmara dos Deputados concluiu e aprovou na semana passada o projeto de lei que altera regras no Imposto de Renda. O texto deverá ser apreciado em breve no Senado Federal.

Para além dos típicos debates, controvérsias e pressões setoriais (bancadas de entes federativos, de corporações etc.) que emergem na arena política com qualquer tipo de projeto de lei em discussão no Congresso Nacional, a alteração nas regras do Imposto de Renda traz consigo uma importante questão de fundo: o seu impacto no federalismo fiscal. Mais especificamente, refiro-me à provável redução nos valores da redistribuição obrigatória de receitas tributárias constitucionalmente previstas.

Aludimos aqui às transferências financeiras entre as unidades da federação, originárias do que estas arrecadam a título de tributos, por força das normas constitucionais que determinam a repartição das receitas tributárias, nos arts. 157 a 162 da Constituição Federal de 1988, e que não se confundem com as transferências voluntárias. São receitas que se originam dos próprios cofres públicos (após o processo de tributação), seja da União ou dos Estados e do Distrito Federal, que são vertidos entre estes, os Municípios e determinados Fundos de Participação e Financiamento, pelo mecanismo de redistribuição de receitas tributárias, a fim de se estabelecer um maior equilíbrio financeiro entre as unidades da federação e garantir as suas respectivas autonomias política, administrativa e financeira.

Para melhor explicar o fenômeno, a Repartição de Receita Tributária de que estamos tratando pode ocorrer de forma direta, indireta ou por retenção. Assim, a transferência financeira do produto da arrecadação de tributos, por vezes, é implementada de forma direta entre os entes federativos, sem qualquer intermediação. Noutras, é realizada de forma indireta, através de um fundo de participação ou de financiamento, cujas receitas acabam sendo, posteriormente, repartidas entre os respectivos beneficiários. Há, ainda, casos em que nem sequer ocorre uma efetiva transferência, por força da retenção na fonte de certos tributos, em que o ente arrecada diretamente o tributo do outro ente detentor da competência tributária originária, sem a necessidade do repasse e posterior transferência.

De maneira simplificada e para sintetizar este complexo modelo de transferências constitucionais tributárias, podemos dizer que: a) a União transfere para os Estados e DF 100% do IR retido na fonte sobre rendimentos pagos por estes últimos, suas autarquias e fundações, 25% dos Impostos Residuais se criados, 29% da CIDE-Petróleo, 10% do IPI-Exportação e 30% do IOF; b) a União transfere para os Municípios 100% do IR retido na fonte sobre rendimentos pagos por estes últimos, suas autarquias e fundações, 50% do ITR, e 70% do IOF; c) os Estados transferem aos Municípios 50% do IPVA, 25% do ICMS, 25% dos 10% de IPI recebido da União e 25% dos 29% da CIDE-Combustível recebidos da União; d) a União transfere 21,5% do IR e IPI para o Fundo de Participação dos Estados (FPE), 24,5% do IR e IPI para o Fundo de Participação dos Municípios (FPM) e 3% do IR e IPI para o Fundo Constitucional de Financiamento do Norte – FNO, o Fundo Constitucional de Financiamento do Nordeste – FNE e o Fundo Constitucional de Financiamento do Centro-Oeste – FCO.

Pois bem, quando falamos em alterar – e eventualmente reduzir – a tributação do Imposto de Renda, temos impactos diretos na equação antes vista no que se refere à transferência para Estados, DF e Municípios, especialmente quanto aos valores repassados aos Fundos de Participação dos Estados, do Distrito Federal e dos Municípios (FPE e FPM) e aos Fundos Regionais (FNO, FNE e FCO).

O Comitê Nacional de Secretários Estaduais de Fazenda (Comsefaz) e a Confederação Nacional dos Municípios (CNM) alegam que as mudanças decorrentes do projeto de lei ora em discussão, em face do atual modelo de tributação do Imposto de Renda, implicarão uma redução de R$ 16,5 bilhões em repasses aos supracitados fundos, golpeando a capacidade financeira de que dispõem e prejudicando a sua saúde fiscal. Especificamente, as perdas de estados girariam em torno de R$ 8,6 bilhões e as perdas de municípios estariam na casa dos R$ 7,9 bilhões.

A Federação Brasileira de Fiscais de Tributos Estaduais (FEBRAFITE) divulgou números sobre a redução nos repasses dos fundos de participação estaduais. Segundo a instituição, a redução dos estados é a seguinte: Bahia: R$ 713 milhões; Maranhão: R$ 570 milhões; Pernambuco: R$ 565 milhões; Pará: R$ 540 milhões; Ceará: R$ 500 milhões; Minas Gerais: R$ 439 milhões; Amazonas: R$ 407 milhões; Alagoas:

R$ 398 milhões; Paraíba: R$ 389 milhões; Piauí: R$ 375 milhões; Amapá: R$ 341 milhões; Acre: R$ 334 milhões; Roraima: R$ 317 milhões; Goiás: R$ 302 milhões; Rio Grande do Norte: 301 milhões; Sergipe: R$ 206 milhões; Tocantins: R$ 280 milhões; Paraná: R$ 251 milhões; Rondônia: R$ 230 milhões; Espírito Santo: R$ 194 milhões; Mato Grosso: R$ 164 milhões; Rio de Janeiro: R$ 161 milhões; Santa Catarina: R$ 133 milhões; Mato Grosso do Sul: R$ 123 milhões; Rio Grande do Sul: R$ 114 milhões; São Paulo: R$ 105 milhões; e Distrito Federal: R$ 57 milhões.

A verdade é que este debate não é novo e já ocorreu no passado em relação às desonerações fiscais federais, hoje voltando a lume com a alteração na legislação do Imposto de Renda.

No ano de 2016, o Plenário do Supremo Tribunal Federal, no julgamento do Recurso Extraordinário 705.423, teve oportunidade de apreciar uma questão de efeitos financeiros análogos (embora matéria de fundo diversa), qual seja, sobre os efeitos da concessão de benefícios ou isenções fiscais nas transferências intergovernamentais. Naquela oportunidade, o STF decidiu – apesar de reconhecer o impacto negativo da política federal de desonerações sobre as finanças municipais – não ser possível excluir da cota a receber os valores desonerados, devendo o ente se conformar com o montante a menor a receber. No caso concreto, pretendia-se que as desonerações de Imposto de Renda (IR) e Imposto sobre Produtos Industrializados (IPI) concedidas pelo governo federal não fossem computadas na cota do Fundo de Participação dos Municípios (FPM). Mas, segundo o relator, Ministro Edson Fachin, *"o poder de arrecadar atribuído à União implica também o poder de isentar. Assim, quando a Constituição Federal determina que o FPM será composto pelo produto dos dois impostos, isso inclui o resultado das desonerações"*. Não obstante, o julgado não foi unânime e, segundo o Ministro Luiz Fux (que foi acompanhado pelo Ministro Toffoli), a participação no produto da arrecadação dos dois tributos seria um direito consagrado aos municípios, que não poderia ser subtraído pela competência tributária de desoneração atribuída à União. Segundo ele, *"as desonerações devem ser suportadas por quem desonera"*, ponderando que o contrário seria *"fazer favor com o chapéu alheio"*.

Vivemos em um modelo republicano de federalismo cooperativo e os entes maiores e menores devem coexistir não apenas de forma harmônica, mas principalmente de maneira colaborativa. A reforma do Imposto de Renda é positiva em uma série de aspectos – sobretudo quanto ao maior respeito à reduzida capacidade contributiva de trabalhadores de faixas de renda inferiores, graças ao reajuste e ampliação na faixa de isenção –, porém, os reflexos financeiros das alterações propostas precisam ser considerados no cenário macrofederativo.

As desonerações não podem inviabilizar o funcionamento da federação, devendo-se garantir um mínimo de autonomia financeira às unidades que a compõem. Afinal, parafraseando o Ministro Fux, todo "chapéu", por mais exótico que seja, não pode abandonar a primordial função de ao menos cobrir a cabeça.

DUAS DISCIPLINAS, UM OBJETIVO

PUBLICADO EM OUTUBRO DE 2021

Há cerca de cinco anos escrevi aqui na Coluna Fiscal sobre a simbiótica relação do Direito Financeiro com o Direito Tributário quando da comemoração pelos 50 anos do Código Tributário Nacional. Passado esse tempo – e com algumas novidades despontando no cenário jurídico quanto ao Direito Financeiro –, resolvo agora revisitar o assunto devido à certeza, cada vez maior, de que não podemos segregá-los e encará-los individualmente.

O Direito Financeiro e o Direito Tributário são disciplinas que se complementam para a consecução de um único objetivo: estabelecer normas jurídicas a fim de prover e gerir recursos financeiros suficientes para satisfazer as necessidades públicas e garantir a materialização dos direitos fundamentais assegurados pela Constituição. Por isso, afirmei no passado que são "duas faces de uma mesma moeda". Uma moeda muito valiosa, inestimável até.

O Direito Financeiro é o ramo do Direito Público destinado a disciplinar a atividade financeira do Estado, ou seja, é o conjunto de normas que regula o relacionamento do Estado com o cidadão para arrecadar, gerir e aplicar os recursos financeiros, de acordo com o interesse público. Esta área do Direito possui dois destinatários: um destinatário direto, que é o administrador público que exercerá o seu múnus segundo suas normas; e um destinatário indireto, que é a própria sociedade e o cidadão individualmente, que se beneficiam dos resultados dele derivados.

Além de o Direito Financeiro englobar tradicionalmente o Direito Tributário (por este tratar de uma dentre várias espécies de receitas públicas), estende-se por um espectro bem mais amplo: versa também sobre o Direito Patrimonial Público, que disciplina a utilização dos bens do Estado como fonte de receitas; sobre o Direito do Crédito Público, que regula a emissão dos títulos públicos e a captação de empréstimos no mercado de capitais; sobre o Direito da Dívida Pública, que disciplina o empenho até o pagamento das obrigações do Estado; sobre o Direito Orçamentário, que traz as regras para a elaboração dos orçamentos; e, finalmente, sobre o Direito das Prestações Financeiras, que regula as transferências de recursos do Tesouro Nacional, como as subvenções a governos e a particulares, as participações no produto da arrecadação e os incentivos fiscais.

Por sua vez, o Direito Tributário é considerado atualmente um ramo dotado de considerável autonomia em relação ao Direito Financeiro, responsável por disciplinar todos os aspectos relativos à receita pública originária dos tributos. Esta última é apenas uma das inúmeras fontes de financiamento do Estado reguladas pelo Direito Financeiro, já que existem outras fontes de receitas públicas, tais como aquelas originárias do próprio patrimônio estatal, da exploração de petróleo e de energia elétrica, do recebimento de heranças e legados, do pagamento de multas e também aquelas que se originam do crédito público, que, hoje em dia, possuem capital importância no "bolo" financeiro.

A grande função do Direito Tributário é estabelecer normas contendo direitos e deveres para o Estado e para o cidadão na relação jurídico-tributária, caracterizada por ser, em regra, conflituosa. De um lado, limita a atuação estatal garantindo e preservando os direitos do cidadão-contribuinte, sobretudo aqueles direitos que encarnam os valores de igualdade, liberdade e segurança jurídica na tributação. De outro, impõe as regras para que este mesmo cidadão-contribuinte cumpra o seu dever fundamental de pagar tributos, espontânea ou coercitivamente.

Fernando Facury Scaff, tomando de empréstimo a bela metáfora construída por Nelson Saldanha (na obra "*O Jardim e a Praça*", 1986), poeticamente dualizou o público e o privado, denominando o lado privado da vida de "jardim" e o lado público de "praça", comparando as relações existentes entre o Direito Financeiro e o Tributário. Afirma que o Direito Tributário representa o *jardim*, o que se esconde no recôndito da casa, no bolso das pessoas, nas contas correntes, na contabilidade das empresas; e o Direito Financeiro corresponderia à *praça*, onde se debatem as questões públicas, onde o orçamento público é discutido e votado, onde a Lei de Responsabilidade Fiscal limita os gastos a serem efetuados em itens orçamentários que, muitas vezes, necessitam de maior investimento público. As questões financeiras são de Estado, colocadas a público; as tributárias dizem respeito aos financiadores destes gastos (Scaff, Fernando Facury, *in* Revista do Instituto de Hermenêutica, ano 1, n. 4, 2006).

A discussão sobre a autonomia e a distinção entre Ciência das Finanças, Direito Financeiro e Direito Tributário não assumiu aspectos somente teóricos. No próprio percurso histórico de implantação dos cursos de Direito no Brasil, tal debate apresentou reflexos concretos na elaboração do currículo das faculdades.

Ainda no alvorecer da República, a matéria "Ciência das Finanças" foi inserida no currículo dos cursos de Direito nacionais (juntamente com a "contabilidade do Estado"), por meio do art. 5º do Decreto do Governo Provisório nº 1.232-H, que aprovava o regulamento das Instituições de Ensino Jurídico no Brasil. Em 1895, adveio a Lei nº 314, que reorganizou o ensino das Faculdades de Direito e confirmou, no 3º ano, a disciplina "Ciência das finanças e contabilidade do Estado" como continuação de "Economia Política", que era lecionada no 2º ano. Em 1962, por meio do Parecer nº 215 do então Conselho Federal de Educação, a disciplina assume o nome atual, "Direito Financeiro e Finanças", como integrante do currículo mínimo dos cursos de Direito. Com a Resolução nº 3, de 25 de fevereiro de 1972, o Conselho Federal de Educação introduz nova alteração, sendo agora a matéria "Ciência das Finanças e Direito Financeiro (Tributário e Fiscal)" uma disciplina meramente optativa, ou seja, cuja oferta não era obrigatória.

Em 1994, o Direito Tributário é separado do Direito Financeiro, passando a ser uma matéria obrigatória (matéria profissionalizante), isto é, componente do currículo mínimo do curso de Direito. Em 29 de setembro de 2004, a Resolução nº 4 do Conselho Nacional de Educação (Câmara de Educação Superior) – que veicula as diretrizes curriculares atuais da graduação em Direito em todo o país – manteve o Direito Tributário, em seu art. 5º, inciso II, como matéria integrante do Eixo de Formação Profissional obrigatório, mas deixou de incluir o Direito Financeiro propriamente dito como disciplina obrigatória. O mesmo se repetiu no texto da Resolução CNE/CES nº 05/2018.

Não obstante, recentemente vimos a reascensão do Direito Financeiro com a alteração do artigo 5º da referida Resolução nº 05/2018 pela Resolução nº 2/2021 do Conselho Nacional de Educação do Ministério da Educação (Diário Oficial da União, Brasília, 23 de abril de 2021, Seção 1, p. 116), para incluir o Direito Financeiro como conteúdo e disciplina obrigatória nos cursos de Direito no Brasil. Em breve, deverá figurar também como matéria no Exame Nacional da OAB.

Hoje, ambos – Direito Financeiro e Direito Tributário – são matérias de conteúdo essencial e disciplinas obrigatórias em todas as faculdades de Direito de nosso país.

Mais que isso: depois de um extenso período em que o pêndulo tendeu apenas para o lado do Direito Tributário, observamos que o Direito Financeiro – visto pouco tempo atrás como o "patinho feio" da dupla – tem angariado cada vez mais proeminência nas falas de Presidentes, Ministros, parlamentares, âncoras de telejornais e mesmo de comentaristas políticos nas redes sociais. Tal qual os pratos da balança de Têmis, deusa grega que personifica a Justiça, é de se desejar que estes irmãos de longa data alcancem um equilíbrio cada vez mais harmonioso no panteão da opinião pública nacional.

PECS FISCAIS E INSEGURANÇA JURÍDICA

PUBLICADO EM NOVEMBRO DE 2021

Há pouco tempo escrevi aqui na Coluna Fiscal sobre as recentes emendas constitucionais e a necessidade da atualização do texto constitucional sempre que houver um descompasso entre a realidade e suas previsões normativas, destacando o protagonismo constitucional do Direito Financeiro nos últimos anos. Disso não tenho dúvidas e mantenho esta convicção.

De fato, nos últimos cinco anos, desde a EC nº 93/2016 até a última EC nº 112/2021, tivemos 20 emendas constitucionais, sendo 11 delas em matéria de Direito Financeiro.

Ocorre que agora, ao analisar o texto da controvertida PEC nº 23/2021 (conhecida também por "PEC dos Precatórios"), que se encontra em trâmite na Câmara dos Deputados, uma luz vermelha acendeu em minha mente, gerando certa inquietação.

Minha preocupação não decorre apenas do conteúdo da referida proposta de emenda constitucional, mas principalmente do conjunto da obra, ou seja, deriva de todas essas últimas emendas constitucionais que tratam das finanças públicas no Brasil, se apreciadas como um todo.

Isso porque tenho percebido que, em sua grande maioria, essas mudanças no texto da Constituição em matéria financeira decorrem de questões tópicas e circunstanciais, sendo poucas delas de natureza estruturante e longeva.

Essa constante mutação constitucional gera instabilidade e até insegurança jurídica.

A segurança jurídica é responsável por garantir a certeza dos direitos e obrigações de todos que fazem parte do Estado de Direito em qualquer coletividade. Sem ela, o cidadão não poderá cumprir regularmente os seus deveres e nem exercer satisfatoriamente os seus direitos. Pela mesma razão, a sua ausência impossibilitará que o Estado, governantes e seus gestores possam desempenhar a sua função de maneira adequada.

Por isso, cabe a pergunta: é saudável para um ordenamento jurídico sofrer tantas alterações, especialmente na área das finanças públicas, em tão pouco tempo?

Especificamente sobre a "PEC dos Precatórios" (PEC 23/2021), esta vem a alterar os art. 100, art. 109, art. 160, art. 166 e art. 167 da Constituição e acrescentar os art. 80-A e art. 101-A no Ato das Disposições Constitucionais Transitórias, além de outras providências. Essencialmente, ela tem como objetivo principal modificar o regime de pagamento de precatórios da União, Estados e Municípios.

Segundo trechos da Exposição de Motivos expostos na PEC, consta:

> "... segundo as informações encaminhadas pelo Poder Judiciário para composição da próxima Lei Orçamentária, cerca de R$ 90 bilhões deveriam ser direcionados para gastos com sentenças judiciais no Orçamento federal de 2022, o que representa um elevado comprometimento das despesas discricionárias e uma variação positiva de 143% se comparados com os constantes de 2018".
>
> "(...) Sendo assim, de forma a evitar um colapso financeiro e da máquina publica diante do esvaziamento quase que completo dos recursos discricionários pelas despesas decorrentes de condenações em sentenças judiciais, sugere-se, a sua elevada consideração, proposta de alteração do Texto Constitucional".

De maneira sintética, pode-se dizer que o núcleo da PEC 23/2021 tem os seguintes objetivos: (i) afastar o pagamento de precatórios fora do rito tradicional, ou seja, evitar que a parcela "superpreferencial" dos precatórios escape da previsibilidade orçamentária típica do procedimento natural de quitação desses requisitórios; (ii) permitir o depósito de parte ou da totalidade do precatório à disposição do juiz da execução quando o credor for simultaneamente devedor da Fazenda Publica; (iii) permitir que o referido depósito ocorra mesmo na hipótese de cessão do precatório; (iv) estabelecer o parcelamento dos precatórios vultosos e dos maiores quando o volume total de pagamentos exceder determinado percentual da Receita Corrente Líquida da União; (v) autorizar o encontro de contas dos valores de precatórios com aqueles devidos por pessoa jurídica de direito público interno; (vi) propõe a instituição do Fundo de Liquidação de Passivos da União, suas autarquias e fundações; vii) e atualizar o foro nacional no Distrito Federal para causas contra a União, reservando-o apenas para demandas coletivas.

Bem, no fundo o que se pretende é postergar o pagamento dos precatórios com a justificativa de que houve surpresa no seu elevado valor para o ano de 2022. Todavia, não é crível que não houvesse um acompanhamento de perto da evolução deste montante a pagar por parte dos órgãos públicos responsáveis. Outrossim, negar o pagamento de uma dívida estatal judicialmente reconhecida e transitada em julgado é fator de insegurança jurídica para qualquer cidadão de bem. Afinal, o primeiro a dar o exemplo da maneira correta de se comportar e agir deveria ser o próprio Estado.

Cabe, ainda, mencionar que no contexto das negociações da PEC, dentre outros assuntos, ensaia-se alterar a forma de calcular o Regime do Teto de Gastos, passando a ser corrigido pela projeção da variação do IPCA acumulada em 12 meses até dezembro do exercício anterior ao da vigência do Teto de cada exercício, e não mais até junho.

Volto ao início do que foi abordado neste texto propondo a reflexão se, diante de tantas emendas constitucionais em matéria de finanças públicas, inclusive a PEC 23/2021, não estamos enfrentando um ambiente instável e juridicamente inseguro.

Penso que, sendo aprovada a PEC 23/2021 como está posta, estaremos diante de situação que evoca o episódio histórico do Rei de Épiro, Pirro, após as batalhas de Heracleia e de Ásculo, em que, apesar de vencedor contra os romanos, sofreu incontáveis baixas em seu exército, naquela que ficou famosa como a "vitória de Pirro": uma conquista que não atinge o seu objetivo e não produz o retorno mínimo razoável e desejado. Como no dito popular referente à citada vitória de Pirro, "você ganha, mas não leva".

RETROSPECTIVA FISCAL DE 2021

PUBLICADO EM DEZEMBRO DE 2021

O ano de 2021 está chegando a seu final e inegavelmente podemos dizer que foi bastante movimentado em questões fiscais. Termina com a recente promulgação, em 9 de dezembro, da Emenda Constitucional nº 113/2021, também conhecida por "PEC dos Precatórios".

A propósito, das cinco ECs promulgadas em 2021, três delas – emendas 109, 112 e 113 – foram de direito financeiro e/ou tributário, o que revela, mais uma vez, a importância que a matéria vem ganhando em nosso cotidiano.

Bem, iniciamos esse ano – em janeiro – com os debates a respeito da proposta do Governo Federal que buscava reestruturar o Pacto Federativo a partir do intitulado "Plano Mais Brasil", no bojo da PEC nº 188/2019, temática das mais complexas, sobretudo em um país de dimensões continentais como o nosso. A referida PEC – por meio da inserção de um novo artigo 115 no ADCT – tinha como proposta a extinção de Municípios de até 5.000 habitantes que não demonstrassem sustentabilidade financeira, através da unificação daqueles que fossem pequenos e contíguos.

Em fevereiro tratamos de dois assuntos. O primeiro referia-se à circunstância que vivíamos de "limbo orçamentário", decorrente da falta de aprovação, até aquele momento, do orçamento público para o ano corrente, embora já houvesse sido encaminhado, desde 31/08/2020, pelo Poder Executivo Federal ao Legislativo, o PLN 28/2020 (Projeto de Lei do Congresso Nacional nº 28/2020-C), em que a União estimava, a título de receitas para o exercício financeiro, o montante de R$ 4.291 trilhões, fixando a despesa pública em igual valor. A justificativa no campo legislativo para a demora teve como argumento a dificuldade no processo de votação devida às eleições municipais e à eleição da presidência da Câmara e do Senado. O segundo assunto tratado no texto daquele mês foi o dilema que viveria o Banco Central em aumentar a taxa de juros para tentar conter a crescente inflação.

Por sua vez, em março, abordamos a temática da Governança Ambiental, Social e Corporativa ("*ESG - Environmental, Social and Corporate Governance*", em inglês), juntamente com o anúncio quanto ao pagamento de lucros do ano anterior que a Petrobras faria, repassando ao Governo Federal, naquele momento, R$ 2,9 bilhões de um total de R$ 10,3 bilhões que distribuiria a seus acionistas, além dos recursos a serem distribuídos ao longo do próprio ano de 2021, consistindo em relevante fonte de receita pública.

Em abril, analisou-se o então possível "impasse orçamentário" entre os Poderes diante do que foi inicialmente proposto e do resultado final do Projeto de Lei do Congresso Nacional nº 28 de 2020 (PLOA 2021), enviado para sanção presidencial. Dentre as críticas apresentadas, argumentava-se que se tratava da criação de uma lei orçamentária para o ano de 2021 inexequível e irreal, sendo então apelidada de "peça de ficção" por ter havido subestimação nos montantes dos gastos (inclusive assistenciais e previdenciários) – sobretudo pelo fato de a proposta inicial estar baseada numa projeção de inflação inadequada (de apenas 2%), que estaria desatualizada e abaixo da efetivamente vivenciada no corrente ano de 2021. Além disso, afirmava-se que o projeto apurava e designava valores para o custeio da máquina estatal em montante muito inferior ao efetivamente necessário, além de terem sido feitos cortes de gastos na Casa Legislativa, inclusive em despesas obrigatórias, para que se pudessem destinar valores para as emendas parlamentares.

De maneira excepcional e extraordinária, ainda no mesmo mês de abril, publicamos um segundo texto para noticiar a importante publicação pelo Ministério da Educação, no Diário Oficial da União (15/04/2021, Edição: 70, Seção: 1, Página: 580), da homologação, subscrita pelo Exmo. Ministro da Educação Milton Ribeiro, do Parecer CNE/CES nº 757/2020, da Câmara de Educação Superior do Conselho Nacional de Educação. Tal parecer votou favoravelmente à alteração do art. 5º da Resolução CNE/CES nº 5, de 17 de dezembro de 2018, que institui as Diretrizes Curriculares Nacionais do curso de graduação em Direito, para o fim de incluir a disciplina DIREITO FINANCEIRO no rol de disciplinas jurídicas de conteúdo essencial, tornando-a obrigatória nos cursos de graduação em Direito, deixando de ser facultativo o seu oferecimento pelas Faculdades, que deverão inseri-la obrigatoriamente na grade curricular. Tal homologação deu ensejo à edição da Resolução nº 2/2021 do Conselho Nacional de Educação do Ministério da Educação (Diário Oficial da União, Brasília, 23 de abril de 2021, Seção 1, p. 116). Aproveitei o ensejo e narrei a minha participação nessa fundamental mudança acadêmica.

Por sua vez, em maio passado, debatemos o relevante tema da não tributação dos livros, diante de uma possível revogação da isenção para os livros no bojo da proposta de reforma tributária (Projeto de Lei nº 3.887/2020) que pretendia criar um novo tributo, intitulado Contribuição sobre Bens e Serviços – CBS, e que viria a incidir sobre a venda de livros.

No mês seguinte, avaliamos o protagonismo do Direito Financeiro através das constantes alterações no texto constitucional em matéria fiscal. Vimos que nos últimos 5 anos, desde a promulgação da Emenda Constitucional nº 93/2016 até a então última emenda – naquele momento, a Emenda Constitucional nº 109/2021 –, tivemos 17 alterações no texto da Constituição Federal de 1988, sendo que destas, mais da metade – isto é, 10 delas – trataram de matéria do Direito Financeiro.

Já em julho apreciamos a proposta de "Reforma do Imposto de Renda" encaminhada pelo Governo Federal ao Congresso Nacional (PL nº 2.337/2021). Identificamos no projeto que este, além de pretender alterar as faixas de tributação sobre a renda de pessoa física, alargando a faixa de isenção, e de limitar o desconto padrão das declarações simplificadas, propunha-se revogar a isenção do IR sobre a distribuição de dividendos e excluir a possibilidade de dedutibilidade do pagamento de Juros sobre Capital Próprio (JCP) para as empresas (IRPJ e CSLL). Ademais, havia previsão para a alteração da alíquota do IRPJ (reduzindo-o), para a criação de uma nova tributação incidente na atualização do valor dos imóveis com alíquota favorecida e também se estabelecia a tributação sobre operações financeiras no mercado de capitais, incluindo aplicações em títulos ou valores mobiliários, fundos de investimento, bolsa de valores e de mercadorias e futuros.

Em agosto abordamos a tortuosa questão das emendas parlamentares, sobretudo em relação às "Emendas do Relator-Geral" (também chamadas de "Emendas RP 9" – Identificador de Resultado Primário 9), inseridas desde 2019 nas respectivas Leis de Diretrizes Orçamentárias, cujos textos autorizam a inclusão de novas despesas primárias discricionárias a serem indicadas exclusivamente pelo relator-geral do orçamento. Tal tipo de emenda parlamentar deu origem ao que se denominou pela mídia jornalística de "orçamento secreto".

No mês de setembro, diante da então aprovação na Câmara dos Deputados (e envio ao Senado Federal) do projeto de lei que alteraria regras no Imposto de Renda, voltamos a tratar deste assunto, mas desta vez sob outra ótica: a do federalismo fiscal, uma vez que eventual redução na tributação do Imposto de Renda geraria impactos diretos nos montantes relativos a transferências para Estados, DF e Municípios, especialmente quanto aos valores repassados aos Fundos de Participação dos Estados, do Distrito Federal e dos Municípios (FPE e FPM) e aos Fundos Regionais (FNO, FNE e FCO).

Em outubro cuidamos da simbiótica relação entre o Direito Financeiro e o Direito Tributário como duas faces de uma mesma moeda, por se tratarem de disciplinas que se complementam para a consecução de um único objetivo: estabelecer normas jurídicas para prover e gerir recursos financeiros suficientes para satisfazer as necessidades públicas e garantir a materialização dos direitos fundamentais assegurados pela Constituição.

E, no mês passado, analisamos o texto da então controvertida PEC nº 23/2021 ("PEC dos Precatórios", hoje EC nº 113/2021), que naquele momento se encontrava ainda em trâmite na Câmara dos Deputados, como sendo mais uma mudança no texto da Constituição em matéria de Direito Financeiro decorrente de questões tópicas e circunstanciais, acarretando constante mutação constitucional que poderia gerar instabilidade e insegurança jurídica.

Bem, caro leitor, se eu fosse indagado neste último mês do ano sobre qual desses temas eu destacaria como o mais relevante do ano de 2021, na minha visão e dentro do perfil acadêmico e didático da Coluna Fiscal, certamente eu responderia que foi a alteração do artigo 5º da Resolução nº 05/2018 pela Resolução nº 2/2021 do Conselho Nacional de Educação do Ministério da Educação, para incluir o Direito Financeiro como conteúdo e disciplina obrigatória nos cursos de Direito no Brasil.

Nessa época de pedidos ao Papai Noel, esse foi o grande "presente" aguardado há décadas pela comunidade acadêmica que se dedica ao estudo e popularização do Direito Financeiro. Mas a vitória não foi apenas nossa: será sentida nos próximos anos, quando tivermos novos profissionais do Direito já saindo dos bancos escolares mais habilitados a lidar com essa relevante matéria, contribuindo inclusive para uma maior fiscalização e racionalização do gasto público em nosso país.

ESPERANÇA DE GESTÃO RESPONSÁVEL E CONTAS AZUIS

PUBLICADO EM JANEIRO DE 2022

O ano de 2022 se inicia e com ele renasce a esperança de que nesse novo ano iremos ter uma gestão fiscal responsável e a recuperação na saúde das contas públicas, em todos os níveis federativos.

A primeira boa notícia recente foi relativa ao superávit da balança comercial (exportações x importações), que encerrou 2021 com um recorde positivo de US$ 61 bilhões. Além disso, é esperado para o fechamento do ano de 2021 um saldo positivo no setor público consolidado, algo que não se vê desde 2013.

Segundo dados publicados na semana passada pelo Banco Central, "o setor público consolidado registrou superávit primário de R$ 15 bilhões em novembro, ante déficit de R$ 18,1 bilhões em novembro de 2020. O Governo Central e os governos regionais registraram, na ordem, superávits de R$ 3,5 bilhões e R$ 11,7 bilhões, e as empresas estatais, déficit de R$ 238 milhões. No acumulado no ano, o setor público consolidado registrou superávit primário de R$ 64,6 bilhões, ante déficit de R$ 651,1 bilhões no mesmo período de 2020. Nos últimos doze meses, o setor público consolidado atingiu superávit primário de R$ 12,8 bilhões (0,15% do PIB), resultado que havia sido deficitário em R$ 20,4 bilhões (0,24% do PIB) no acumulado em doze meses até outubro". Como consequência desses números, ao invés da dívida pública superar os 90% do PIB, espera-se que caia para algo em torno de 80%.

Apesar disso, não será um período fácil, sobretudo no que se refere às despesas públicas – especialmente de pessoal, obras públicas e desonerações fiscais –, já que estamos em um ano de eleições para presidente da república, governadores, senadores, deputados federais e deputados estaduais. Por questões políticas, a tendência é de elevação nos gastos, numa prática que já chegou a ser intitulada de "testamentos políticos".

Não é demais relembrar que, para coibir práticas fiscais eleitoreiras, a Lei de Responsabilidade Fiscal traz uma série de limitações e travas em determinados gastos para o último ano de mandato – e, no caso concreto, para o corrente ano de 2022.

Apenas para citar algumas, temos: a) vedação ao aumento de despesas de pessoal nos últimos 180 dias do mandato, bem como proibição de aumento da despesa com pessoal que preveja parcelas a serem suportadas pelo governante sucessor em exercícios fiscais seguintes, incluindo-se nestes casos a vedação a reajuste e reestruturação de carreiras do setor público, ou a edição de ato para a nomeação de aprovados em concurso público (art. 21 da LRF); b) a proibição de receber transferências voluntárias, obter garantia, direta ou indireta, de outro ente e contratar operações de crédito caso não ocorra tempestivamente a redução nas despesas de pessoal que ultrapassarem o limite legal (art. 23, LRF); c) vedação de realização, no último ano de mandato do governante, das operações de crédito por antecipação de receita, destinadas a atender insuficiência de caixa durante o exercício (art. 38, inciso IV, alínea *b*, LRF); d) vedação à assunção de obrigação de despesa, nos dois últimos quadrimestres do mandato, que não possa ser cumprida integralmente dentro dele, ou que tenha parcelas a serem pagas no exercício seguinte sem que haja suficiente disponibilidade de caixa para este efeito, conhecido comumente como "restos a pagar" (art. 42, LRF).

Aliás, algumas destas restrições estabelecidas pela Lei de Responsabilidade Fiscal foram introduzidas no Código Penal pela Lei n° 10.028/2000, criando novos tipos penais no capítulo intitulado "crimes contra a administração pública".

Assim é que o art. 359-C do Código Penal tipifica a assunção de obrigação no último ano do mandato ou legislatura, ao prescrever que ordenar ou autorizar a assunção de obrigação, nos dois últimos quadrimestres do último ano do mandato ou legislatura, cuja despesa não possa ser paga no mesmo exercício financeiro ou, caso reste parcela a ser paga no exercício seguinte, que não tenha contrapartida suficiente de disponibilidade de caixa, será punida com reclusão, de 1 (um) a 4 (quatro) anos. Na mesma linha, o art. 359-G do Código Penal tipifica o aumento de despesa total com pessoal no último ano do mandato ou legislatura, ao considerar crime o ato de ordenar, autorizar ou executar ato que acarrete aumento de despesa total com pessoal, nos cento e oitenta dias anteriores ao final do mandato ou da legislatura, o que será punido com pena de reclusão, de 1 (um) a 4 (quatro) anos.

A propósito, para coibir o uso político das transferências voluntárias (repasses da União aos Estados, Distrito Federal e Municípios ou dos Estados para os Municípios em decorrência de convênios ou acordos), a Lei n° 9.504/1997 (denominada Lei Eleitoral) vedou aos agentes públicos, servidores ou não, condutas tendentes a afetar a igualdade de oportunidades entre candidatos nos pleitos eleitorais, especialmente a de, nos três meses que antecedem o pleito, realizar transferência voluntária, sob pena de nulidade de pleno direito do ato que gerou as respectivas transferências, ressalvados os recursos destinados a cumprir obrigação formal preexistente para execução de obra ou serviço em andamento e com cronograma prefixado, e os destinados a atender situações de emergência e de calamidade pública (art. 73, inciso VI, alínea *a*).

É importante destacar que essas normas se referem exclusivamente ao período de final de mandato e eleitoral, mas as demais regras e limitações impostas pela Lei de Responsabilidade Fiscal devem ser cumpridas todos os anos.

Enfim, todo início de ano nos oferece uma oportunidade para repensar o que foi feito anteriormente e estabelecer novas resoluções, replanejar objetivos e metas, e até mesmo começar um novo caminho. E, especificamente nos anos eleitorais, temos a oportunidade de avaliar o que os nossos representantes realizaram e fazer novas escolhas, se necessário. A expectativa de uma gestão pública com responsabilidade fiscal e a melhora da saúde das contas públicas é o que se aguarda para este, assim como para os próximos anos.

EXTRAFISCALIDADE, COMBUSTÍVEIS E FINANÇAS PÚBLICAS

PUBLICADO EM FEVEREIRO DE 2022

Tema em voga no momento é o da redução da tributação sobre os combustíveis (especialmente o diesel), gás de cozinha e sobre bens industrializados de consumo geral (sobretudo a chamada "linha branca"), para fins de diminuição e controle da inflação, que já encostou nos dois dígitos (IPCA de 10,06% em 2021).

Esta prática – de utilização da tributação para fins outros que não exclusivamente arrecadatórios – é conhecida também por extrafiscalidade ou tributação regulatória.

No momento, há várias opções sendo estudadas, dentre elas a redução do Imposto sobre Produtos Industrializados (IPI) sobre uma série de produtos (exceto cigarros e bebidas), assim como a redução de PIS/COFINS sobre óleo diesel e sobre o gás de cozinha, por projeto de lei (ou mesmo mero decreto, no caso do IPI). Discute-se também mudanças na Constituição Federal. Uma delas será através da intitulada "PEC dos Combustíveis", cujo objetivo é reduzir ou zerar todos os tributos federais sobre gasolina, diesel e gás de cozinha para os anos de 2022 e 2023 sem ter que atender às restrições estabelecidas na Lei de Responsabilidade Fiscal (LRF), vale dizer, sem precisar compensar a desoneração fiscal com a elevação de outros tributos ou novas fontes arrecadatórias. Há, ainda, outra proposta de emenda constitucional apelidada de "PEC Kamikaze", que reproduz o teor da PEC dos Combustíveis, mas acrescenta a concessão de um "vale" para os caminhoneiros no valor de R$ 1.200,00, transfere recursos financeiros para o setor de transporte urbano e amplia o vale-gás para famílias de baixa renda, mudanças que podem trazer um grande impacto nas contas públicas, cujo valor estimado beira os R$ 100 bilhões.

Como sabemos, a atividade financeira pública é dotada, além da sua *função fiscal* – voltada para a arrecadação, a gestão e a aplicação de recursos –, de uma *função extrafiscal* ou regulatória, que visa obter resultados econômicos, sociais e políticos, como controlar a inflação, fomentar a economia e a indústria nacional, redistribuir riquezas e reduzir a marginalidade e os desequilíbrios regionais. Podemos identificar os seguintes motivos que levam o Estado a lançar mão de mecanismos extrafiscais: a) redistribuir riquezas; b) proteger a indústria ou o mercado interno; c) desencorajar o consumo de supérfluos e produtos nocivos à saúde (álcool, cigarros etc.); d) facilitar o desenvolvimento regional; e) estimular a utilização da propriedade no âmbito de sua função social; f) combater a inflação.

Um dos maiores financistas do Brasil, Aliomar Baleeiro, na sua clássica obra *"Uma introdução à ciência das finanças"* (17ª ed., 2010), relaciona mais de uma dezena de exemplos históricos de intervenção do Estado por meio dos impostos extrafiscais:

> "a) proteção à produção nacional, agrícola ou fabril, pelas tarifas aduaneiras, que Veneza adotou desde o fim da Idade Média, e a França, desde o século XVII, pelo menos, ou ainda por gravames sobre a navegação mercante que concorre com a nacional (atos de navegação de Cromwell etc.); b) combate ao luxo e à dissipação pelos chamados 'impostos suntuários' ou para poupança e formação de capitais; c) medidas de amparo à saúde pública e à higiene alimentar por impostos sobre produtos inferiores, que concorrem com outros de maior valor nutritivo e ricos em vitaminas etc. (impostos que agravam o custo da margarina, nos Estados Unidos, em favor do maior consumo da manteiga de leite); d) fragmentação dos latifúndios ou remembramento de minifúndios e punição do ausentismo por impostos progressivos sobre a área desocupada ou sobre as heranças recebidas por pessoas residentes fora da jurisdição do governo, que exerce o poder de tributar; e) política demográfica contra o neomaltusianismo através de isenções às famílias prolíficas e majorações sobre solteiros e casais sem filhos; f) incentivos por isenções às indústrias novas; g) estímulos à construção e ao aproveitamento de áreas urbanas por meio de tributação drástica sobre os terrenos baldios ou ocupados por prédios velhos, mesquinhos ou em ruínas; h) restabelecimento da propensão ao consumo, como política fiscal, através de impostos progressivos sobre a herança e a renda, especialmente sobre lucros não distribuídos pelas sociedades, no pressuposto de que a concentração das fortunas nem sempre ajuda o investimento, nem a prosperidade (aplicação da teoria keynesiana); i) preservação da moralidade e da boa-fé do povo através de fortes impostos de consumo sobre baralhos, dados e artefatos para jogo ou sobre bilhetes de loterias, sorteios etc.; j) política monetária nacional, tributando-se proibitivamente os bilhetes de bancos estaduais (imposto americano de 1866 na base de 10% sobre o valor das emissões desses bancos); k) política de nivelamento das fortunas e rendas por inspiração socialista ou para eliminação de famílias rivais na conquista ou manutenção do poder (impostos médicos em Florença, nos séculos XV e XVI); l) política fiscal para manutenção do equilíbrio econômico pelo controle das tendências à flutuação ou de estímulo ao desenvolvimento econômico, sobretudo nos países novos".

Dentro do nosso atual sistema tributário, frequentemente nos deparamos com a utilização do Imposto de Importação (II) como instrumento de defesa do mercado interno ou com o intuito de reequilibrar a balança comercial. Noutros casos, verifica-se a aplicação do Imposto Territorial Rural (ITR) e do Imposto Predial e Territorial Urbano (IPTU) com o objetivo de desestimular a manutenção de propriedades improdutivas e estimular o atendimento da função social da propriedade. Por sua vez, o Imposto sobre Operações Financeiras (IOF) é utilizado para regular questões cambiais ou creditícias. Na mesma linha, é recorrente termos o Imposto sobre Produtos Industrializados (IPI) sendo ajustado para estimular o consumo de bens – aquecendo determinados ramos industriais e econômicos –, ou diminuído (ou mesmo zerado) para reduzir sua pressão sobre a inflação (exatamente o presente caso), por se tratar de um custo que afeta os preços em toda a cadeia econômica.

No entanto, sabemos que desonerações fiscais trazem, como consequência reflexa, um impacto nas contas públicas, no equilíbrio fiscal e na sustentabilidade financeira.

Exatamente por isso, a LRF, para conferir maior racionalidade, controle e transparência às finanças públicas, determinou – no seu artigo 14 – que a concessão ou ampliação de incentivo ou benefício de natureza tributária da qual decorra renúncia de receita deverá estar acompanhada de estimativa do impacto orçamentário-financeiro no exercício em que deva iniciar sua vigência e nos dois seguintes, atender ao disposto na lei de diretrizes orçamentárias, bem como observar pelo menos uma das seguintes condições: a) demonstração de que a renúncia foi considerada na estimativa de receita da lei orçamentária, e que não afetará as metas de resultados; b) estar acompanhada de medidas de compensação, por meio do aumento de receita, proveniente da elevação de alíquotas, ampliação da base de cálculo, majoração ou criação de tributo ou contribuição.

De acordo com o § 2º, se o ato de concessão ou ampliação do incentivo ou benefício decorrer de medidas de compensação (art. 14, inciso II, LRF), o benefício só entrará em vigor quando implementadas as referidas medidas. Para o TCU (Acórdão 263/2016), esta exigência de implementação de medidas de compensação considera-se cumprida a partir da elevação de alíquotas de tributos, na data de publicação da lei ou do decreto, ou da conversão da medida provisória em lei, ainda que tais tributos devam obediência ao princípio da anterioridade nonagesimal, desde que o ato normativo que promova a elevação de alíquota se mantenha eficaz ao longo de todo o exercício financeiro e que o valor a ser arrecadado após a noventena, dentro do mesmo exercício, seja suficiente para neutralizar o impacto orçamentário-financeiro da renúncia naquele exercício.

Entretanto, segundo o § 3º, a regra não se aplica às alterações das alíquotas dos impostos previstos nos incisos I, II, IV e V do art. 153 da Constituição Federal de 1988 (II, IE, IPI e IOF), exatamente por se tratarem de impostos extrafiscais, fazendo parte da sua própria mecânica a alternância e variabilidade da carga fiscal na sua incidência, não caracterizando a eventual redução de alíquota uma renúncia fiscal. Igualmente, a ressalva é feita quanto ao cancelamento de débito cujo montante seja inferior ao dos respectivos custos de cobrança, por força do princípio da eficiência.

Registre-se que essas exigências, aliás, acompanham a previsão do art. 165, § 6º, da Constituição, o qual impõe que o projeto de Lei Orçamentária Anual seja acompanhado de demonstrativo regionalizado do efeito, sobre as receitas e despesas, decorrente de isenções, anistias, remissões, subsídios e benefícios de natureza financeira, tributária e creditícia.

Enfim, seja o que venha a ocorrer em termos de redução de tributos, o que se espera é que as desonerações fiscais sejam realizadas de maneira responsável, buscando-se cumprir os seus objetivos, especialmente a redução inflacionária, mas que não causem prejuízo para o equilíbrio e sustentabilidade das contas públicas.

BREVES REFLEXÕES SOBRE JUSTIÇA ORÇAMENTÁRIA

PUBLICADO EM MARÇO DE 2022

Vivemos um momento de grande instabilidade nas finanças públicas brasileiras com reflexos diretos na capacidade do Estado em atender as necessidades básicas e fundamentais do cidadão. Guerra externa entre Rússia e Ucrânia, escalada dos preços dos combustíveis e seus deletérios efeitos na inflação e na economia, ano eleitoral e seu potencial para adoção de medidas fiscais populistas, enfrentamento da pandemia da Covid-19 (ainda que seja em fase de arrefecimento), dentre outras circunstâncias que afetam a saúde das contas públicas.

Não há como se falar no valor da *justiça social* sem ter, como pano de fundo, a investigação sobre a *justiça orçamentária*.

O estudo da justiça orçamentária foi bem tratado por Ricardo Lobo Torres em sua clássica obra "Orçamento na Constituição (Renovar, 1995). Segundo ele, essa modalidade de justiça "tem que abranger simultaneamente os aspectos da despesa e da receita pública. Incorpora as considerações de justiça das políticas sociais e econômicas e dos gastos do Estado". E complementa: "A justiça orçamentária deve expressar os dois lados da mesma ideia, em síntese própria: a justiça das receitas e dos gastos públicos".

Como sabemos, a atividade financeira – no que se inclui o orçamento público – tem natureza meramente instrumental, e por isso não possui um fim em si mesma. Assim sendo, a justiça orçamentária também será instrumental, servindo de veículo para se alcançar a justiça política, social e econômica.

Além disso, a justiça orçamentária será também distributiva, tendo por objetivo estabelecer a igualdade final mediante o desigual tratamento, tanto na vertente da receita como na da despesa, e se realiza pela redistribuição de rendas e pela equidade entre regiões, gerações e entes territoriais.

Nesta trilha, precisamos também analisar a *equidade orçamentária*, que busca identificar as escolhas feitas em relação aos gastos públicos. Novamente recorrendo a Ricardo Lobo Torres, ele afirmava que, "quando se fala em equidade orçamentária deve-se ter em conta, sobretudo, a que direciona o desenho anual da despesa pública". Ao concluir o seu estudo sobre o orçamento na Constituição, o nosso saudoso professor afirmou:

> "*As decisões orçamentárias, que são sempre vinculadas a valores éticos e jurídicos, tornam-se dramáticas diante da escassez de recursos financeiros [...]. Os valores e os princípios jurídicos são quantificados pelo orçamento. As opções políticas e eleitorais passam necessariamente pela questão orçamentária e envolvem as definições radicais em torno de binômios como segurança/desenvolvimento (= ordem/progresso) ou justiça/desenvolvimento humano.*"

Nessa linha de ideias, alguns aspectos merecem ser abordados, já que devem ser considerados como elementos inerentes a um orçamento justo. Para tanto, temos como fundamental a necessidade do respeito, pelo orçamento público, ao *princípio da dignidade humana* e à garantia ao *mínimo existencial*, assim como os limites que encontra o argumento da *reserva do possível*, dentro da temática da elaboração e execução do orçamento público.

A Constituição brasileira, em seu art. 1º, inciso III, estabelece como um dos pilares de nossa República a *dignidade da pessoa humana*. Assim, o Estado brasileiro deve harmonizar os interesses individuais com os de toda a coletividade, a fim de implementar, simultânea e equilibradamente, políticas sociais com o propósito de franquear igualdade de oportunidades, redistribuição de riquezas e desenvolvimento econômico sustentável. Possui como dever inafastável atender as demandas coletivas relativas aos direitos humanos fundamentais, fazendo-se cumprir o princípio constitucional da dignidade da pessoa humana.

Por sua vez, o *princípio do mínimo existencial* se liga à ideia de se respeitar o direito conferido ao cidadão de possuir condições mínimas de sobrevivência em sociedade. É sinônimo de "mínimos sociais", conforme estabelece o art. 1º da Lei nº 8.742/1993, que dispõe sobre a organização da Assistência Social, ou, ainda, de "direitos constitucionais mínimos", na forma utilizada pela doutrina e jurisprudência.

Pensamos que a primeira formulação que evoca a expressão *mínimo existencial*, num estrato mais basilar, é a de identificação de seu conteúdo com um mínimo vital, isto é, o conjunto mínimo de condições para a mera sobrevivência física (ao qual chamaremos de *conceito fraco de mínimo existencial*). Está-se aqui, por óbvio, nos estratos mais básicos da existência humana. Sem a preservação da vida, não há alicerce para o desenvolvimento de qualquer outra questão humana. Já a segunda noção, que aqui poderemos chamar de *conceito forte de mínimo existencial*, amplia-se cada vez mais pela ênfase que se tem dado desde o último século sobre as prestações estatais positivas (direitos fundamentais sociais). Segundo o *conceito forte de mínimo existencial*, este consistiria não apenas na oferta das condições de sobrevivência, mas sim em um nível acima: o florescimento humano básico ou uma vida com um mínimo de qualidade, naquilo que poderíamos chamar de um *salto qualitativo prestacional*.

Ocorre que esse princípio não se encontra expresso de maneira específica e individual na Constituição Federal, mas pode ser identificado por diversas normas que consubstanciam a sua ideia, tais como aquelas previstas nos arts. 1º, III; 3º; 5º, XXXIV, LXXII, LXXIII, LXXIV; 150, VI; 153, § 4º; 196; 198; 203; 208; dentre outras. Representam, portanto, obrigações positivas ao Estado, impondo-lhe fazer coisas (fornecer bens e serviços) em prol do cidadão, bem como obrigações negativas, em que se bloqueia o poder impositivo do Estado na esfera patrimonial do cidadão-contribuinte, como ocorre em certas imunidades e isenções tributárias, evitando-se a tributação naquelas parcelas mínimas sem as quais o cidadão ficaria impossibilitado de ter uma existência digna em sociedade.

No entanto, o professor português José Casalta Nabais ("*A face oculta dos direitos fundamentais*", Coimbra, 2007) nos lembra que de nada adiantará uma Carta constitucional repleta de direitos e, igualmente, não terá qualquer valia uma abalizada teoria dos direitos fundamentais, se o Estado não dispuser de recursos financeiros suficientes para realizá-los, já que para todo direito há, inequivocamente, um custo financeiro. Segundo ele:

> "*Daí que uma qualquer teoria dos direitos fundamentais, que pretenda naturalmente espelhar a realidade jusfundamental com um mínimo de rigor, não possa prescindir dos deveres e dos custos dos direitos. Assim, parafraseando Ronald Dworkin, tomemos a sérios os deveres fundamentais e, por conseguinte, tomemos a sério os custos orçamentais de todos os direitos fundamentais. Pois, somente com uma consideração adequada dos deveres fundamentais e dos custos dos direitos, poderemos lograr um estado em que as ideias de liberdade e de solidariedade não se excluam, antes se completem. Ou seja, um estado de liberdade com um preço moderado.*"

Portanto, para financiar essa gama de deveres estatais e não cair nas limitações financeiras da *escassez de recursos* a que o Estado se submete, tendo de fazer escolhas entre as prestações que poderá oferecer à coletividade - o que hoje se denomina de argumento da *reserva do possível* -, o Estado moderno precisará buscar meios financeiros suficientes, porém arrecadados de maneira justa e proporcional, respeitando-se as diferenças e semelhanças entre os cidadãos, a sua capacidade contributiva, o mínimo necessário existencial e o máximo confiscatório, além de outras tantas parametrizações impostas, sobretudo com respeito à segurança nas relações jurídicas.

A propósito, o Ministro Celso de Mello, no julgamento da ADPF n° 45 (29/04/2004), já havia conjugado a coexistência dos argumentos, ao afirmar categoricamente que "*o mínimo existencial, como se vê, associado ao estabelecimento de prioridades orçamentárias, é capaz de conviver produtivamente com a reserva do possível*". Aliás, esse mesmo magistrado, no Recurso Extraordinário n° 581.352, afirmou que "*a omissão do Poder Público representava um inaceitável insulto a direitos básicos assegurados pela própria Constituição da República e que o dever estatal de atribuir efetividade aos direitos fundamentais, de índole social, qualifica-se como expressiva limitação à discricionariedade administrativa*".

Por fim, penso que a justiça orçamentária envolverá, *pelo lado da receita pública*, uma arrecadação equitativa e equilibrada, provida de segurança jurídica e com respeito à igualdade e a capacidade contributiva, limitada pelo mínimo existencial e pelo máximo confiscatório, devendo ser suficientemente necessária para custear os gastos estatais; *pelo lado da despesa pública*, as escolhas devem ser criteriosas e a destinação eficiente, para que possa atender às necessidades públicas prioritárias, sobretudo no que tange aos mínimos necessários e aos direitos fundamentais e sociais.

Com isso, o orçamento público - desde que bem elaborado e executado - estará respeitando o velho conceito do *justo* como sendo a materialização do direito de cada um.

DIREITO FINANCEIRO E EXAME DE ORDEM

PUBLICADO EM ABRIL DE 2022

No dia 5 de abril deste ano de 2022, o Conselho Pleno da OAB Nacional aprovou, dentre outras alterações, a inclusão da disciplina Direito Financeiro na prova objetiva do Exame de Ordem Unificado, a valer a partir da sua 38ª edição, que deve ocorrer em meados do próximo ano (2023).

Essa acertada e oportuna providência vem na esteira da deliberação do Ministério da Educação (MEC), ocorrida no mês de abril do ano passado (DOU de 15/04/2021, Edição: 70, Seção: 1, Página: 580), que alterou o art. 5º da Resolução CNE/CES nº 5, de 17/12/2018, norma que institui as Diretrizes Curriculares Nacionais do curso de graduação em Direito, incluindo o Direito Financeiro no rol de disciplinas jurídicas de conteúdo essencial - integrantes do Eixo de Formação Geral, Técnico-Jurídico e Profissional -, tornando-a, desde então, obrigatória na grade curricular para todos os cursos de graduação em Direito.

Muito mais do que ser uma decisão exclusivamente voltada aos interesses corporativos da advocacia, a conferir maior capacitação técnica para atuação jurídico-profissional nesse campo do Direito, entendemos que o Conselho Federal da OAB preocupou-se também com a importância da temática para o exercício da cidadania.

Já nos manifestamos algumas vezes apregoando que o Direito Financeiro é uma ferramenta importante para a realização de uma necessária mudança social, capaz de direcionar positivamente os atos dos governantes e agentes públicos, fortalecer o Estado brasileiro e influenciar para melhor a vida em sociedade.

A conscientização dos estudantes de Direito, futuros bacharéis, quanto aos direitos e deveres do cidadão na seara fiscal é fundamental para que se possa exigir uma melhor gestão do Erário. Afinal, sempre se soube que o nível de conhecimento da real importância dos principais aspectos do Direito Financeiro era (e ainda é) incipiente no Brasil, uma vez que grande parte das faculdades de Direito não vinham colaborando a contento, com ressalva das poucas que desde sempre incorporaram a disciplina em seus currículos de maneira obrigatória.

Passando o Direito Financeiro a integrar a grade curricular e a ser cobrado no Exame de Ordem, os primeiros passos foram dados e agora é esperar para produzir seus frutos.

Não obstante os aperfeiçoamentos dos últimos anos na prova de ingresso na advocacia - sendo a recentíssima inserção do Direito Financeiro um feliz exemplo -, ainda há vozes contrárias e críticas à realização do Exame de Ordem, sob a equivocada premissa de que o exercício profissional da advocacia deveria ser livre e irrestrito.

Devemos lembrar que a própria Constituição Federal de 1988, no seu importante artigo 5°, berço dos direitos fundamentais do cidadão, estabelece em seu inciso XIII que *"é livre o exercício de qualquer trabalho, ofício ou profissão, atendidas as qualificações profissionais que a lei estabelecer"*.

Ora, veja-se que a nossa Lei Maior, ao garantir o livre exercício da profissão (inclusive a advocacia), ressalva que, para tanto, devem ser atendidas as exigências - qualificações profissionais - previstas em lei. E a Lei n° 8.906/94, que é o Estatuto da Advocacia, prevê a aprovação no Exame de Ordem como requisito necessário para a inscrição como advogado (Art. 8°, IV).

Como se não bastasse, no dia 26 de outubro de 2011, o Supremo Tribunal Federal declarou, em decisão unânime (RE 603.583), a constitucionalidade do Exame de Ordem como sendo um requisito indispensável para o exercício da advocacia em nosso país. O então relator, Ministro Marco Aurélio Mello, defendeu o papel da OAB ao destacar que o exame assume a função de *"proteger a sociedade dos riscos relativos à má operação do Direito"*. O Ministro asseverou também que:

> *"Justiça é bem de primeira necessidade. Enquanto o bom advogado contribui para realização da Justiça, o mau advogado traz embaraços para toda a sociedade".*

Pois bem: o que pouca gente sabe e conhece é a imensa e capacitada estrutura profissional que realiza esse importante exame.

Não é do dia para a noite e nem com um simples estalar dos dedos que essa prova é desenvolvida, para ser aplicada três vezes por ano, em duas etapas, no país inteiro e para mais de centro e trinta mil bacharéis por vez.

A instituição responsável pela avaliação desde 2010 é a FGV-Conhecimento. Desde então, até o presente momento, já foram realizados 65 Exames de Ordem Unificados. Ao todo participaram cerca de 1.300.000 bacharéis e estudantes do nono e décimo períodos em Direito, sendo mais de 800.000 aprovados e certificados para fins de inscrição como advogados na Ordem dos Advogados do Brasil. Para tanto, cerca de 25.000 pessoas participam da aplicação de cada prova.

Para garantir a qualidade do conteúdo nas diversas áreas do Direito que o Exame de Ordem pretende avaliar, cada prova é elaborada por uma equipe composta por profissionais altamente qualificados e de notório saber jurídico. Esse grupo que elabora as questões é integrado por advogados públicos e privados de renome, defensores públicos, promotores de justiça, juízes e desembargadores estaduais e federais, bem como ministros do Tribunal Superior do Trabalho (TST), do Superior Tribunal de Justiça (STJ) e do Supremo Tribunal Federal (STF).

Acreditamos que a partir de agora, sendo o Direito Financeiro uma disciplina obrigatória para a graduação em Direito e também passando a ser exigida no Exame de Ordem, o seu estudo se fará presente e produzirá seus efeitos positivos.

Afinal, como formadores de opinião, advogados públicos e privados, defensores, procuradores, magistrados e todos os demais operadores do Direito poderão difundir e influenciar o cidadão brasileiro quanto à necessidade de uma boa, eficiente e responsável aplicação dos recursos públicos.

SEPARAÇÃO DOS PODERES E ORÇAMENTO PÚBLICO

PUBLICADO EM MAIO DE 2022

Desde Aristóteles, passando por John Locke, até chegar a Montesquieu, conhecemos propostas de tríades de poderes ou funções na estruturação do Estado: Poder Executivo, Legislativo e Judiciário, todos funcionando de maneira harmônica e independente, dentro de um modelo de separação dotado de freios e contrapesos, denominado de "*checks and balances system*".

Pretendemos, portanto, analisar nessa Coluna Fiscal a participação e a função de cada um dos poderes da República na elaboração, execução e controle do orçamento público.

E desde já iniciamos com a afirmação de que, durante todo o ciclo orçamentário, cada um dos Poderes terá a sua devida atribuição. Sinteticamente eu diria: cabe ao Poder Executivo propor o projeto de lei orçamentária e ao final executá-la; ao Poder Legislativo, cabe transformá-la em lei; e ao Poder Judiciário, quando demandado, controlar a sua constitucionalidade (excepcionalmente, também atuar subsidiariamente corrigindo falhas alocativas quanto à oferta de serviços públicos relacionados a direitos fundamentais).

Registro que aqui analisaremos apenas o modelo federal, lembrando que, pelo princípio da simetria, a maior parte destas regras se aplicam aos entes subnacionais.

Pois bem, o art. 165 da Constituição prevê que as leis orçamentárias serão elaboradas por iniciativa do Poder Executivo. Portanto, esse Poder tem o dever - iniciativa vinculada - de elaborar os projetos das leis orçamentárias, recebendo previamente as propostas dos demais Poderes e órgãos da sua esfera federativa para compatibilização e unificação, tudo conforme estipulado conjuntamente na lei de diretrizes orçamentárias.

A propósito, exatamente para salvaguardar a autonomia financeira dos demais Poderes e órgãos autônomos, cada um deles elabora sua própria proposta orçamentária anual, a qual é enviada para o Poder Executivo para fins de consolidação. Assim é que, por exemplo, a Constituição estabelece ser ao Poder Judiciário assegurada autonomia administrativa e financeira, devendo os tribunais elaborar suas propostas orçamentárias dentro dos limites estipulados conjuntamente com os demais Poderes na lei de diretrizes orçamentárias, bem como encaminhá-las ao Poder Executivo por meio dos Presidentes de cada Tribunal (art. 99, §§ 1º, 2º e 3º, CF/1988). Contudo, afirmou o Supremo Tribunal Federal, na ADI 5.287, que não pode o chefe do Executivo realizar qualquer juízo de valor sobre o montante ou o impacto financeiro da proposta orçamentária de outro Poder ou órgão autônomo, cabendo-lhe tão somente consolidar a proposta encaminhada e remetê-la ao órgão legislativo correspondente, sem introduzir nela quaisquer reduções ou modificações.

Juntamente com o projeto, caberá ao chefe do Poder Executivo encaminhar mensagem ao Poder Legislativo contendo exposição circunstanciada da situação econômico-financeira, documentada com a demonstração da dívida fundada e flutuante, saldos de créditos especiais, restos a pagar e outros compromissos financeiros exigíveis, bem como uma exposição e justificação da política econômica e financeira do Governo e, finalmente, uma justificação das receitas e despesas (art. 22 da Lei nº 4.320/1964). Mesmo após encaminhar os projetos de leis orçamentárias, ainda é permitido enviar mensagem ao Congresso Nacional para propor modificação nos projetos enquanto não iniciada a votação, na Comissão mista, da parte cuja alteração é proposta (§ 5º, art. 166, CF/1988).

Após esta etapa, ingressamos na fase em que o Poder Legislativo participa da elaboração do orçamento. Aliás, o § 7º do artigo 166 da Constituição estabelece que se aplicam aos projetos de lei orçamentária, no que não contrariar as regras constitucionais, as demais normas relativas ao processo legislativo.

Assim sendo, os projetos de lei relativos ao plano plurianual, às diretrizes orçamentárias, ao orçamento anual e aos créditos adicionais serão apreciados pelas duas Casas do Congresso Nacional, na forma do regimento comum (art. 166, *caput*, CF/1988). O processo de análise e votação dos projetos orçamentários será realizado ao longo do prazo previsto em lei, que se inicia após o encaminhamento pelo Poder Executivo ao Legislativo, e deverá terminar, preferencialmente, logo antes do início do exercício financeiro em que vigerão as leis orçamentárias devidamente aprovadas, quando então serão executadas.

A apreciação dos projetos ficará a cargo da Comissão Mista Orçamentária permanente de Senadores e Deputados a que alude o § 1º do art. 166 da Constituição Federal. Durante a análise e apreciação dos projetos, será possível aos congressistas oferecerem emendas aos projetos de leis orçamentárias, as quais serão apresentadas na Comissão mista, que sobre elas emitirá parecer, e apreciadas, na forma regimental, pelo Plenário das duas Casas do Congresso Nacional.

Encerradas as análises, emitido o parecer pela Comissão Mista, os projetos de leis orçamentárias serão votados pelo Plenário do Congresso Nacional. Aprovado pelo Poder Legislativo, o projeto será encaminhado ao Presidente da República para a respectiva sanção presidencial, promulgação e publicação no Diário Oficial. É possível, entretanto, que o Presidente da República vete - total ou parcialmente - a proposta orçamentária. Nesse caso, o projeto será devolvido ao Congresso Nacional no prazo de 15 dias, com a comunicação das razões do veto, para ser analisado e votado no Legislativo no prazo de 30 dias. Se o veto for rejeitado, será devolvido ao Presidente da República para promulgação final. Se o veto for mantido, o projeto será promulgado pelo Executivo sem a parte que foi vetada.

Uma vez aprovada, sancionada e publicada a lei orçamentária anual, o orçamento passa a ser executado a cargo do Poder Executivo, através do procedimento legal do empenho, liquidação e pagamento, dentro dos limites fixados na programação financeira, concretizando-se os programas e as ações nele previstas, realizando-se as despesas fixadas conforme as dotações ali destinadas. Nessa fase, cada um dos órgãos públicos recebe a sua dotação orçamentária, no processo denominado descentralização dos créditos orçamentários, para que cada Unidade Gestora Administrativa realize suas despesas, na forma do cronograma estabelecido para cada rubrica.

Como em qualquer atividade humana, a execução orçamentária também precisa ser devidamente acompanhada, fiscalizada e controlada. O acompanhamento da execução orçamentária é realizado por todos aqueles interessados no seu objeto, a partir dos relatórios periódicos que a Administração Pública está obrigada a divulgar. A fiscalização, por sua vez, refere-se à certificação feita pelos órgãos competentes (Tribunal de Contas, Controladorias etc.) de que, na execução do orçamento, estejam sendo atendidos os princípios e as regras pertinentes, buscando-se identificar possíveis irregularidades. O controle orçamentário envolve a correção de eventuais irregularidades encontradas na sua execução.

Um dos principais dispositivos nesta matéria é o art. 70 da Constituição, que nos apresenta as modalidades de fiscalização, seus aspectos, sobre o que recaem e, finalmente, as formas como se realizam. Assim, dispõe a referida norma que a fiscalização contábil, financeira, orçamentária, operacional e patrimonial da União e das entidades da administração direta e indireta, quanto à legalidade, legitimidade, economicidade, aplicação das subvenções e renúncia de receitas, será exercida pelo Congresso Nacional, mediante controle externo, e pelo sistema de controle interno de cada Poder.

Nesse sentido, importante lembrar que o controle externo é exercido pelo Poder Legislativo de cada ente, auxiliado pelo respectivo Tribunal de Contas, que exercerá a sua função auxiliando o Poder Legislativo como órgão técnico, especialmente para: a) apreciar as contas do titular do Poder Executivo; b) desempenhar a auditoria financeira e orçamentária; c) julgar as contas dos administradores públicos e responsáveis por quaisquer bens e direitos do Estado.

E ao Poder Judiciário, o que lhe cabe no processo orçamentário? Bem, diria que cabe a este poder exercer a função de uma espécie de "controle" *a posteriori* do orçamento público, tanto no aspecto formal (de elaboração ou execução), quanto no aspecto material (sobre a constitucionalidade do seu conteúdo, quer de maneira difusa ou concentrada).

Primeiro, temos o Poder Judiciário atuando em questões orçamentárias dentro do que se denomina "judicialização dos direitos fundamentais", em demandas judiciais individuais ou coletivas em que se busca a entrega de bens ou serviços públicos que se enquadram em direitos fundamentais, como saúde e educação, por exemplo. Assim, o que o Poder Judiciário faz ao determinar - por meio de uma decisão judicial - a prestação de uma atividade estatal de natureza fundamental ou social ao cidadão demandante é, ao entender como devido aquele direito, corrigir uma situação que já deveria ter sido contemplada pelos Poderes Executivo e Legislativo no orçamento público, realocando os recursos financeiros para a finalidade requerida. Ou seja, implicitamente estaria sendo reconhecido que o orçamento público já deveria ter sido elaborado e executado de maneira a cumprir tal obrigação, situação que então passa a ser corrigida judicialmente, havendo um deslocamento de decisões alocativas dos órgãos de representação política para o Judiciário, baseado no princípio da subsidiariedade aplicado à atuação dos Poderes.

Outra forma de o Poder Judiciário atuar em matéria orçamentária se dá no controle abstrato e concentrado em face de leis orçamentárias, fato que ocorre a partir do julgamento da ADI nº 2.925-DF (em

19/12/2003), quando se iniciou um processo de revisão jurisprudencial, momento em que o STF passou a admitir a propositura de ADI em face de leis orçamentárias, entendimento consolidado no julgamento das ADIs nº 4.048-MC e nº 3.949.

De tudo o que se viu, não restam dúvidas de que, ao longo de todo o processo orçamentário, desde a sua elaboração até a sua execução, cada um dos Poderes é dotado de uma função específica, exercendo o mecanismo de freios e contrapesos em matéria de orçamento público.

EMENDA CONSTITUCIONAL Nº 109/21 E A AVALIAÇÃO DAS POLÍTICAS PÚBLICAS

PUBLICADO EM JUNHO DE 2022

A Emenda Constitucional nº 109, de 15 de março de 2021, dentre inúmeros assuntos relacionados às finanças públicas – tratando-se, portanto, de mais uma ampla alteração constitucional em matéria de Direito Financeiro – trouxe uma importante exigência no plano da busca pela eficiência na realização dos gastos públicos: a necessidade de avaliação das políticas públicas.

Originária da PEC 186/2019, conhecida como "PEC Emergencial", a proposta objetivava introduzir medidas – permanentes e emergenciais – para a recuperação do equilíbrio fiscal e da sustentabilidade das finanças públicas em momento "pós-pandemia", contemplando amplitude temática e complexidade normativa. Dentre os temas por ela tratados, destaca-se, em primeiro lugar, a instituição de mecanismos de ajuste fiscal, caso, para a União, as operações de crédito excedam à despesa de capital ou, para Estados e Municípios, as despesas correntes superem 95% das receitas correntes. Prevê também que lei complementar disporá sobre a sustentabilidade da dívida pública, limites para despesas e medidas de ajuste. Modifica as medidas para cumprimento dos limites de despesa com pessoal previstos em lei complementar. Veda que lei ou ato autorize pagamento retroativo de despesa com pessoal. Suspende a correção pelo IPCA do limite às emendas individuais ao projeto de lei orçamentária, aplicável durante o Novo Regime Fiscal, enquanto vigentes as medidas de ajuste. Determina a reavaliação periódica dos benefícios tributários, creditícios e financeiros. Veda, a partir de 2026, a ampliação de benefícios tributários, caso estes ultrapassem 2% do PIB. Determina a restituição ao Tesouro do saldo financeiro de recursos orçamentários transferidos aos Poderes Legislativo e Judiciário. Condiciona os Poderes Legislativo e Judiciário ao mesmo percentual de limitação de empenho que tenha sido aplicado no Poder Executivo.

No entanto, um assunto "estranho" ao projeto original da PEC ganhou presença ao longo da sua tramitação. Refiro-me, sobretudo, ao novo § 16 introduzido ao artigo 37 da Constituição Federal de 1988, cujo *caput* impõe à administração pública em todos os níveis federativos a observância de princípios da legalidade, impessoalidade, moralidade, publicidade e eficiência. O novo dispositivo constitucional (§ 16, art. 37) estabelece que:

> "Os órgãos e entidades da administração pública, individual ou conjuntamente, devem realizar avaliação das políticas públicas, inclusive com divulgação do objeto a ser avaliado e dos resultados alcançados, na forma da lei."

Em complemento ao dispositivo citado, o constituinte derivado também inseriu outro § 16, mas desta vez ao artigo 165, ao prescrever que:

> "As leis de que trata este artigo devem observar, no que couber, os resultados do monitoramento e da avaliação das políticas públicas previstos no § 16 do art. 37 desta Constituição".

Podemos dizer que se consideram políticas públicas o conjunto de programas, ações e atividades desenvolvidas, individual ou conjuntamente, pelos entes federativos do Estado brasileiro, no sentido de assegurar a realização de direitos relevantes e fundamentais – sobretudo aqueles constitucionalmente previstos e assegurados, tais como saúde, educação, habitação, saneamento básico, segurança pública, meio ambiente, dentre outros –, destinados a atender, primordialmente, aqueles que se encontrem em situação menos afortunada na sociedade, assim como para estimular práticas e criar um ambiente que propicie o desenvolvimento da nação, tanto social quanto economicamente.

As políticas públicas devem ser planejadas e implementadas a partir da integração entre planos, programas, ações e atividades. Os planos estabelecem diretrizes, prioridades e objetivos gerais a serem alcançados em determinados períodos. Os programas estatuem, por sua vez, objetivos gerais e específicos focados em determinado tema. As ações visam ao alcance de determinado objetivo estabelecido pelo programa, e a atividade, por sua vez, visa dar concretude à ação.

Porém, para além do imprescindível planejamento, as políticas públicas devem ser avaliadas, tanto em momento anterior a sua realização (*ex ante*), como em ocasião posterior (*ex post*), a fim de que se possa aferir se o resultado com elas obtido se coaduna com aquele originalmente pretendido. Mas infelizmente esta não é a realidade que encontramos em nosso país quando se trata de aferição de resultados de políticas públicas.

A esse respeito, Edilberto Pontes Lima (*in* Revista IBDAFT, jul./dez. 2020, p. 316) destaca que "a crítica de que políticas são mal elaboradas e mal implementadas é frequente. De fato, a prática de avaliação antes da decisão sobre qualquer política é muito precária e, quando implementada, em muitos poucos casos as políticas são analisadas para verificar custos e benefícios e definir por sua continuidade ou não. Prevalece a cultura do impressionismo, da improvisação, das boas intenções (nem sempre, de fato) sem respaldo em investigações técnicas metodologicamente bem definidas".

Se até então a avaliação das políticas públicas no Brasil se encontrava na Constituição Federal apenas de maneira implícita, dentro do ideal do princípio da eficiência, agora a temos a partir de dois comandos expressos: o primeiro, dirigido diretamente ao gestor público (§ 16, art. 37); o segundo, para vincular o conteúdo das leis orçamentárias aos resultados do monitoramento e da avaliação das políticas públicas (§ 16, art. 165).

Entendemos que a parte final do § 16, art. 37, que traz em seu texto a locução *"na forma da lei"*, não implica qualquer forma de limitação à eficácia imediata do novo preceito constitucional. Penso que tal lei específica deverá ser editada para fins de estabelecer parâmetros para o procedimento de avaliação de políticas públicas, de modo que haja uma metodologia e uniformidade a ser seguida por toda a administração pública.

E quem sabe se tal lei regulamentadora dos parâmetros para a avaliação das políticas públicas possa ser considerada a tão esperada "Lei de Responsabilidade Social"?

Não se pode deixar de mencionar que a preocupação com a avaliação das políticas públicas não é um tema novo. Há muito vem sendo explorado. Não à toa, no ano de 2018, o Governo Federal editou um manual em dois volumes intitulados: i) *"Avaliação de Políticas Públicas: guia prático de análise ex ante"*; ii) *Avaliação de Políticas Públicas: guia prático de análise ex post"*.

O primeiro (*ex ante*), direcionado à avaliação de políticas públicas em momento anterior, visa orientar a decisão para que ela recaia sobre a alternativa mais efetiva, eficaz e eficiente. Visa direcionar ações para a busca de resultados para a sociedade, encontrando soluções tempestivas e inovadoras para lidar com a limitação de recursos e com as mudanças de prioridades, e para avaliar as propostas de criação, expansão ou aperfeiçoamento de políticas públicas e de concessão de incentivos fiscais – aferindo, sempre que possível, seus custos e benefícios.

O segundo (*ex post*) é um instrumento relevante para a tomada de decisões ao longo da execução da política – dizendo ao gestor o que aprimorar e, em alguns casos, como fazê-lo –, bem como está voltado a melhorar a alocação de recursos entre as diferentes políticas públicas setoriais. Cumpre a importante função de levantar evidências sobre o desempenho da política, indicando se os recursos públicos estão sendo aplicados em consonância com os parâmetros de economicidade, eficiência, eficácia e efetividade.

Outro marco importante em nível federal foi a criação do Conselho de Monitoramento e Avaliação de Políticas Públicas (CMAP), instituído pelo Decreto nº 9.834/2019, instituição de natureza consultiva, que tem como finalidade avaliar uma lista de políticas públicas previamente selecionadas financiadas por gastos diretos ou por política de subsídios. Ao avaliar as políticas selecionadas anualmente a partir de Programas Finalísticos do Plano Plurianual Anual, tem-se a integração do ciclo orçamentário por meio da conexão entre a avaliação e o planejamento. Ademais, os resultados das avaliações e de suas recomendações darão informações e suporte ao restante do ciclo orçamentário, ou seja, ao controle e à execução financeira e orçamentária.

Independente das medidas citadas, adotadas em nível federal, penso que ao vincular a avaliação das políticas públicas ao orçamento público, consolida-se a possibilidade dos tribunais de contas de todo o país exercerem esta importante função.

Quando falamos de avaliação de políticas públicas estamos, na realidade, discutindo os meios e instrumentos para que se possa aprimorar a qualidade do gasto público. E, ao vincular os resultados dessas avaliações às alocações orçamentárias, passaremos a ter um orçamento público realista e dotado de efetividade, cumprindo o seu verdadeiro e republicano papel para o desenvolvimento do país.

A BUSCA PELA EFICIÊNCIA NA COBRANÇA FISCAL

PUBLICADO EM JULHO DE 2022

Embora o tema não seja novo aqui na Coluna Fiscal (assunto já publicado em janeiro de 2019), voltamos a tocar nesta tecla diante de novos dados e recentes propostas que vêm sendo debatidas a respeito da necessidade de se buscar maior eficiência no atual modelo de cobrança de créditos fiscais.

Inicialmente, cabe destacar que a dívida ativa tributária brasileira gira em torno de R$ 3,6 trilhões, apenas considerados créditos federais e estaduais somados. A dívida ativa federal é da monta de R$ 2.788.006.632,61 (referente ao ano de 2021), segundo dados disponibilizados pela Procuradoria-Geral da Fazenda Nacional - PGFN, ao passo que a dívida ativa estadual alcança cerca de R$ 896,2 bilhões (referente ao ano de 2019). Infelizmente, não foi possível identificar o valor consolidado atualizado da dívida ativa dos municípios.

Esses números parecem estar se elevando a cada ano, uma vez que a dívida ativa federal no ano de 2019 era de R$ 2,4 trilhões e, no ano de 2020, subiu para R$ 2,5 trilhões, estando agora em R$ 2,78 trilhões (*Fonte*: PGFN). O mesmo parece ocorrer em relação à dívida ativa dos Estados, que no ano de 2015 girava em torno de R$ 682,2 bilhões, passando para o montante de R$ 896,2 bilhões em 2019.

Os números indicam duas hipóteses: ou a inadimplência fiscal vem aumentando ou a eficiência na cobrança dos créditos tributários vem caindo. Seja qual for a real situação, fato é que, a cada ano, o volume de recursos públicos de titularidade do Erário que deixa de ser cobrado aumenta, quando o ideal deveria ser o inverso, sobretudo diante das novas tecnologias e ferramentas para facilitar a localização de devedores e respectivos bens.

Mas o problema não está apenas na questão do aumento da dívida ativa. Há também que se considerar nesta equação o custo para a sua cobrança, que também aumenta ano a ano, gerando uma despesa elevada e em grande parte descabida.

Segundo o relatório anual "Justiça em Números", publicado em 2021 pelo Conselho Nacional de Justiça (CNJ), no ano de 2020, o Poder Judiciário como um todo custou aos cofres públicos R$ 100.067.753.052, finalizando aquele ano com 75,4 milhões de processos em tramitação.

Desse total de processos, 36% são ações de execução fiscal, processos judiciais que trazem um elevado índice de congestionamento.

Importante esclarecer que a "taxa de congestionamento" mede o percentual de processos que ficaram represados sem solução, comparativamente ao total tramitado no período de um ano. Quanto maior o índice, maior a dificuldade do tribunal em lidar com seu estoque de processos, afetando todos os demais processos judiciais.

O referido relatório do CNJ indica as execuções fiscais como as principais responsáveis por essa taxa de congestionamento do Poder Judiciário, representando 36% do total de casos pendentes e congestionamento de 87% em 2020 (ao passo que a taxa de congestionamento geral é de 75%). Ou seja, de cada cem processos de execução fiscal que tramitaram no ano de 2020, apenas 13 foram baixados.

Afirma o referido documento que, *"historicamente as execuções fiscais têm sido apontadas como o principal fator de morosidade do Poder Judiciário"* (pág. 175). Portanto, além das execuções fiscais serem lentas por natureza, afetam a velocidade e a qualidade de julgamento das demais ações judiciais de todas as naturezas em todas as esferas.

Identificou-se, também, que o tempo médio de tramitação do processo de execução fiscal baixado no Poder Judiciário é de 8 anos e 1 mês. Os Tribunais da Justiça Federal apresentam os maiores tempos de tramitação dos processos de execução fiscal, em média 10 anos e 11 meses, enquanto a Justiça Estadual leva em média 7 anos e 10 meses para baixar um processo de execução fiscal, enquanto a Justiça do Trabalho 6 anos e 5 meses e a Justiça Eleitoral 5 anos e 11 meses.

Outros dados interessantes a serem considerados são: i) o maior impacto das execuções fiscais está na Justiça Estadual, que concentra 83% dos processos, respondendo a Justiça Federal por 17%; ii) a maior taxa de congestionamento de execução fiscal está na Justiça Federal (93%), seguida da Justiça Estadual (86%) e da Justiça do Trabalho (88%); iii) tramitam nos Tribunais de Justiça de São Paulo e Rio de Janeiro mais de 55% do total de processos de execução fiscal.

Para os fins específicos desta nossa análise, outro dado interessante revelado pelo relatório "Justiça em Números" de 2021 foi que, em 2020, foram arrecadados em execuções fiscais R$ 40,2 bilhões (quase

1% da Dívida Ativa), dos quais R$ 34,9 bilhões (86,8%) são provenientes da Justiça Federal e R$ 5,1 bilhões (12,6%) são da Justiça Estadual.

Ora, se o orçamento do ano de 2020 do Poder Judiciário foi de R$ 100 bilhões e se 36% de todos os processos são execuções fiscais, significa que se gastou cerca de R$ 36 bilhões para movimentar estas cobranças judiciais, tendo como resultado financeiro o montante antes mencionado de R$ 40,2 bilhões. Considerando que nessa "equação" não foram levadas em consideração outras despesas como as condenações da Fazenda Nacional em honorários sucumbenciais, os custos das procuradorias das três esferas que são responsáveis por estas ações, dentre outros gastos, devemos nos perguntar: será que vale a pena manter este modelo de cobrança judicial?

Algumas eficientes medidas vêm sendo adotadas pela Procuradoria Geral da Fazenda Nacional e que servem de exemplos positivos paras as demais representações judiciais fazendárias diante de resultados bastante satisfatórios, como a transação em matéria tributária (autorizada pela Lei nº 13.988, de 14 de abril de 2020), a não resistência judicial em processos com teses fixadas pelo Superior Tribunal de Justiça e pelo Supremo Tribunal Federal, o protesto de Certidão da Dívida Ativa Federal, o ajuizamento seletivo de execuções fiscais e o regime diferenciado de cobrança de créditos (RDCC), em que se incluiu o não ajuizamento (ou pedido de suspensão) de execuções fiscais abaixo de R$ 1 milhão ou aquelas em que não há bens suficientes para garantir o sucesso da cobrança.

Dentre essas medidas, encontra-se o "*rating*" da dívida ativa que foi elaborado pela PGFN, a partir da classificação do crédito fiscal quanto ao grau de recuperabilidade, conforme a seguinte tipologia: "A" - alta recuperabilidade; "B" - média recuperabilidade; "C" - baixa recuperabilidade; "D" - irrecuperável.

A partir dessa classificação, do montante da dívida ativa federal de R$ 2.788.006.632,61 no ano de 2021, identificou-se que cerca de R$ 300 bilhões eram de alta recuperabilidade (nível A), cerca de R$ 700 bilhões eram de média recuperabilidade (nível B), cerca de R$ 417 bilhões eram de baixa recuperabilidade (nível C) e R$ 1,285 trilhões era considerado irrecuperável (nível D). Portanto, pode-se dizer que R$ 1 trilhão é de razoável recuperabilidade e R$ 2,7 trilhões são de difícil recuperabilidade.

Nesse ponto, é interessante apresentar uma das propostas que foram expostas no mês de junho passado no X Fórum Jurídico de Lisboa, congresso anual que debate temas de relevante interesse nacional, com a troca de experiências entre Brasil e Portugal.

Na mesa de debates intitulada "A Securitização da Dívida Ativa no Brasil", da qual este subscritor participou, um eminente advogado tributarista que também integrava os debates expôs a seguinte interessante proposta: considerando que estes créditos fiscais que somam R$ 2,7 bilhões classificados pela PGFN como "C" e "D" são de difícil recuperabilidade (e que a PGFN não ajuíza mais cobranças abaixo de R$ 1 milhão e/ou desprovidas de bens para o respectivo pagamento), por que não cedê-los onerosamente (venda com deságio) ao mercado para que empresas especializadas em cobrança realizem essa tarefa, prática comum no setor privado, afinal são expressivos valores já considerados como "perdidos" pela Fazenda Nacional?

Seja qual for o mecanismo que venha a ser adotado – securitização ou cessão da dívida ativa, utilização de inteligência artificial na cobrança fiscal, dentre outros –, fato é que, pelos números apresentados, além de concluirmos que o maior "cliente" do Poder Judiciário brasileiro é o próprio Estado, inequivocamente o atual modelo de cobrança precisa urgentemente ser repensado.

ARISTÓTELES E O ORÇAMENTO PÚBLICO

PUBLICADO EM AGOSTO DE 2022

Você deve estar se perguntando qual seria a relação entre o orçamento público e o filósofo grego Aristóteles, morto há mais de 2.300 anos, época em que o modelo orçamentário era bastante rudimentar se comparado com a estrutura jurídico-fiscal que temos hoje em dia, apesar de a democracia ateniense permitir, em determinado período da história e com certas restrições, a participação do cidadão nas deliberações dos gastos públicos.

Na realidade, nossa singela pretensão nesse texto desta Coluna Fiscal é explicar o orçamento público – identificando suas características essenciais – sob a ótica da "Teoria das Quatro Causas", desenvolvida por aquele filósofo e contida no conjunto de obras compiladas no tratado que conhecemos hoje por "Metafísica" (terminologia jamais utilizada por ele, e sim "filosofia primeira").

Aristóteles define quatro "causas" (em grego, "*aitía*") que explicam a origem de todas as coisas que conhecemos no mundo. Então, pensamos: ora, se sua teoria, tal como então proposta, se aplicaria para tudo que existe, afinal, servirá também como instrumental teórico para se fazer uma análise do orçamento público.

As quatro causas que o filósofo apresenta são as seguintes:

a) *causa material*: aquela que diz respeito à substância da qual algo é feito, ou seja, a matéria (em grego, "*hylê*") na qual consiste certo objeto (como a madeira para se fazer uma cadeira);

b) *causa formal*: aquela que diz respeito à forma (em grego, "*eidos*") que algo possui, definindo-se a essência do objeto pela sua forma (como um móvel na forma de uma cadeira de madeira para se sentar, por exemplo);

c) *causa eficiente*: aquela que diz respeito àquilo ou aquele que dá origem (em grego, "*kinoun*") ao objeto (o marceneiro que fabricou a cadeira, por exemplo);

d) *causa final*: aquela que diz respeito à finalidade (em grego, "*télos*") ou razão de existir de certo objeto (a cadeira com a finalidade de servir para assento).

Portanto, transplantando o raciocínio ao orçamento público, estamos nos referindo, pela Teoria das Quatro Causas de Aristóteles, à substância, à forma, à origem e à finalidade do orçamento estatal.

Identificando o orçamento público através da causa material, ou seja, daquilo "de que é feito", pode-se dizer que é composto por previsões de receitas e estabelecimento de gastos, os quais revelam os programas e as políticas públicas adotadas pelo Estado para atender às necessidades e aos interesses da sociedade. Foi justamente a ênfase acentuada nesse ponto de "previsões de receita e fixação de despesas" que conduziu a doutrina clássica a definir - inadequadamente - o orçamento como mero ato administrativo ou mero plano de contas, sem atentar para outros aspectos relevantes de abordagem.

Já em relação à causa formal do orçamento público, este tem a forma de leis ordinárias de três espécies: lei do plano plurianual (PPA), lei de diretrizes orçamentária (LDO) e lei orçamentária anual (LOA). Esta característica não pode ser descuidada, sob pena de se negar seja o caráter propriamente legal do orçamento, seja sua efetividade normativa. Tal mentalidade, no passado, conduzia na prática a que as leis orçamentárias, por não serem consideradas leis *em sentido próprio*, não fossem reputadas como passíveis de controle concentrado de constitucionalidade pelo Supremo Tribunal Federal (tendência esta que já foi felizmente revertida na Corte suprema brasileira há alguns anos).

Por sua vez, em relação à origem do orçamento público, a Constituição prevê a estrutura orçamentária nas três leis mencionadas e estabelece que este nasce a partir de um projeto de lei orçamentária proposto pelo chefe do Poder Executivo do ente federativo, que em seguida deverá ser votado e aprovado pelo Poder Legislativo local, sendo, ao final, sancionado pelo chefe do Executivo. Há no modelo brasileiro de orçamento um concurso necessário de vontades eficientes que precisam estar conjugadas a fim de gerar o orçamento, plasmado a partir das visões orçamentárias que estão na mente dos agentes públicos do Poder Executivo e do Poder Legislativo, cada qual agindo dentro das competências próprias que lhes são constitucionalmente designadas. Atuam como artífices do orçamento tal como o marceneiro de nosso exemplo anterior é o artífice da cadeira.

Por fim, em relação à causa final, ou finalidade do orçamento público, este existe para ser instrumento de planejamento, gestão e controle financeiro – conhecer com exatidão o montante de recursos disponíveis e determinar a sua destinação –, com o objetivo de identificar e atender às reais necessidades, prioridades e interesses da sociedade, conjugando-as com as pretensões de realização do governante e as possibilidades de que dispõe. Também a ética aristotélica, em chave teleológica (*"télos"*, em grego *fim* ou *objetivo*), preceitua que é próprio do ser humano direcionar suas ações a um objetivo a ser alcançado, sendo moralmente congruente o ato que se adequa ao fim próprio da coisa a ser atingida. Assim, a intencionalidade dos elaboradores e executores do orçamento só pode ter por fim eticamente adequado satisfazer necessidades coletivas, as quais dão suporte e justificativa de legitimidade à própria atividade de arrecadação e dispêndio público de recursos.

Como vimos, a Teoria das Quatro Causas é uma ferramenta teórica que pode ser de grande valia e utilidade na organização mental de quem é chamado a avaliar criticamente qualquer realidade que se coloque diante de nós. O mesmo se aplica ao fenômeno orçamentário, que, com sua complexidade, exige um esforço analítico especial a fim de integrar ao mesmo tempo diversos pontos de vista relevantes para sua compreensão.

Procedendo assim, buscamos ouvir o eco mais que bimilenar da voz do velho mestre Aristóteles, que nos adverte contra visões unilaterais ou equivocadas, recordando a importância de termos um bom instrumental metodológico de onde partir, de forma a evitar que "um pequeno erro no princípio torne-se um grande problema no fim".

PRECATÓRIOS E SUAS NOVAS FUNÇÕES

PUBLICADO EM SETEMBRO DE 2022

O texto original da Constituição Federal de 1988, que traz o regramento dos precatórios no seu artigo 100, continha poucos parágrafos e redação simples e direta.

Entretanto, restando menos de um mês para completar seus 34 anos de vigência, o tema já sofreu 7 (sete) emendas constitucionais (ECs 20/1998, 30/2000, 37/2002, 62/2009, 94/2016, 113/2021 e 114/2021), possuindo o referido artigo 100 atualmente 22 parágrafos, além de inúmeros outros dispositivos acerca da matéria incluídos no Ato das Disposições Constitucionais Transitórias, o que demonstra tratar-se de assunto de grande relevância para as contas públicas, tornando-se também bastante complexa a sua sistemática.

A propósito, a simplicidade do instituto já era retratada antes da Carta de 1988, na redação do artigo 67 da Lei nº 4.320/1964, ainda em vigor, a prescrever que os pagamentos devidos pela Fazenda Pública, em virtude de sentença judiciária, far-se-ão na ordem de apresentação dos precatórios e à conta dos créditos respectivos, sendo proibida a designação de casos ou de pessoas nas dotações orçamentárias e nos créditos adicionais abertos para esse fim.

Para sintetizar o instituto, podemos dizer que o Precatório é a requisição formal de pagamento que a Fazenda Pública é condenada judicialmente a realizar.

A sua razão de ser é a necessidade de inclusão prévia desses pagamentos no projeto de lei orçamentária para que haja disponibilidade financeira e autorização legal (pelo orçamento público) para o seu desembolso, pois, se fossem pagos imediatamente após o encerramento do processo judicial, haveria um desequilíbrio orçamentário, já que o seu valor e o momento do seu pagamento são incertos e imprevisíveis. Ademais, se não possuírem regras claras e criteriosas que estabeleçam uma ordem equitativa para o seu adimplemento, poderá haver violação da isonomia entre credores.

Portanto, diversamente do particular que, quando condenado, é obrigado a realizar o pagamento imediatamente em dinheiro ao vencedor da demanda judicial, a Fazenda Pública condenada em uma ação realiza o respectivo pagamento apenas no exercício financeiro seguinte, após a inclusão de tal despesa no seu orçamento, desde que apresentada até 2 de abril do ano anterior (data limite que até recentemente era 1º de julho).

O termo "precatório" provém do latim *precatorius*, significando "rogar ou solicitar algo", ou "documento ou carta pelos quais se roga ou solicita algo". A origem jurídica em nosso ordenamento advém da expressão *precatória de vênia*, instituto criado no final do século XIX pela legislação processual civil brasileira (Decreto nº 3.084/1898) para requisitar ao Tesouro recursos para o pagamento nas condenações da Fazenda Pública, diante da impenhorabilidade dos bens públicos. Em sede constitucional, o sistema de pagamentos por precatórios foi previsto pela primeira vez na Carta de 1934, mas limitava-se aos pagamentos de decisões condenatórias da Fazenda federal. Somente na Constituição de 1946 é que o sistema passou a se aplicar às Fazendas estaduais e municipais.

O Código de Processo Civil de 2015, nos seus artigos 535 e 910, expressamente reconhece o procedimento de pagamento por precatório no cumprimento de sentença que impuser à Fazenda Pública o dever de pagar quantia certa, ao prever que será expedido, por intermédio do presidente do tribunal competente, precatório ou requisição de pequeno valor em favor do exequente, observando-se o disposto na Constituição Federal.

A sequência de pagamento das condenações judiciais da Fazenda Pública, contudo, não é a mesma. A própria Constituição estabelece sistemáticas diferentes, levando em consideração critérios da natureza do crédito a ser pago, características especiais do beneficiário ou mesmo o valor da condenação. Assim, os créditos de precatórios de natureza alimentar são pagos antes (com preferência) dos créditos de precatórios comuns (desprovidos de natureza alimentar). Já dentro da classe de precatórios alimentares, os créditos alimentares cujos titulares tenham 60 anos de idade, ou sejam portadores de doença grave, ou ainda pessoas com deficiência, até um determinado limite de valor, são pagos antes dos demais precatórios alimentares. Por sua vez, os créditos de pequeno valor (chamados de *requisição de pequeno valor* – RPV) são pagos mais celeremente, fora do sistema de pagamento de precatórios.

Pois bem, de um mero instrumento formal para realizar o pagamento de dívida do Estado originária de condenação judicial transitada em julgado, o precatório hoje tem funcionalidades que vão além do mecanismo de quitação de dívida estatal, sobretudo se analisarmos as alterações trazidas pela Emenda Constitucional nº 113/2021.

A primeira das funcionalidades (que não é propriamente nova) refere-se a uma espécie de "compensação" ou "encontro de contas" entre o credor do precatório e a Fazenda Pública, caso em seu nome haja débitos inscritos em dívida ativa (tema que foi objeto de julgamento na ADI 4425, cuja mecânica, então introduzida pela EC 62/2009, era diferente da atual). Assim, a nova redação do § 9º do artigo 100 da Constituição estabelece: "Sem que haja interrupção no pagamento do precatório e mediante comunicação da Fazenda Pública ao Tribunal, o valor correspondente aos eventuais débitos inscritos em dívida ativa contra o credor do requisitório e seus substituídos deverá ser depositado à conta do juízo responsável pela ação de cobrança, que decidirá pelo seu destino definitivo". Tal procedimento é complementado pelo § 10, prevendo que, antes da expedição dos precatórios, o Tribunal solicitará à Fazenda Pública devedora, para resposta em até 30 (trinta) dias, sob pena de perda do direito de abatimento, informação sobre os débitos que preencham as condições estabelecidas no § 9º, para os fins nele previstos.

Outras funcionalidades decorrem do texto do § 11, que prevê a possibilidade, a critério do credor, do uso de precatórios para quitação de débitos inscritos em dívida ativa, comprar imóveis públicos, pagar outorgas de delegações ou concessões, dentre outros. Assim, o titular de um precatório, conforme estabelecido em lei do ente federativo devedor, poderá utilizá-lo para: I - quitação de débitos parcelados ou débitos inscritos em dívida ativa do ente federativo devedor, inclusive em transação resolutiva de litígio, e, subsidiariamente, débitos com a administração autárquica e fundacional do mesmo ente; II - compra de imóveis públicos de propriedade do mesmo ente disponibilizados para venda; III - pagamento de outorga de delegações de serviços públicos e demais espécies de concessão negocial promovidas pelo mesmo ente; IV - aquisição, inclusive minoritária, de participação societária, disponibilizada para venda, do respectivo ente federativo; ou V - compra de direitos, disponibilizados para cessão, do respectivo ente federativo, inclusive, no caso da União, da antecipação de valores a serem recebidos a título do excedente em óleo em contratos de partilha de petróleo.

Há, também, a possibilidade de cessão, tal como prescrita no § 13, em que o credor de um precatório poderá ceder, total ou parcialmente, seus créditos em precatórios a terceiros.

Ainda, os próprios entes federativos poderão utilizá-los para quitar dívidas entre si. Assim é que o § 21 autoriza a União e os demais entes federativos, nos montantes que lhes são próprios, desde que aceito por ambas as partes, a utilizar valores objeto de sentenças transitadas em julgado devidos a pessoa jurídica de direito público para amortizar dívidas, vencidas ou vincendas: I - nos contratos de refinanciamento cujos créditos sejam detidos pelo ente federativo que figure como devedor na sentença (do precatório); II - nos contratos em que houve prestação de garantia a outro ente federativo; III - nos parcelamentos de tributos ou de contribuições sociais; e IV - nas obrigações decorrentes do descumprimento de prestação de contas ou de desvio de recursos.

Parece-nos que o instituto do precatório, além de ser um instrumento de organização financeira para garantir o equilíbrio fiscal nas contas públicas ao incluir tais obrigações previamente em lei orçamentária, passa a ganhar funcionalidades que garantem maior praticidade na utilização de tais créditos. A inteligente incorporação de técnicas como essas é um imperativo para uma Administração Pública que deseje aprimorar a sua eficiência.

DESAFIOS DO FEDERALISMO FISCAL BRASILEIRO

PUBLICADO EM OUTUBRO DE 2022

No início deste mês, a Constituição Federal de 1988 completou 34 anos de vigência. Um tema candente desde a sua promulgação, e que merece a nossa reflexão, é o da relação política e financeira que foi desenhada para a convivência entre os entes federativos – União, Estados, Distrito Federal e Municípios – na realização das suas funções. Afinal, diuturnamente vivenciam tensões decorrentes de uma estrutura heterogênea, diante de uma multiplicidade de interesses e das diferenças regionais de natureza cultural, social e econômica.

A expressão financeira desta coexistência é denominada de federalismo fiscal, modelo que visa garantir a plena e efetiva realização dos papéis distribuídos a cada um dos entes em suas diferentes esferas.

Porém, o nosso modelo de distribuição entre meios e fins para consecução das finalidades estatais não tem conseguido gerar o ideal de um federalismo cooperativo, através do qual deve haver uma obrigação constante e ininterrupta de entendimento entre as partes.

Nas palavras do Ministro Ricardo Lewandowski, "a nova Magna Carta adotou o denominado 'federalismo cooperativo', em que se registra o entrelaçamento de competências e atribuições governamentais, caracterizado por uma repartição vertical e horizontal de competências, aliado à partilha de recursos financeiros".

A Constituição assegura aos três entes fontes próprias de recursos financeiros, que advêm, essencialmente, da partilha patrimonial (de bens públicos e de recursos naturais), da competência tributária para a instituição e cobrança de tributos e das transferências financeiras intergovernamentais obrigatórias e voluntárias, a partir de um sistema de partilha e repasse de receitas.

Mas a estrutura de Estado Federal de um país com as dimensões do Brasil e com as diferenças socioeconômicas regionais impõe atenção e reflexão para alguns aspectos tidos para nós como extremamente sensíveis, tais como: a) o equilíbrio entre atribuições distribuídas aos entes federativos e os recursos financeiros para a sua realização (fins e meios); b) critérios justos e ideais de distribuição de recursos entre entes desiguais; c) a excessiva concentração de poder fiscal nas mãos da União em prejuízo dos Estados e Municípios; d) o balanceamento entre as competências tributárias e as transferências financeiras intergovernamentais; e) o imprescindível exercício da competência tributária pelos entes federativos; f) o jogo democrático no processo orçamentário; e g) o imperioso respeito ao instrumento de lei complementar como veículo instituidor de normas gerais em matéria financeira.

Para que essa estrutura federativa do Estado brasileiro seja adequada para todo o país e para os seus cidadãos, deve haver um necessário equilíbrio entre as responsabilidades e funções constitucionalmente atribuídas a cada um dos entes federativos e os recursos financeiros a eles dedicados; afinal, como diz o brocardo, "quem dá os fins, dá os meios", ou, em outra formulação, "a Constituição não dá com a mão direita para tirar com a esquerda". Do contrário, não se atingirá o objetivo final da nação: o atendimento das necessidades do povo e a realização do Bem Comum. Conferir um rol de atribuições e responsabilidades aos Estados e Municípios – um poder-dever estatal de realizar – sem fornecer recursos suficientes para a sua efetivação é frustrar o próprio texto constitucional.

Ora, devemos indagar se os critérios e a metodologia hoje utilizados para a distribuição das competências tributárias e para as transferências intergovernamentais são adequados e suficientes para atender aos objetivos constitucionais, em especial àqueles insculpidos no art. 3º da Constituição.

Quanto à primeira, lembramos que a distribuição das competências tributárias entre Estados e Municípios, fixada nos arts. 145 a 156 da Constituição, foi desenhada a partir de critérios históricos e políticos e com alguma racionalidade fiscal. Todavia, ao estabelecer homogeneamente as competências, em que todos os entes têm direito igualmente a instituir aqueles determinados impostos, deixa de levar em consideração as realidades próprias e as disparidades existentes entre eles, especialmente aquelas de ordem econômica e demográfica. Outrossim, pensamos que o equivocado entendimento de que o exercício da competência tributária seria meramente facultativo implica uma consequência que reputamos extremamente negativa: como é possível realizar adequadamente as políticas públicas e atender às necessidades públicas constitucionalmente asseguradas sem a totalidade dos recursos financeiros que seriam oriundos de uma competência tributária que acaba por não ser exercida a partir de uma facultatividade do ente federativo?

Por sua vez, sobre as transferências intergovernamentais, que são os repasses de recursos financeiros entre entes descentralizados de um Estado, ou entre estes e o poder central, com base em determinações constitucionais, legais ou, ainda, em decisões discricionárias do órgão ou da entidade concedente, pensamos que o modelo construído há mais de 3 décadas precisa ser revisitado. Além disso, ainda que sejam levados em consideração critérios como renda e população para a partilha dos recursos dos Fundos de Participação dos Estados (FPE) e Municípios (FPM), apenas estas variáveis, a nosso ver, não são suficientes para atender as peculiaridades de cada região e ente.

Outro ponto de reflexão reside em um eventual desequilíbrio de concentração do poder em favor da União, em detrimento dos Estados e Municípios, circunstância que pode propiciar negativas consequências, tais como: a) o enfraquecimento do processo democrático decorrente da luta entre as forças políticas regionais e a central; b) uma indesejada competição fiscal – vertical e horizontal – entre os entes federativos, conhecida como "guerra fiscal"; c) a incapacidade de o governo central exercer satisfatoriamente sua função coordenadora em todo o território, gerando práticas autônomas dos governos regionais e locais incompatíveis com o interesse nacional; d) a minimização dos processos de redução das desigualdades regionais e do estímulo ao desenvolvimento social e econômico local.

Grande exemplo de um desdobramento negativo do modelo de federalismo fiscal que ainda não encontrou um ponto ideal de equilíbrio é a guerra fiscal, "competição" que ocorre constantemente e nos quatro cantos do nosso país, e que revela um conflito na federação e um abalo no ideal cooperativo.

Enfim, em um país de grandeza continental como o Brasil, estruturado como Estado Federal – que exprime os ideais de *unidade* a partir da convivência da *pluralidade* de seus integrantes –, conciliar a descentralização fiscal com a redução das desigualdades regionais, propiciando uma virtuosa autonomia financeira e independência política dos seus entes federativos, com a busca do desenvolvimento socioeconômico homogêneo e equilibrado de todo o país, é o grande desafio que devemos superar e objetivo que se impõe atingir.

RESPONSABILIDADE FISCAL COM RESPONSABILIDADE SOCIAL

PUBLICADO EM NOVEMBRO DE 2022

Nos últimos três anos (de 2020 a 2022), vivenciamos um período de grande preocupação com as contas públicas em todos os níveis federativos em nosso país e, por decorrência, uma era de intensa atividade legiferante – sobretudo de foro constitucional – que gerou até o momento cerca de 20 emendas constitucionais, sendo mais da metade delas envolvendo matéria financeira e orçamentária.

Pode-se dizer que esta evolução normativa ainda não se concluiu, impulsionada pela busca no aperfeiçoamento do sistema financeiro público brasileiro, a fim de conferir maior justiça fiscal e transformá-la em justiça social para toda a coletividade.

O fato é que de nada adianta termos um conjunto de normas para uma gestão pública com responsabilidade fiscal – e a defendermos ferrenhamente – se tal virtude não se converter em responsabilidade social.

Neste sentido, há dois projetos de lei tramitando no Senado Federal que se intitulam "Lei de Responsabilidade Social". São eles o Projeto de Lei nº 5.343/2020 (de autoria do Senador Tasso Jereissati) e o Projeto de Lei Complementar nº 108/2022 (de autoria do Senador Alexandre Silveira).

O primeiro projeto (PL nº 5.343/2020) dispõe sobre oito aspectos das normas de responsabilidade social para o Governo Federal, como partes integrantes da estratégia de redução da pobreza no Brasil: 1. Os fundamentos das normas de responsabilidade social; 2. As metas de redução da pobreza e da extrema pobreza; 3. O Benefício de Renda Mínima; 4. A Poupança Seguro Família; 5. O Programa Mais Educação; 6. A consolidação dos conceitos de família, rendimento e pobreza; 7. Gestão da informação cadastral; 8. O financiamento dos benefícios da Lei de Responsabilidade Social.

Esta proposta, estabelecida de maneira alinhada com o processo orçamentário e reconhecendo a importância do equilíbrio fiscal, contempla a possibilidade de dupla alocação – específica e suplementar – no orçamento público para as ações de transferência de renda, mitigação de flutuação de renda, estímulo à emancipação econômica e promoção da igualdade de oportunidades por meio do desenvolvimento humano, sem perder de vista a condução sustentável da política fiscal, voltada para um ambiente macroeconômico estável compatível com a geração de empregos e de renda. Busca, ainda, garantir a devida transparência aos resultados das políticas contidas na Lei de Responsabilidade Social, através da publicação de relatório semestral sobre a evolução das taxas de pobreza, as medidas tomadas pelo governo para cumprimento das metas, os riscos de descumprimento e providências recomendadas para o gasto público e o sistema tributário.

Por sua vez, no mais recente projeto de lei (PLC nº 108/2022), tem-se como justificativa que, se o Brasil foi um dos pioneiros entre economias emergentes a adotar uma lei de Responsabilidade Fiscal, deveria agora criar uma lei de responsabilidade social, já que a materialização dos ditames da Ordem Social brasileira ainda não teria florescido como deveria. Destaca-se que os arts. 3º, 23, X, e 170, VII e VIII, da Constituição Federal garantem que é dever do Estado e da ordem econômica combater as desigualdades regionais sociais, as causas da pobreza e os fatores de marginalização, promovendo a integração social dos setores desfavorecidos, além de exercer a função de planejamento das políticas sociais, assegurada, na forma da lei, a participação da sociedade nos processos de formulação, de monitoramento, de controle e de avaliação dessas políticas, sem olvidar que o art. 23, IX, da CF registra ser competência administrativa comum de todos os entes da Federação promover programas de construção de moradias e a melhoria das condições habitacionais e de saneamento básico.

Situa-se como imperioso o aperfeiçoamento da articulação e coordenação entre as três esferas de governo, com a fixação de objetivos e metas de alcance social, e a respectiva prestação de contas dos resultados obtidos. Aliás, da mesma forma que as regras orçamentárias contemplam metas fiscais pré-estabelecidas (na Lei de Diretrizes Orçamentárias), tal providência deveria igualmente existir no estabelecimento e execução de políticas sociais, fixando-se objetivamente metas quantitativas e qualitativas para as ações sociais, tais como a redução do índice de mortalidade infantil, ampliação da porcentagem de crianças na escola, aumento da qualidade de ensino, geração de emprego e redução de desemprego e informalidade, dentre outros.

Interessante mecanismo dessa proposta é o relatório de gestão social. Assim, as leis do Plano Plurianual e de Diretrizes Orçamentárias, relativas a cada ente da Federação, passarão a conter um *anexo de estratégia social*, em que serão estabelecidos os objetivos de política social a serem alcançados durante o período de vigência dos planos, entre os quais os relativos às metas e aos meios disponíveis, além de previsão de receitas e despesas, bem assim demonstrada a compatibilidade entre tais objetivos e os princípios fundamentais da gestão social responsável.

Destaca-se, ainda a transparência da gestão social, que deve influenciar a elaboração, a aprovação e a implementação dos planos plurianuais, diretrizes orçamentárias, orçamentos anuais e prestações anuais de contas sociais. Para tanto, deverá haver amplo acesso público às informações, mediante a publicação e ampla divulgação relativas aos objetivos e metas da política pública social e à execução dos planos e programas estatais.

Segundo esta proposta, a gestão social responsável terá por finalidade a melhoria dos índices sociais e econômicos de grupos vulneráveis, além da fixação de balizas mínimas para melhoria da prestação de serviços públicos essenciais, como saúde, educação, saneamento básico, moradia, segurança pública, acompanhamento dos egressos do sistema prisional, acesso facilitado à Justiça por meio complementar à Defensoria Pública, entre outros, configurando condições essenciais ao crescimento econômico sustentável e, consequentemente, catalisadoras de geração de emprego e renda e do bem-estar social.

Para tanto, serão direcionados recursos dos Fundos Federal, Estaduais e Municipais de Combate à Pobreza às ações estatais que tenham como alvo prioritário as famílias cuja renda *per capita* seja inferior à linha de pobreza, assim como indivíduos em igual situação de renda, além da população de municípios e localidades urbanas ou rurais, isoladas ou integrantes de regiões metropolitanas que apresentem condições de vida desfavoráveis.

Entretanto, não basta pagar auxílios ou bolsas aos mais desassistidos para isso qualificar o Estado brasileiro como socialmente responsável. Deve-se percorrer o longo caminho de elaboração e execução de políticas públicas, que começa com a criança, merecendo cuidados básicos de saúde, passando pela estruturação de modelos de educação básica, profissionalizante e superior, até chegar ao combate do desemprego, com projetos de capacitação e direcionamento ao mercado de trabalho.

Tema na ordem do dia, a sociedade brasileira está se dando conta de que a responsabilidade fiscal deve andar de mãos dadas com a responsabilidade social. Ambas são imperativos imprescindíveis no desiderato de se alcançar o desenvolvimento e o bem-estar de nossa grande nação.

AFO OU DIREITO FINANCEIRO?

PUBLICADO EM DEZEMBRO DE 2022

A Coluna Fiscal deste mês de dezembro de 2022 se propõe a tentar esclarecer uma dúvida que recorrentemente nos é apresentada: qual seria a real diferença entre as disciplinas "Administração Financeira e Orçamentária (AFO)" e "Direito Financeiro"?

Esta dúvida surge porque a grande maioria dos cursos e livros que ostentam tais títulos contemplam um sumário e um conteúdo muito similares entre si. Daí a razão de se questionar: afinal, o que diferencia estas duas disciplinas que têm como pano de fundo as finanças públicas?

De maneira bastante direta, poderíamos dizer que a Administração Financeira e Orçamentária (AFO) nada mais é do que a disciplina que estuda a forma com que os recursos públicos são geridos, ou seja, compreende o conhecimento da atividade financeira do Estado abarcando temas de receitas, despesas, créditos e orçamento públicos (e seu respectivo controle), analisados em seus aspectos administrativos, econômicos, jurídicos, contábeis e orçamentários.

Trata-se, portanto, de matéria interdisciplinar, que não cuida apenas dos aspectos normativos jurídicos da atividade financeira estatal (plano do dever-ser ou *Sollen*), mas também da análise econômica, administrativa e contábil dessa atividade (plano do ser ou *Sein*), inclusive com debates de caráter especulativo sobre modelos de atuação financeira do Estado, meios de obtenção de recursos estatais, dívida e despesa públicas, orçamentos estatais e o impacto das finanças públicas sobre a vida econômica do país.

Ao desdobrarmos a nomenclatura AFO, a sua primeira parte, representada na expressão "*administração financeira*", refere-se à gestão dos recursos públicos, desde a sua arrecadação (receita pública) até a sua destinação (despesa pública), incluindo-se o seu controle por algum dos órgãos fiscalizadores, interno ou externo. Por sua vez, na segunda parte de AFO, ao abordarmos a expressão "*administração orçamentária*", estaremos tratando do principal instrumento de planejamento e gestão das contas públicas, que é o orçamento público, cujo estudo envolve todo o ciclo orçamentário, que vai desde a elaboração do projeto das leis orçamentárias – da LOA, da LDO e do PPA – até a sua execução, através da realização dos gastos públicos, incluindo-se, também, o seu controle.

Não é à toa que, com certa frequência, confunde-se a AFO com o Direito Financeiro, na medida em que esse último contempla o estudo do conteúdo de AFO, porém sob o viés jurídico e não sob a ótica da gestão pública (viés administrativo, econômico e contábil). Em verdade, ambos os estudos andam intimamente ligados e se enriquecem mutuamente.

Por isso, o público-alvo a que se destina o estudo de AFO não se limita apenas aos operadores do direito, englobando também os profissionais de administração, de economia, de contabilidade pública e todos os demais ligados à área de planejamento e finanças governamentais, de políticas públicas e, sobretudo, da área orçamentária.

Dentro de AFO, há três conceitos distintos, porém imbricados, que devem ser destacados: a *atividade financeira*, que envolve a arrecadação, a gestão, a aplicação e o controle dos recursos estatais; a *Ciência das Finanças*, que é o ramo do conhecimento que estuda os princípios e as leis reguladoras do exercício da atividade financeira estatal, sistematizando os fatos financeiros; e o *Direito Financeiro*, que é o ordenamento jurídico que disciplina a atividade financeira do Estado.

As principais normas estudadas em AFO – as quais também são objeto de estudo no Direito Financeiro – são: a Constituição Federal de 1988 (as partes dedicadas à chamada *"Constituição Financeira"*), a Lei nº 4.320/1964 (Lei Geral de Orçamentos), a Lei Complementar nº 101/2000 (Lei de Responsabilidade Fiscal) e a Lei nº 10.180/2001 (regulamenta os Sistemas de Planejamento e de Orçamento Federal, de Administração Financeira Federal, de Contabilidade Federal e de Controle Interno do Poder Executivo Federal).

Não há um ementário ou conteúdo formal e universal para o estudo de AFO (inclusive em razão de sua transdisciplinariedade). Todavia, podemos identificar nas obras literárias sobre o assunto e nos programas de concursos públicos – a depender da esfera de que se estiver tratando, seja federal, estadual ou municipal –, temas que são típicos e recorrentes. Em nível federal podemos identificar os principais tópicos, tais como: funções do governo, regulação no mercado e políticas econômicas governamentais (alocativa, distributiva e estabilizadora); federalismo fiscal; receita pública, despesa pública e crédito público; orçamento público: conceitos, funções, princípios, legislação, LOA, LDO e PPA, créditos orçamentários, emendas parlamentares, classificação da despesa pública e da receita pública, elaboração, execução, controle e o ciclo orçamentário; restos a pagar; suprimento de fundos; gestão organizacional das finanças públicas: sistema de planejamento, de desembolso e de programação financeira; conta única do tesouro nacional; sistemas de informação da administração pública (SIAFI, SIOP, SICONV e SIDOR); normas constitucionais de finanças públicas, do controle interno e externo, e do orçamento público, Lei de Responsabilidade Fiscal (LC nº 101/2000) e Lei Geral dos Orçamentos (Lei nº 4.320/1964).

Assim, considerando que estes temas estão abordados tanto nas obras de Direito Financeiro como naquelas dedicadas à AFO, resta-nos apenas esclarecer que embora o conteúdo seja coincidente na maioria dos temas, a sua abordagem – um com viés jurídico e outro com viés financeiro-contábil – é o que pode distingui-los.

Mas, no fundo, tanto para AFO como para o Direito Financeiro, aplica-se o velho ditado popular a dizer que "aquilo que nos aproxima é mais forte do que o que nos separa".

NORMATIZAÇÃO DA AUDITORIA FISCAL NOS TRIBUNAIS DE CONTAS

PUBLICADO EM JANEIRO DE 2023

No final do ano de 2022, um importante passo foi dado no aperfeiçoamento do controle das contas públicas: através da Portaria nº 196, de 27/12/2022, o Tribunal de Contas da União (TCU) aderiu formalmente às Normas Brasileiras de Auditoria no Setor Público (NBASP), editadas e publicadas pelo Instituto Rui Barbosa (IRB).

As Normas Brasileiras de Auditoria no Setor Público (NBASP) são traduções dos Pronunciamentos Profissionais da Organização das Instituições Superiores de Controle (INTOSAI), trabalho conduzido pelo Comitê Técnico de Auditoria do Setor Público do IRB.

As normas de auditoria (NBASP) estão divididas em diversas categorias. Destacamos as seguintes: i) NBASP 100 - estabelece princípios fundamentais que são aplicáveis a todos os trabalhos de auditoria do setor público, independentemente de sua forma ou do seu contexto; ii) NBASP 200 - fornece os princípios fundamentais para uma auditoria de demonstrações financeiras preparadas de acordo com uma estrutura de relatório financeiro; iii) NBASP 300 - aplica-se ao contexto específico da auditoria operacional; iv) NBASP 400 - objetiva fornecer um conjunto abrangente de princípios, normas e diretrizes para a auditoria de conformidade de um objeto de auditoria, tanto qualitativo como quantitativo.

A *auditoria do setor público* pode ser descrita como um processo sistemático de obter e avaliar objetivamente evidências para determinar se as informações ou as condições reais de um objeto estão de acordo com critérios aplicáveis. A auditoria do setor público é essencial, pois fornece aos órgãos legislativos e de controle, bem como aos responsáveis pela governança e ao público em geral, informações e avaliações independentes e objetivas acerca da gestão e do desempenho de políticas, programas e operações governamentais.

A auditoria não é um fim em si, e sim um elemento indispensável de um sistema regulatório cujo objetivo é revelar desvios das normas e violações dos princípios da legalidade, eficiência, efetividade e economicidade na gestão financeira com a tempestividade necessária para que medidas corretivas possam ser tomadas em casos individuais, para fazer com que os responsáveis por esses desvios assumam essa responsabilidade, para obter o devido ressarcimento ou para tomar medidas para prevenir, ou pelo menos dificultar, a ocorrência dessas violações.

Quanto ao pertencimento à estrutura do órgão ou entidade auditados, identificamos as modalidades de *auditoria interna* e *auditoria externa*. Os serviços de auditoria interna são estabelecidos dentro dos órgãos e instituições governamentais a serem auditados, enquanto os serviços de auditoria externa não fazem parte da estrutura organizacional das instituições a serem auditadas. As Entidades Fiscalizadoras Superiores prestam serviços de auditoria externa. Já os serviços de auditoria interna são necessariamente subordinados ao chefe do departamento no qual foram estabelecidos. No entanto, eles são, na maior medida possível, funcional e organizacionalmente independentes no âmbito de sua respectiva estrutura constitucional. Como uma instituição de auditoria externa, a Entidade Fiscalizadora Superior tem a tarefa de verificar a efetividade da auditoria interna.

Um dos principais documentos que disciplinam a auditoria governamental é conhecido por "Declaração de Lima", assinado em 1977, que estabelece os fundamentos para auditorias e instituições fiscalizadoras. Como princípios fundantes da referida declaração constam a promoção da eficiência, da *accountability*, da efetividade e da transparência da administração pública, justamente por meio do fortalecimento das Entidades Fiscalizadoras Superiores.

As auditorias do setor público têm como principais atores, em nosso país, os Tribunais de Contas – a exercer o controle externo como Entidades Superiores –, os quais, para o sucesso das suas atividades, devem possuir os seguintes aspectos: 1) previsão legal da independência dos Tribunais de Contas, de seus membros e de seu quadro funcional; 2) mandato suficientemente amplo e discricionariedade no exercício das funções dos Tribunais de Contas; 3) acesso irrestrito a informações; 4) independência dos Tribunais de Contas para o desempenho de suas competências; 5) prevenção ao conflito de interesses; 6) adoção de medidas pertinentes no caso de quaisquer questões que possam afetar ou que afetaram sua independência; 7) direito e obrigação de informar sobre seu trabalho; 8) liberdade de decidir o conteúdo e o momento oportuno de publicação e divulgação de seus relatórios de auditoria; 9) utilização de mecanismos eficazes de monitoramento das deliberações; 10) cooperação interinstitucional sem prejuízo da independência e da autonomia; 11) autonomia financeira e gerencial/administrativa e disponibilidade de recursos humanos, materiais e monetários adequados.

Em geral, as auditorias do setor público podem ser classificadas em um ou mais de três tipos principais: auditorias de demonstrações financeiras, auditorias operacionais e auditorias de conformidade. Os objetivos de cada auditoria irão determinar as normas que lhe são aplicáveis.

A *auditoria financeira* foca em determinar se a informação financeira de uma entidade é apresentada em conformidade com a estrutura de relatório financeiro e o marco regulatório aplicável. Isso é alcançado obtendo-se evidências de auditoria suficientes e apropriadas para permitir ao auditor expressar uma opinião quanto a estarem as informações financeiras livres de distorções relevantes devido a fraude ou erro. O objeto de uma auditoria financeira é a posição financeira, o desempenho, o fluxo de caixa ou outros elementos que são reconhecidos, mensurados e apresentados em demonstrações financeiras.

Em alguns ambientes de auditoria do setor público, as auditorias financeiras são chamadas de *auditorias de execução orçamentária*, que frequentemente incluem o exame de transações no que diz respeito a questões de conformidade e legalidade com relação ao orçamento.

Um conjunto completo de demonstrações financeiras para uma entidade do setor público, quando preparado de acordo com uma estrutura de relatório financeiro para o setor público, normalmente consiste em: i) uma demonstração da posição patrimonial e financeira; ii) uma demonstração do desempenho econômico-financeiro; iii) uma demonstração das mutações do patrimônio líquido; iv) uma demonstração do fluxo de caixa; v) uma comparação entre valores do orçamento e valores realizados; vi) notas explicativas, compreendendo um resumo de políticas contábeis relevantes e outras informações explanatórias; vii) em certos ambientes, um conjunto completo de demonstrações financeiras pode também incluir outros relatórios, tais como relatórios de desempenho e de execução orçamentária.

Os seguintes atributos devem estar presentes para assegurar que a informação fornecida nas demonstrações financeiras tenha valor para os usuários previstos: a) *relevância*: a informação fornecida nas demonstrações financeiras é relevante para a natureza da entidade auditada e para o propósito das demonstrações financeiras; b) *integridade*: nenhuma transação, evento, saldo de conta ou divulgação que possa afetar conclusões baseadas nas demonstrações financeiras foi omitida; c) *confiabilidade*: a informação fornecida nas demonstrações financeiras reflete a essência econômica de eventos e transações e não meramente sua forma legal e resulta, em avaliação, mensuração, apresentação e divulgação razoavelmente consistentes; d) *neutralidade e objetividade*: a informação nas demonstrações financeiras é livre de viés; e) *compreensibilidade*: a informação contida nas demonstrações financeiras é clara e abrangente e não dá margem a interpretações significantemente diversas.

A *auditoria operacional* foca em determinar se intervenções, programas e instituições estão operando em conformidade com os princípios de economicidade, eficiência e efetividade, bem como se há espaço para aperfeiçoamento. O desempenho é examinado segundo critérios adequados, e as causas de desvios desses critérios ou outros problemas são analisados. O objetivo é responder a questões-chave de auditoria e apresentar recomendações para aperfeiçoamento. O objeto de uma auditoria operacional pode ser um programa específico, entidade, fundos ou certas atividades (com seus produtos, resultados e impactos), situações existentes (incluindo causas e efeitos), assim como informações financeiras ou não financeiras sobre qualquer um desses elementos.

A *auditoria de conformidade* foca em determinar se um particular objeto está em conformidade com normas identificadas como critérios, sendo realizada para avaliar se atividades, transações financeiras e informações cumprem, em todos os aspectos relevantes, as normas que regem a entidade auditada. Essas normas podem incluir regras, leis, regulamentos, resoluções orçamentárias, políticas, códigos estabelecidos, acordos ou os princípios gerais que regem a gestão financeira responsável do setor público e a conduta dos agentes públicos.

A auditoria de conformidade promove a *transparência* ao fornecer relatórios confiáveis sobre se os recursos foram administrados, a gestão exercida e os direitos dos cidadãos ao devido processo atendidos, conforme exigido pelas normas aplicáveis. Promove a *accountability* ao reportar desvios e violações a normas, de modo que ações corretivas possam ser tomadas e os responsáveis possam ser responsabilizados por suas ações. Promove a *boa governança* tanto ao identificar fragilidades e desvios de leis e regulamentos como ao avaliar a legitimidade onde há insuficiência ou inadequação de leis e regulamentos.

Por fim, exposto esse breve panorama geral da auditoria, recordemos que o chamado "dinheiro público" é, na verdade, um dinheiro que saiu dos nossos bolsos e foi fruto do nosso suor, dos nossos esforços e trabalho. Não à toa, nossa forma de governo é chamada "república", do latim *res publica*, isto é, a *coisa pública*. E, no Estado Democrático de Direito, esse controle da "coisa pública" representa um fundamental instrumento para garantir a adequada realização do interesse coletivo de nossa sociedade.

UMA CONVERSA COM O CHATGPT SOBRE ORÇAMENTO PÚBLICO

PUBLICADO EM FEVEREIRO DE 2023

Assunto sensação do momento, recorrente no noticiário e presente nas rodas de bate-papo, é a incrível capacidade de conversação do robô de inteligência artificial ChatGPT para conduzir conversas e elaborar textos sobre qualquer tipo de assunto, com elevado nível de detalhamento e profundidade, e precisão do seu conteúdo.

Para quem ainda não está familiarizado, o ChatGPT é uma ferramenta de inteligência artificial (também apelidado de "robô"), criado em 2019 pela empresa americana OpenAI e lançado em novembro de 2022, capaz de elaborar textos, compor músicas, escrever programas de computador, manter uma conversa, dentre outras habilidades.

A palavra "*Chat*" em inglês significa bate-papo e GPT é a sigla de "*Generative Pre-trained Transformer*", cuja tradução é a de "modelo de linguagem transformador generativo pré-treinado", que usa aprendizagem profunda (*deep-learning*) para produzir conteúdo e textos muito semelhantes aos de um humano.

De fato, se não fosse pelo próprio aviso presente no início de suas conversas de que se trata de um sistema de inteligência artificial, dificilmente você perceberia que não está conversando com uma pessoa do outro lado da tela.

Pois bem, eu não poderia perder a chance de trocar ideias com o ChatGPT sobre Direito Financeiro e Orçamento Público e trazê-las para este texto da Coluna Fiscal.

Nesta "conversa", minha participação foi bastante reduzida, apenas fazendo perguntas e registrando suas respostas. Assim, o protagonista deste texto – e autor de boa parte do conteúdo que passo a transcrever – é o próprio ChatGPT. Registro, ainda, que apesar de iniciar a conversa em inglês, resolvi perguntar se falava português, e a resposta foi positiva.

Iniciei indagando qual seria sua opinião sobre a importância da disciplina Direito Financeiro para o Brasil. A resposta do ChatGPT foi a seguinte:

> *"Como modelo de linguagem de inteligência artificial, eu não tenho sentimentos e nem opiniões pessoais. No entanto, posso informar que o Direito Financeiro é uma disciplina essencial para o funcionamento do Estado, uma vez que estabelece normas e regras que regem as finanças públicas, incluindo a arrecadação de impostos, o planejamento e a execução do orçamento público, o controle das despesas e a gestão da dívida pública. O Direito Financeiro também desempenha um papel importante na promoção do desenvolvimento econômico e social do país, já que influencia as políticas fiscais adotadas pelo governo. Além disso, é uma disciplina que possui grande impacto na vida dos cidadãos, uma vez que afeta diretamente a distribuição de recursos e a oferta de serviços públicos".*

Em seguida, perguntei-lhe o que entendia sobre o orçamento público e sobre a sua importância. Sua resposta não poderia ter sido mais didática:

> *"Orçamento público é um instrumento de planejamento financeiro que estabelece as receitas e despesas do governo em um determinado período de tempo, geralmente um ano. Ele é importante porque serve como um meio para que o governo possa planejar e controlar suas atividades e gastos de forma a garantir a consecução de seus objetivos.*
> *O orçamento público é fundamental para a democracia, pois permite que a sociedade possa acompanhar e avaliar as políticas públicas e os gastos do governo. Através do orçamento, a população pode saber quanto e onde o governo está gastando seu dinheiro, bem como participar do processo de decisão sobre a alocação dos recursos públicos.*
> *Além disso, o orçamento público é um instrumento importante para a estabilidade econômica e para a promoção do desenvolvimento do país. Ele permite que o governo possa definir prioridades, controlar a inflação, equilibrar as contas públicas, promover investimentos em infraestrutura e serviços públicos, entre outras ações que visam o bem-estar da população. Por isso, é essencial que o orçamento público seja elaborado e executado de forma transparente, eficiente e responsável".*

Percebendo que não lhe era um assunto estranho (e pelo visto qualquer assunto lhe é familiar), indaguei sobre os atributos que um bom orçamento público deveria ter. O ChatGPT apresentou a seguinte relação:

> *"1. Transparência: Um bom orçamento público é transparente, facilmente compreensível e acessível ao público. Descreve claramente como os fundos públicos serão gastos e os resultados esperados dessas despesas.*
> *2. Priorização: Um bom orçamento público prioriza os gastos com base nas necessidades mais prementes da comunidade ou sociedade, levando em consideração metas e objetivos de longo prazo. Ele aloca recursos de forma eficiente para maximizar seu impacto e alcançar os resultados desejados.*

3. Realista: Um bom orçamento público é baseado em projeções realistas de receitas e despesas, levando em consideração fatores como crescimento econômico, inflação e tendências demográficas.
4. Responsabilidade: Um bom orçamento público tem mecanismos para garantir que os fundos sejam gastos de forma responsável e eficaz. Deve ter mecanismos claros de prestação de contas, como indicadores de desempenho e auditorias regulares.
5. Flexibilidade: Um bom orçamento público deve ser flexível e adaptável a circunstâncias mutáveis, como eventos inesperados ou mudanças nas condições econômicas.
6. Participação: Um bom orçamento público permite a participação e feedback do público. Ele oferece oportunidades para que os cidadãos contribuam para o processo orçamentário e tomem decisões informadas sobre gastos públicos.
7. Sustentabilidade: Um bom orçamento público é fiscalmente responsável e sustentável. Ele equilibra receitas e despesas para garantir a estabilidade financeira de longo prazo, ao mesmo tempo em que atende às necessidades da comunidade ou da sociedade."

Então pedi a opinião pessoal dele. Veja sua resposta:

"Como modelo de linguagem artificial, não tenho opiniões pessoais, mas posso compartilhar alguns princípios que geralmente são considerados importantes para um bom orçamento público. Um bom orçamento público normalmente:
Prioriza os gastos com base nas necessidades mais urgentes da comunidade ou da sociedade, levando em consideração também os objetivos de longo prazo.
Equilibra receitas e despesas para garantir responsabilidade e sustentabilidade fiscal.
Aloca recursos de forma eficiente e eficaz para maximizar seu impacto e alcançar os resultados desejados.
É transparente e facilmente compreensível pelo público, permitindo a participação e o feedback informados.
É flexível e adaptável às circunstâncias em mudança e aos eventos imprevistos.
Em última análise, o que faz um orçamento público 'bom' pode depender de uma variedade de fatores, incluindo os objetivos e valores específicos de uma determinada comunidade ou sociedade, bem como considerações econômicas e políticas."

Ao ler que o ChatGPT elencava o equilíbrio e a sustentabilidade fiscal como aspectos de uma gestão orçamentária responsável, perguntei se ele entendia ser realmente necessário o equilíbrio fiscal para o nosso país. Sua resposta foi a seguinte:

"Sim, é importante que um orçamento público no Brasil tenha equilíbrio fiscal, ou seja, que as despesas previstas no orçamento sejam financiadas por receitas suficientes e sustentáveis, de forma que o governo não dependa excessivamente de empréstimos para cobrir seus gastos.
O equilíbrio fiscal é fundamental para garantir a estabilidade econômica do país, manter a confiança dos investidores, evitar crises financeiras e preservar o poder de compra da moeda. Além disso, um orçamento equilibrado permite que o governo tenha recursos disponíveis para investimentos em áreas importantes, como saúde, educação e infraestrutura, sem comprometer a capacidade financeira futura do país.
No entanto, é importante ressaltar que o equilíbrio fiscal não deve ser alcançado a qualquer custo, especialmente em detrimento de políticas sociais importantes. Portanto, é fundamental encontrar um equilíbrio adequado entre o controle das despesas públicas e a promoção do desenvolvimento econômico e social."

Percebendo a sua elevada capacidade cognitiva, perguntei se seria possível, como sistema de inteligência artificial, nos ajudar na gestão das finanças públicas.

Como um sistema de inteligência artificial, posso colaborar com uma boa gestão dos recursos públicos estatais de diversas maneiras. Algumas delas incluem:
Análise de dados: Eu posso analisar grandes volumes de dados para identificar padrões, tendências e insights relevantes para a gestão dos recursos públicos. Isso pode incluir a análise de despesas públicas, fluxo de caixa, arrecadação de impostos, entre outros.
Previsão de receitas e despesas: Com base em modelos estatísticos e algoritmos de machine learning, posso ajudar a prever as receitas e despesas do governo, permitindo uma melhor gestão dos recursos e uma maior eficiência na alocação dos mesmos.
Identificação de fraudes e irregularidades: Com técnicas de detecção de anomalias e aprendizado de máquina, posso ajudar a identificar possíveis fraudes e irregularidades na gestão dos recursos públicos, permitindo uma ação mais rápida e efetiva por parte das autoridades responsáveis.
Apoio à tomada de decisão: Com base em análises de dados e modelos preditivos, posso fornecer insights e recomendações para apoiar a tomada de decisão dos gestores públicos, permitindo uma alocação mais eficiente dos recursos e uma melhor gestão dos mesmos.
Transparência e accountability: Como um sistema imparcial e transparente, posso ajudar a promover a transparência e a accountability na gestão dos recursos públicos, permitindo que a sociedade acompanhe e avalie a atuação do governo.

Ao final da conversa, diante de respostas bastante substanciosas, fiquei curioso para saber de onde ele obtinha todas aquelas informações. Ele me respondeu:

> *"Como modelo de linguagem treinado pela OpenAI, eu sou alimentado com grandes quantidades de dados textuais disponíveis na internet, incluindo notícias, artigos, livros e outros documentos.*
>
> *Para responder às suas perguntas sobre orçamento público no Brasil, busquei informações em diversas fontes, incluindo sites governamentais, institutos de pesquisa, órgãos de imprensa e publicações acadêmicas. Meu objetivo é fornecer informações precisas e atualizadas sobre o tema.*
>
> *Se você tiver alguma dúvida específica ou quiser saber mais sobre algum aspecto em particular do orçamento público no Brasil, é só perguntar. Estou aqui para ajudar!"*

Inequivocamente, existem ainda inúmeros desafios no processo evolutivo da inteligência artificial – sobretudo no que se refere à ética, à privacidade e à segurança de dados –, sendo fundamental que o desenvolvimento e a implementação da IA seja feita com responsabilidade e considerando todas as implicações.

Porém, não podemos desperdiçar uma valiosa ferramenta como esta, que entende que um orçamento público bem estruturado e gerenciado pode ter um impacto significativo no desenvolvimento de uma nação, e que um processo orçamentário transparente, participativo e responsável é fundamental para garantir o uso eficiente e eficaz dos recursos públicos, não devendo ser considerado um fim em si mesmo, mas sim um meio para alcançar os objetivos e as necessidades da sociedade, promovendo a igualdade, a justiça e a sustentabilidade a longo prazo.

Depois de ler isso tudo, o que você acha: o parágrafo acima de encerramento da *Coluna Fiscal* deste mês é de minha autoria ou do ChatGPT?

CENTENÁRIO DE RUI BARBOSA E SUAS LIÇÕES SOBRE ORÇAMENTO PÚBLICO E TRIBUTAÇÃO

PUBLICADO EM MARÇO DE 2023

Rui Barbosa de Oliveira nasceu no dia 5 de novembro de 1849, em Salvador (Bahia), e morreu no dia 1º de março de 1923, na cidade de Petrópolis (Rio de Janeiro). Ao longo de seus 73 anos de vida, inscreveu seu nome no rol dos intelectuais e juristas mais importantes da história do Brasil. Como se isso não bastasse, foi jornalista, diplomata, advogado e fundador da Academia Brasileira de Letras (ABL). Como político, passou 32 anos no Senado Federal, sempre representando o seu estado da Bahia. Antes, no Império, havia sido deputado provincial e deputado geral. Seus discursos, sempre substanciosos e eloquentes, costumavam demorar até quatro horas.[2] No centenário de sua morte, recém-lembrado, além do seu exemplo de cidadania e todas as suas lições sobre democracia e justiça, neste espaço destacamos suas lições sobre finanças públicas, federalismo fiscal, tributação e orçamento público, sobretudo por sua atuação e experiência como Ministro da Fazenda no último decênio do século XIX.

Em sua homenagem, destaco trechos de memorável discurso de Rui Barbosa proferido na Assembleia Constituinte perante o Congresso em 1890[3], na época como Ministro da Fazenda do primeiro governo republicano, em que – visionariamente – já apontava para desafios financeiros e orçamentários que hoje, mais de 130 anos depois, ainda vivemos e nos afligem.

Rui Barbosa, diante de problemas nas contas públicas da época, entendia que a própria convocação da Assembleia Constituinte se-

---

[2] Fonte: Agência Senado Federal.

[3] BARBOSA, Rui. Organização das Finanças Republicanas – Sessão em 16 de novembro de 1890. In: *Pensamento e ação de Rui Barbosa* - Organização e seleção de textos pela Fundação Casa de Rui Barbosa. Brasília: Senado Federal, 1999.

ria a primeira e mais urgente das providências de natureza fiscal. Nas suas palavras:

> "É, senhores, sobretudo à luz dos interesses financeiros da nação que eu, desde o começo, encarei a conveniência da reunião desta assembleia. Foi esta a preocupação que me levou, um dia, a reclamar dos meus companheiros de governo a convocação do Congresso Constituinte como a mais urgente de todas as medidas financeiras."

Mais adiante, proclamou fortes e assertivas palavras sobre o equilíbrio e a sustentabilidade fiscal:

> *"Do plano que adotardes sobre a discriminação da renda para o orçamento geral e para os dos estados, depende, senhores, a durabilidade ou a ruína da União, a constituição do país, ou a proclamação da anarquia, a honra nacional, ou a bancarrota inevitável."*

De outro giro, Rui já destacava a importância da solidariedade e da cooperação entre os entes federativos na seara fiscal, enfatizando a nossa formação como federação:

> *"Senhores, não somos uma federação de povos até ontem separados, e reunidos de ontem para hoje. Pelo contrário, é da união que partimos. Na união nascemos. Na união se geraram e fecharam os olhos nossos pais. (...) se há no Brasil estados mais fortes e menos fortes, mais fracos e menos fracos, a condição necessária da existência de todos, fracos ou fortes, grandes ou pequenos, pobres ou ricos, é a sua coesão, a solidariedade da sua vida integral no seio da federação..."*

Interessante narrativa neste discurso refere-se ao desenho tributário que pretendia estabelecer, em crítica ao modelo então posto, o qual gerava um desequilíbrio entre a União e Estados, fortalecendo estes e enfraquecendo aquela (a propósito, situação inversa a que temos hoje).

> *"Aqui, porém, só se reserva ao orçamento nacional o imposto de importação. Aos estados, como domínio exclusivo seu, deixamos o imposto de exportação, e, além desse, o imposto sobre a transmissão da propriedade e o imposto territorial. Quanto aos demais, fica aos estados o direito de taxarem livremente as fontes de renda, e a federação taxar. É mais, incomparavelmente mais do que o que os estados da União americana desfrutam sob a sua carta generosamente federativa. E não basta! E fere-se a mais renhida batalha, para favorecer ainda os estados, e empobrecer ainda a União! Prolonga-se indefinidamente o prazo de existência ao imposto de exportação, cujos termos nós limitáramos ao ano de 1898, e pretende-se associar os estados ao governo federal na faculdade de tributar os impostos de importação, ou reduzir a União unicamente ao produto destes. (...)"*

Após, Rui Barbosa apresenta números concretos para demonstrar a sua tese:

> "Volto, pois, à minha tese: fora da União não há conservação para os estados: quereis ver a prova matemática, a demonstração financeira desta verdade, aqui a tendes neste quadro, organizado no Tesouro: Os dados deste mapa são os do exercício de 1889, o último exercício terminado. Nas suas colunas se nos deparam discriminadamente, por estados, a receita e a despesa. Nele encontrareis o quantum da contribuição de cada estado para a renda nacional e a quota da arrecadação nacional despendida com os estados nos vários ramos de serviço localizados em cada um, acrescentando-se a este passivo o cálculo aproximativo do contingente deles no pagamento dos compromissos da nação. Em presença destes algarismos não podemos chegar a conclusões definitivas a respeito de todos os estados; porque, a respeito de Minas e do Rio de Janeiro, estados centrais, cuja importação se efetua pela alfândega da capital federal, não é possível fixar a parte que lhes toca na receita, para concluir ao certo a parte que no débito se lhes há de carregar. O déficit, pois, com que figuram pode não ser real, e é de crer que não seja. Mas, todos os demais estão em déficit, todos, menos o Pará e São Paulo. Pernambuco, apesar do seu ativo de 10.950:521$252, não evita o déficit, que é, para ele, de 337:012$968. O Maranhão apresenta 1.306:419$961 de déficit. Sergipe 1.875:521$163. O Amazonas, 1.891:305$539. Goiás 1.987:805$181. (...) O déficit do Espírito Santo é de 1.990:003$421. O do Piauí está em 2.042:595$033. O de Alagoas orça a 2.353:516$827. O de Santa Catarina toca a 2.554:840$937. O do Paraná chega a 2.905:176$464. O do Rio Grande do Norte, a 3.402:966$119. O de Mato Grosso a 3.503:686$025. O da Paraíba a 3.519:066$795. O do Rio Grande do Sul a 6.987:637$978. (...)
> Se todos os estados incorrem em déficit, pergunta S. Exª de que vive a União? Nem todos os Estados apresentam déficit: o Pará e São Pauto beneficiam a União com um saldo de quase 13.000:000$000. Depois, a receita federal na Capital Federal sobe a 88.000:000$000, isto é, a mais da metade da receita total da república, que, em 1889, não excedeu a 160.000:000$000. Essas duas adições, reunidas, perfazem a soma de 101.000:000$000, que explica a existência dos recursos necessários para acudir ao déficit dos estados na importância de cerca de 64 mil contos e às nossas despesas financeiras em Londres, onde gastamos, anualmente, perto de 35 mil contos de réis. (...)
> Qual é o orçamento presumível da União? O orçamento anual, no penúltimo exercício, liquidou-se com um déficit: de 25 mil contos sobre a despesa calculada em 150 ou 151 mil; o que quer dizer que, no exercício de 1888, as nossas despesas apuradas ascenderam a 176 mil contos. De então a esta parte, já por efeito necessário do nosso desenvolvimento e da expansão dos serviços administrativos que ele nos impõe, já por exagerações e desvios, que as circunstâncias arrastaram, que mais tarde se poderão talvez reprimir, mas que atualmente criam compromissos inevitáveis para a fazenda nacional, as nossas despesas elevaram-se a uma importância que não podemos calcular em menos de 200 mil contos. É um acréscimo de vinte e cinco

> mil contos para dois anos excepcionais, que encerram em si a maior das revoluções: a substituição completa das instituições nacionais e as tateações inevitavelmente caras de uma crise de reorganização radical do país."

Ao defender o modelo tributário que entendia como adequado àquela quadra da história, Rui Barbosa assim manifestou:

> "E seria monstruoso adotarmos uma constituição, que encadeasse o país a uma unidade tributária viciosa e condenada, obrigando-nos à necessidade absoluta de aumentar continuamente o peso de um imposto que, pelo contrário, a ciência nos aconselha a reduzir progressivamente. Um orçamento nacional fadado a se alimentar perpétua e exclusivamente das taxas sobre a importação seria a mais excêntrica, a mais absurda e a mais daninha de todas as novidades econômicas. (...)
> Em face destes dados matemáticos, digo-vos eu, e ninguém me poderia contestar, a constituição que se moldasse nessas emendas, não seria a base da nossa organização financeira, seria apenas uma declaração de falência, despejada, formal, imediata: não seria o pacto de nossa União, mas o pacto do nosso descrédito: não seria uma afirmação de renascença e um apelo ao futuro, mas uma confissão de bancarrota e um testamento de suicida. Antes de concluído o exercício de 1891, teríamos de pedir moratória aos servidores e aos credores do país, lesados no pagamento do seu salário, na satisfação de suas contas, no embolso dos seus juros. (...)
> Não havemos de cingir-nos, em matéria de impostos, aos instrumentos enferrujados, às fontes escassas, de que se sustentavam as províncias no antigo regímen. Muitos ramos de matéria tributável estão por aí ainda virgens; e esse campo, sobre o qual a antiga administração passava, e repassava, sem utilizá-lo, é vasto, seguro e de considerável fecundidade. A incidência do nosso sistema tributário concentra-se em direções, de que poderia desviar-se assaz, sem desvantagem acentuada para a renda; e deixa por ocupar um largo terreno, onde há toda uma colheita incalculável, que tentar. Cada governo copiava, a esse respeito, o seu antecessor; as câmaras, que a política e a oratória absorviam, nunca tiveram tempo de estudar a reorganização tributária do País; e as províncias, devoradas pelos interesses eleitorais dos partidos, vegetavam no regímen tradicional, incapazes de devassar horizontes novos."

Rui falava então à Nação da necessidade de serem renovados os mecanismos tributários para que se pudesse fazer frente à arrecadação imprescindível ao atendimento das necessidades coletivas em todos os âmbitos federativos. Na transição de um Estado unitário para um modelo de Estado federado, o custeio da federação era o que se punha na ordem do dia. Todas essas palavras aqui trazidas retratam desafios fiscais de época, tal como atualmente temos aqueles embates próprios de nosso tempo (não exatamente no mesmo modelo fiscal).

Também hoje pensamos em melhorias e mesmo numa reforma tributária para otimizar o regime da tributação. Novas ferramentas, voltadas a superar os antigos *"instrumentos enferrujados"*, têm se apresentado no cenário fiscal, tais como a dação em pagamento, a transação tributária, o protesto de certidão de dívida ativa, o uso de robôs de inteligência artificial e mesmo projetos de um novo Código Tributário Nacional fazem parte desse esforço da Administração tributária nacional do século XXI.

Ao fazermos memória dos cem anos do desaparecimento deste brasileiro ímpar que foi Rui Barbosa, que continue a ecoar em nossas mentes e corações sua advertência: das decisões fiscais de hoje depende a futura prosperidade ou ruína do país e das vindouras gerações.

LDO EM ABSTRATO E EM CONCRETO

PUBLICADO EM ABRIL DE 2023

A Constituição Federal estabelece, como regra geral, o prazo de encaminhamento do projeto de Lei de Diretrizes Orçamentárias (LDO) do Poder Executivo para o Poder Legislativo como sendo até o dia 15 de abril de cada ano (art. 35, § 2º do ADCT). Neste ano de 2023, a proposta de LDO da União foi encaminhada na sexta-feira passada, dia 14 de abril, cumprindo a regra constitucional, sendo registrada como PLN nº 04/2023 e contendo substanciosas 990 páginas.

Em seguida, o referido projeto de lei deverá ser enviado para a Comissão Mista de Planos, Orçamentos Públicos e Fiscalização (CMO) onde será objeto de deliberação, inclusive podendo sofrer emendas parlamentares. Após esta etapa, deve ser aprovado pelo Plenário do Congresso Nacional e, em seguida, sancionado como lei ordinária.

A Coluna Fiscal, em linha com o seu espírito acadêmico e didático, se propõe neste texto a analisar - em abstrato - o conteúdo e finalidades da Lei de Diretrizes Orçamentárias (LDO), tomando como exemplos concretos alguns aspectos presentes no referido projeto de LDO recém-apresentado.

Como sabemos, a Lei Orçamentária Anual (LOA) é elaborada com base nos parâmetros estabelecidos na respectiva LDO. Nos termos do § 2º do art. 165 da Constituição, a LDO apresenta os seguintes escopos: a) definir as metas e prioridades da administração pública para o exercício financeiro subsequente, devendo guardar compatibilidade com o plano plurianual; b) estabelecer as diretrizes de política fiscal e respectivas metas para serem consideradas na lei orçamentária anual; c) garantir uma trajetória sustentável da dívida pública; d) orientar a elaboração da LOA; e) versar sobre as alterações na legislação tributária, a fim de orientar a estimativa de receitas quando da elaboração do orçamento; f) indicar a política de aplicação das agências financeiras de fomento.

Por sua vez, a Lei de Responsabilidade Fiscal (LC nº 101/2000) acrescentou outras funções à lei de diretrizes orçamentárias. O seu art. 4º estabeleceu que a referida lei irá dispor, também, sobre: a) equilíbrio entre receitas e despesas; b) critérios e forma de limitação de empenho; c) normas relativas ao controle de custos e à avaliação dos resultados dos programas financiados com recursos dos orçamentos; d) demais condições e exigências para transferências de recursos a entidades públicas e privadas.

Destes elementos, percebe-se que a Lei de Diretrizes Orçamentárias (LDO) tem a sua finalidade voltada essencialmente ao *planejamento operacional* do governo no que se refere à elaboração da Lei Orçamentária Anual.

E, para garantir os desígnios da LDO, a Lei de Responsabilidade Fiscal (LRF) previu, no seu art. 4º, a elaboração de dois importantes *demonstrativos fiscais* que devem ser publicados como anexos para acompanhar a lei de diretrizes orçamentárias: o *Anexo de Metas Fiscais* e o *Anexo de Riscos Fiscais*.

Na mesma linha, incluído pela Emenda Constitucional nº 102/2019, o § 12 do artigo 165 da Constituição determina que integrará a lei de diretrizes orçamentárias, para o exercício a que se refere e, pelo menos, para os 2 (dois) exercícios subsequentes, *anexo com previsão de agregados fiscais e a proporção dos recursos para investimentos* que serão alocados na lei orçamentária anual para a continuidade daqueles em andamento. Este novo anexo objetiva ser uma ferramenta de transparência e controle para a alocação de recursos a projetos e investimentos, garantindo-se a continuidade dos já iniciados e que estejam em curso.

Do que consta no PLN nº 04/2023, merece destaque como diretriz para o orçamento público federal de 2024 o estabelecimento de um resultado primário zero - com o equilíbrio entre receitas e despesas (não havendo nem déficit e nem superávit fiscal) -, porém com uma margem de "tolerância" de 0,25% do PIB (que pode resultar em superávit ou déficit de R$ 28,76 bi). Neste sentido diz o art. 2º da proposta de LDO:

> Art. 2º A elaboração e a aprovação do Projeto de Lei Orçamentária de 2024 e a execução da respectiva Lei deverão ser compatíveis com a meta de resultado primário de R$ 0,00 (zero real) para os Orçamentos Fiscal e da Seguridade Social, conforme demonstrado no Anexo de Metas Fiscais constante do Anexo IV a esta Lei.
> § 1º Para fins da demonstração da compatibilidade referida no *caput*, admite-se intervalo de tolerância com: I - limite superior equivalente a superávit primário de R$ 28.756.172.359,00 (vinte e oito bilhões setecentos e cinquenta e seis milhões cento e setenta e dois mil trezentos e cinquenta e nove reais); e II - limite inferior equivalente a déficit primário de R$ 28.756.172.359,00 (vinte e oito bilhões setecentos e cinquenta e seis milhões cento e setenta e dois mil trezentos e cinquenta e nove reais).

Outro aspecto a ser ressaltado em relação à proposta apresentada no PLN nº 04/2023 é a sua vinculação ao "novo arcabouço fiscal" - uma nova lei complementar de matéria fiscal - que se pretende aprovar para substituir o atual Teto de Gastos, o qual limita o crescimento das despesas ao ano anterior, corrigido pelo IPCA, para garantir sustentabilidade fiscal às finanças públicas brasileiras.

Conforme consta do projeto, no novo arcabouço de regras fiscais a ser proposto pelo Poder Executivo, haverá uma combinação de limite de despesas, mais flexível que o Teto de Gastos, com uma meta de resultado primário para o Governo Central. Destacam-se a seguir os principais aspectos: (i) crescimento real da despesa primária limitado a 70% da variação real da receita; (ii) independente da variação real da receita, o crescimento real da despesa primária deve respeitar o limite inferior de 0,6% e o limite superior de 2,5%; (iii) essa limitação para o crescimento da despesa é um mecanismo de ajuste anticíclico para impedir o aumento exacerbado em momentos de crescimento econômico (e consequente aumento da arrecadação) e queda em caso de baixo crescimento econômico ou recessão (quando a receita tende a ter desempenho igualmente ruim); (iv) meta de resultado primário do Governo Central terá intervalo de tolerância de 0,25 ponto percentual do PIB para cima e para baixo em cada ano; (v) aplicação de mecanismos de correção: caso o resultado primário do Governo Central fique abaixo do limite inferior do intervalo de tolerância, o crescimento máximo das despesas no ano seguinte cai de 70% para 50% do crescimento da receita; e (vi) caso o resultado primário do Governo Central fique acima do limite superior do intervalo de tolerância, o excedente poderá ser usado para investimentos públicos.

Espera-se que, com tais lineamentos, a Lei Orçamentária Anual para 2024 (a ser elaborada conforme constar na LDO) confirme a pretensão de um novo modelo de governança para as prioridades e metas federais.

Independentemente das ideologias dos que ocupam as funções governativas e se assentam em lugares de poder - algo que naturalmente acarreta variações no modo de encarar as finanças públicas -, estamos diante de um dado inarredável de nossos tempos: o imperativo da manutenção de uma perspectiva de sustentabilidade fiscal. As presentes e futuras gerações certamente agradecem pelo trilhar desta senda virtuosa.

O DUELO IDEOLÓGICO FISCAL: ENTRE A AUSTERIDADE E O DESENVOLVIMENTISMO

PUBLICADO EM JUNHO DE 2023

Em todas as áreas do conhecimento humano, é muito comum encontrarmos posicionamentos distintos - por vezes até antagônicos - quanto à visão e convicção sobre os mesmos temas e questões.

Na política, por exemplo, contrastam as visões da direita e da esquerda, as quais se refletem na economia especialmente quanto ao papel do Estado (se neutro ou intervencionista), a partir das posições adotadas por governos liberais ou socialistas.

Igualmente, no Direito, tal cisão é também muito comum. Assim ocorre no Direito Penal, diante de posicionamentos distintos de "garantistas" e de "punitivistas". Já no Direito Tributário, temos aqueles que são "pró-fisco" e os que são "pró-contribuinte". No Direito Internacional Público, há a corrente subjetivista e a objetivista. O fato é que, em quase todas as áreas do Direito, existem ao menos duas linhas de pensamento.

Entretanto, em todos esses casos, não é possível afirmar que um dos lados é o correto e o outro equivocado. Trata-se apenas de ideologias distintas.

No texto de hoje da Coluna Fiscal, pretendemos deitar o olhar sobre as distintas formas de aplicação das normas do Direito Financeiro, com especial destaque para os que interpretam os seus dispositivos constitucionais ou legais sob a ótica do equilíbrio e da austeridade fiscal, de um lado, enquanto outros adotam a linha desenvolvimentista, que se caracteriza pela intervenção estatal na economia, pregando o investimento direto de recursos públicos no fomento da produção industrial, do comércio e dos serviços, a fim de gerar empregabilidade e incremento da renda e reduzir as desigualdades sociais, além da utilização do incremento da "máquina estatal" e do funcionalismo público para os mesmos fins.

Em síntese, esse debate gira em torno, essencialmente, da proposta de controlar ou não os gastos públicos de um lado, e de incrementar ou não a arrecadação de receitas públicas, do outro, e, em paralelo, administrar o crédito público através das taxas de juros (elevadas ou reduzidas), assim como pelo controle e direcionamento de instituições financeiras públicas de fomento e de empresas estatais aos seus objetivos.

Este último, o desenvolvimentismo no Brasil, tende a considerar como não imperativas as normas que direcionam ao equilíbrio fiscal e à sustentabilidade financeira, diversamente do liberalismo que as tomam com maior rigor e as interpretam de maneira ampliativa.

Neste duelo ideológico, um dos principais aspectos é o do equilíbrio fiscal, revelado pela busca de superávits fiscais e redução da dívida pública, ou, ao revés, pelas propostas de aceitação e convivência com déficits públicos.

A previsão legal do equilíbrio fiscal já podia ser encontrada nos arts. 7º, § 1º e 48, alínea "b" da Lei nº 4.320/1964. Isso porque o primeiro dispositivo prevê que, em casos de déficit, "a Lei de Orçamento indicará as fontes de recursos que o Poder Executivo fica autorizado a utilizar para atender a sua cobertura". O segundo já autorizava o contingenciamento de despesas, ao disciplinar a fixação de cotas trimestrais de despesas. Para tanto, tal regra expressamente estabelece que se deverá "manter, durante o exercício, na medida do possível o equilíbrio entre a receita arrecadada e a despesa realizada, de modo a reduzir ao mínimo eventuais insuficiências de tesouraria".

Outro importante dispositivo que traduz o princípio do equilíbrio fiscal é o § 1º do art. 1º da Lei de Responsabilidade Fiscal - LRF (LC 101/2000), que estabelece a ação planejada e transparente para a prevenção de riscos e a correção de desvios capazes de afetar o equilíbrio das contas públicas, mediante o cumprimento de metas de resultados entre receitas e despesas e a obediência a limites e condições no que tange à renúncia de receita, geração de despesas com pessoal, da seguridade social e outras, dívidas consolidada e mobiliária, operações de crédito, inclusive por antecipação de receita, concessão de garantia e inscrição em Restos a Pagar. Com igual sentido, o art. 4º, inciso I, alínea *a*, da mesma LC nº 101/2000, determina que a lei de diretrizes orçamentárias disponha sobre o equilíbrio entre receitas e despesas.

Dentre os vários dispositivos da LRF, merece destaque, ainda, o artigo 9º. Este impõe que, caso verificado, ao final de um bimestre, que a realização da receita poderá não comportar o cumprimento das metas de resultado primário ou nominal estabelecidas no Anexo de Metas Fiscais, os Poderes e o Ministério Público deverão promover, por ato próprio e nos montantes necessários, nos trinta dias subsequentes, limitação de empenho e movimentação financeira, segundo os critérios fixados pela lei de diretrizes orçamentárias.

A Constituição Federal de 1967, em seu art. 66, versava, expressamente, sobre o equilíbrio fiscal (equilíbrio fiscal em sentido formal): "Art. 66. O montante da despesa autorizada em cada exercício financeiro não poderá ser superior ao total das receitas estimadas para o mesmo período". Já a Constituição Federal de 1988 não trouxe o respectivo princípio de modo expresso, substituindo a previsão constitucional anterior pela chamada "Regra de Ouro" do equilíbrio fiscal contemporâneo (equilíbrio fiscal em sentido material), nos termos do art. 167, inciso III, que assim dispõe: "São vedados: III – a realização de operações de crédito que excedam o montante das despesas de capital, ressalvadas as autorizadas mediante créditos suplementares ou especiais com finalidade precisa, aprovados pelo Poder Legislativo por maioria absoluta".

Na mesma linha da limitação de empenho da LRF, temos na Constituição atual o artigo 167, § 18, estabelecendo que, se for verificado que a reestimativa da receita e da despesa poderá resultar no não cumprimento da meta de resultado fiscal estabelecida na lei de diretrizes orçamentárias, os montantes destinado às emendas individuais e de bancada impositivas (previstos nos §§ 11 e 12 deste artigo) poderão ser reduzidos em até a mesma proporção da limitação incidente sobre o conjunto das demais despesas discricionárias.

Sem o objetivo de esgotar os exemplos constitucionais, destacamos ainda o artigo 167-A: caso seja apurado que, no período de 12 (doze) meses, a relação entre despesas correntes e receitas correntes supera 95% (noventa e cinco por cento), no âmbito dos Estados, do Distrito Federal e dos Municípios, é facultado aos Poderes Executivo, Legislativo e Judiciário, ao Ministério Público, ao Tribunal de Contas e à Defensoria Pública do ente, enquanto permanecer a situação, aplicar o mecanismo de ajuste fiscal através de uma série de vedações com gastos de pessoal. Igual linha temos na previsão do artigo 169, determinando que a despesa com pessoal ativo e inativo e pensionistas da União, dos Estados, do Distrito Federal e dos Municípios não pode exceder os limites estabelecidos em lei complementar.

Em paralelo ao equilíbrio fiscal, temos assistido à ascensão e consolidação do ideal de sustentabilidade financeira, postulado que busca não só um equilíbrio das contas públicas na relação entre despesas e receitas, mas almeja alcançar resultados eficientes que permitam a protração no tempo deste equilíbrio de modo estável ou sustentável para as presentes e futuras gerações, com a gestão racional e prudente da dívida pública, numa noção de solidariedade e equidade intergeracional. Noutras palavras, podemos dizer que a sustentabilidade fiscal busca garantir a capacidade de o Estado manter a sua solvabilidade e satisfazer necessidades atuais sem comprometer a satisfação das necessidades futuras.

A importância da sustentabilidade fiscal (financeira, orçamentária e da dívida) tem sido cada vez mais reconhecida. Não à toa, a Emenda Constitucional nº 109/2021 introduziu expressamente na Constituição Federal a previsão da sustentabilidade da dívida pública em diversos dispositivos. No conteúdo da Lei de Diretrizes Orçamentárias, inseriu o preceito de se garantir a "trajetória sustentável da dívida pública" (art. 165, § 2º). No artigo 163, inciso VIII, acrescentou que lei complementar disporá sobre a sustentabilidade da dívida, especificando: a) indicadores de sua apuração; b) níveis de compatibilidade dos resultados fiscais com a trajetória da dívida; c) trajetória de convergência do montante da dívida com os limites definidos em legislação; d) medidas de ajuste, suspensões e vedações; e) planejamento de alienação de ativos com vistas à redução do montante da dívida. E acrescentou o artigo 164-A para estabelecer que a "União, os Estados, o Distrito Federal e os Municípios devem conduzir suas políticas fiscais de forma a manter a dívida pública em níveis sustentáveis, na forma da lei complementar referida no inciso VIII do caput do art. 163 desta Constituição". E o respectivo parágrafo único contempla que a "elaboração e a execução de planos e orçamentos devem refletir a compatibilidade dos indicadores fiscais com a sustentabilidade da dívida".

O embate entre as diferentes formas de pensar as contas públicas é algo que sempre existirá em qualquer sociedade contemporânea, inclusive no Brasil. Contudo, nos últimos anos, como visto nos parágrafos anteriores, surgiram em profusão dispositivos constitucionais e legais de direito financeiro que não podem ser ignorados. O ponto central repousará na *interpretação jurídica* a ser realizada sobre esse arcabouço normativo, colocando para os poderes constituídos e a sociedade brasileira um verdadeiro desafio: como trilhar um caminho que, sem perder de vista a realização de direitos fundamentais e sociais, garanta o desenvolvimento sustentável de nossa nação.

A ATUAL CULTURA DE LITIGIOSIDADE FISCAL E A URGENTE REFORMA TRIBUTÁRIA

PUBLICADO EM JULHO DE 2023

Em todas as manchetes dos últimos dias temos nos deparado com notícias sobre os projetos de emenda constitucional que pretendem implementar uma "reforma tributária" e que hoje estão tramitando a passos largos – na Câmara de Deputados (PEC 45/2019) e no Senado Federal (PEC 110/2019).

Em decorrência das diferentes características das referidas propostas de reforma tributária, temos assistido a inúmeros debates sobre alguns de seus aspectos e respectivas variações, como, por exemplo, a instituição de um "IVA-Dual", de um "IBS" ou uma 'CBS", "imposto sobre o pecado", revisão das regras do imposto de renda, mecanismos de "*cashback*", dentre outros.

Os argumentos contra e a favor de cada uma das propostas já foram bastante divulgados, sobretudo aqueles que se referem aos interesses arrecadatórios de Estados e Municípios.

É igualmente ampla e notória a consciência de todos os interessados e envolvidos no sentido de que qualquer reforma tributária deverá criar um sistema tributário: 1 - com maior simplicidade e transparência; 2 - com estabilidade e segurança jurídica; 3 - com igualdade e respeito à capacidade contributiva do contribuinte; 4 - com garantia ao modelo federativo; 5 - com uma transição justa, segura e eficiente; 6 - sem tratamentos especiais ou favorecidos e regimes fiscais excepcionais para setores econômicos ou corporativos; 7 - com o aproveitamento dos avanços tecnológicos que temos hoje em dia.

Na Coluna Fiscal deste mês, a nossa contribuição para esse debate não envolve nenhum aspecto propriamente dito das propostas, mas tão somente a análise de uma relevante e nefasta consequência - em nossa visão e experiência de mais 30 anos de contencioso tributário - que nos foi gerada pelo atual sistema tributário brasileiro: a criação de uma cultura de litigiosidade na seara tributária.

Tal referência a uma "cultura de litigiosidade tributária" retrata o que para nós parece ser uma indesejável prática que se consolidou em nosso país nas últimas décadas - tanto por parte de contribuintes, quanto da Fazenda Pública - de excessiva utilização de processos judiciais, e do conjunto de medidas recursais cabíveis, para questionar toda a sorte de temas na área tributária.

Acreditamos haver quatro atores nesse contexto que têm, cada qual, sua parcela de contribuição e certa "responsabilidade" na criação dessa cultura. São eles: o legislador, o contribuinte, a Fazenda Pública e o Judiciário.

O legislador pátrio contribui para o aumento da litigiosidade na medida em que cria um número elevado e excessivo de leis tributárias, na maior parte das vezes complexas, demasiadamente detalhadas ou dotadas de conceitos abertos e indeterminados, além de contemplar no processo legislativo apelos e interesses setoriais específicos de determinadas regiões, de grupos econômicos ou de corporações, criando regras excepcionais de regimes especiais ou de benefícios fiscais.

Por sua vez, entendemos que tem sido comum ao contribuinte em geral (sobretudo aquele que dispõe de assessoria jurídica qualificada e competente) adotar uma prática de litigância tributária recorrente visando ao aproveitamento de "brechas interpretativas", tanto para ver-se excluído da obrigação tributária, como para reduzir a carga fiscal incidente sobre suas atividades ou rendas, para postergar o pagamento de tributos, ou, ainda, para obter o seu enquadramento em regimes especiais ou desonerativos aos quais não faria jus sem uma decisão judicial que lhe conferisse tal benefício.

Quanto à Fazenda Pública, é comum vermos práticas como a recorribilidade de questões já pacificadas na jurisprudência tão somente para postergar o desfecho de um resultado que lhe é desfavorável ou, ainda, a inadequada cobrança judicial de créditos tributários indevidos ou mesmo irrecuperáveis através de ações de execução fiscal por vezes desnecessárias ou até temerárias.

Por último, o Poder Judiciário tem a sua parcela de responsabilidade na medida em que decisões judiciais são proferidas de forma não uniforme sobre os mesmos temas ou em contrariedade ao firmado em jurisprudência vinculante e, em alguns casos, com mudanças de posições inopinadas que só causam instabilidade e insegurança jurídica.

Ninguém discorda de que é imperiosa e urgente uma reforma em nosso sistema tributário. Na mesma toada, todos estão de acordo de que qualquer reforma tributária que venha a ser implementada deve tornar mais justo e simples o sistema tributário brasileiro, permitindo o cumprimento por todos os brasileiros do seu dever fundamental de pagar tributos, com respeito aos seus direitos fundamentais, fomentando o desenvolvimento econômico, produtivo e a empregabilidade, com a redução das desigualdades sociais e regionais, erradicando a pobreza e promovendo o bem de todos, assegurando a realização de políticas públicas eficientes, necessárias e prioritárias para o Brasil.

Entretanto, pensamos que esta cultura de litigiosidade tributária precisará ser, de alguma maneira, considerada por qualquer reforma tributária que venha a ser implementada, para que não tenhamos um incremento ainda maior de conflitos judiciais nessa matéria, de modo a evitar que o atual passivo litigioso do sistema tributário seja acrescido de novas demandas judiciais decorrentes do modelo fiscal a ser em breve instituído.

AUDIÊNCIAS PÚBLICAS NA ELABORAÇÃO DAS LEIS ORÇAMENTÁRIAS

PUBLICADO EM AGOSTO DE 2023

O mês de agosto de cada ano é um período de muita ebulição no que se refere ao orçamento público, especialmente em nível federal: no último dia desse mês, encerra-se o prazo constitucionalmente fixado para o encaminhamento do projeto de lei orçamentária anual (LOA) pelo Poder Executivo ao Legislativo, a fim de que, ao final dos debates no Parlamento e eventuais emendas, seja aprovado como lei ordinária ainda no mesmo exercício legislativo, para viger no ano subsequente.

Já quanto ao projeto de lei de diretrizes orçamentárias (LDO), este deve ser encaminhado até 15 de abril e aprovado até o fim do mês de junho do ano anterior ao de sua vigência. Porém, não é incomum que ambas as propostas – da LOA e da LDO – acabem sendo debatidas conjuntamente, apesar da antecedência desta em relação àquela, como condição da sua elaboração.

É neste contexto anual de debates sobre o orçamento público que um fenômeno – muito positivo, aliás – vem se consolidando: a realização de audiências públicas sobre o tema, com a participação conjunta da sociedade civil e de órgãos governamentais.

O fato é que costumamos nos debruçar sobre situações em que certas normas legais cogentes acabam sendo desconsideradas e não aplicadas, e esquecemos-nos de destacar e enaltecer aquelas situações em que um dispositivo legal passa a ser observado, criando uma nova prática para aquela circunstância.

As audiências públicas que antecedem a aprovação das leis orçamentárias, como um mecanismo efetivo de cidadania fiscal, surgiram como corolários da transparência fiscal desde a redação original da Lei de Responsabilidade Fiscal (LRF – LC nº 101/2000), no parágrafo único de seu artigo 48: "A transparência será assegurada também mediante incentivo à participação popular e *realização de audiências públicas*, durante os processos de elaboração e de discussão dos planos, lei de *diretrizes orçamentárias e orçamentos*" (no texto ora em vigor, renumerado para § 1º, inciso I).

Esta previsão da LRF conecta-se com outra de extração constitucional acerca de uma das missões institucionais do Congresso Nacional e de suas Casas Legislativas: a de suas comissões realizarem audiências públicas com entidades da sociedade civil em razão da matéria de sua competência (art. 58, § 2º, I, CF/1988).

No caso da matéria orçamentária federal, é a Comissão Mista de Planos, Orçamentos Públicos e Fiscalização (CMO) do Congresso Nacional a responsável por promover tais audiências públicas. A Resolução nº 1/2001 do Congresso Nacional, seguindo de perto a norma da LRF que fora promulgada um ano antes, impôs à CMO a obrigação de realizar audiências públicas para o debate e o aprimoramento dos projetos do plano plurianual (PPA), da LDO e da LOA, bem como para o cumprimento de suas atribuições no acompanhamento e fiscalização da execução orçamentária e financeira. A mesma obrigação está atualmente prevista no art. 4º da Resolução nº 1/2006 do Congresso Nacional, que rege hoje o tema e revogou a Resolução nº 1/2001 CN.

Ao serem tramitados na CMO os projetos de PPA, LDO e LOA, devem ser obedecidos os seguintes prazos para audiências públicas: *a)* na tramitação da LOA, até 30 dias para realização de audiências públicas, a partir do recebimento do projeto (art. 82, II, Resolução nº 1/2006 CN); *b)* na tramitação da LDO, até 7 dias para a realização de audiências públicas, a partir da distribuição dos avulsos[4] (art. 92, II, Resolução nº 1/2006 CN); *c)* na tramitação do PPA, até 14 dias para a realização de audiências públicas, a partir da distribuição dos avulsos (art. 105, II, Resolução nº 1/2006 CN).

A CMO poderá realizar audiências públicas regionais, para debater os projetos de LOA e PPA, quando de interesse de Estado ou Região Geográfica (art. 29, § 2º e art. 96, Resolução nº 1/2006 CN). Para o debate e o aprimoramento do projeto de LOA, a CMO também convidará em audiência pública Ministros ou representantes dos órgãos de Planejamento, Orçamento e Fazenda do Poder Executivo e representantes

---

[4] Um "avulso" é uma publicação oficial composta por textos de proposições, pareceres e outras manifestações que subsidiem diretamente a apreciação da matéria. Um projeto de lei orçamentária, após sua apresentação, é publicado em avulso para distribuição aos membros da CMO.

dos órgãos e entidades integrantes das áreas temáticas (art. 29, *caput*, Resolução n° 1/2006 CN).

Quanto ao projeto da LDO, antes da apresentação do Relatório Preliminar, será realizada audiência pública com o Ministro do Planejamento, Orçamento e Gestão para discussão do projeto (art. 84, Resolução n° 1/2006 CN). O Presidente da CMO poderá solicitar ao Ministro que encaminhe, no prazo de até 5 dias antes da audiência, textos explicativos sobre: I - as prioridades e metas para o exercício seguinte, nos termos do art. 165, § 2°, da CF/1988; II - as metas para receita, despesa, resultado primário e nominal, e montante da dívida pública, nos termos do art. 4° da LRF; III - os critérios para distribuição de recursos entre projetos novos, projetos em andamento e conservação do patrimônio público; IV - o relatório que contém as informações necessárias à avaliação da distribuição de que trata o inciso III, conforme determina o art. 45 da LRF. O Presidente também poderá solicitar ao Ministro o encaminhamento de textos explicativos sobre as demais matérias pertinentes ao conteúdo do projeto e seus anexos, a pedido do Relator.

A propósito, a CMO recentemente aprovou plano de trabalho com as audiências públicas acerca do projeto da LDO que entrará em vigor em 2024 (PLN 4/2023).[5] A primeira audiência pública deve ocorrer ainda neste mês de agosto de 2023, com a ministra do Planejamento, Simone Tebet. Também serão convidados à audiência pública na CMO o atual ministro da Fazenda, Fernando Haddad, o ex-Ministro Henrique Meirelles, o ex-presidente do Banco Central Armínio Fraga, o ex-secretário do Tesouro Jeferson Bittencourt, representantes do Instituto de Ensino e Pesquisa (Insper), da Fundação Getúlio Vargas (FGV) e das Consultorias de Orçamento do Senado e da Câmara.

O plano de trabalho da CMO prevê ainda audiências públicas em todas as regiões brasileiras, em agosto e setembro de 2023, para colher sugestões da população e da sociedade civil organizada. Até o presente momento, estão previstos debates no Rio Grande do Sul, Bahia, Tocantins, Paraná, Rio de Janeiro, Amazonas, São Paulo, Ceará, Alagoas, Goiás, Minas Gerais e Paraíba.

Além disso, não nos esqueçamos de que a LRF – a qual prevê as audiências públicas em matéria orçamentária desde o ano 2000 – é uma

---

5 Fonte: Agência Senado. Disponível em: https://www12.senado.leg.br/noticias/materias/2023/08/08/cmo-aprova-lista-de-audiencias-para-adaptar-ldo-2024-ao-arcabouco-fiscal lei complementar de caráter nacional, abarcando a todos os entes federados. Assim, a estrutura de audiências públicas acima exposta, com as devidas adaptações decorrentes da autonomia e da legislação locais, também se faz presente nas Câmaras de Vereadores, Câmara Distrital e Assembleias Legislativas espalhadas pelo Brasil.

Embora as sugestões e propostas feitas no âmbito de tais audiências públicas em matéria orçamentária não sejam vinculantes para a Administração Pública, a sua efetiva realização se tornou, por via legal, parte integrante e constitutiva do devido processo legal de elaboração das leis orçamentárias nos três níveis federados de nosso país.

Dar a oportunidade de o povo ser ao menos ouvido antes de serem decididos os rumos orçamentários da nação deixou de ser uma mera opção, e é alvissareiro – não apenas aos cultores do Direito Financeiro – para toda a sociedade brasileira que essa boa prática de participação popular ativa tenha sido definitivamente incorporada à nossa cultura fiscal.

SUSTENTABILIDADE FINANCEIRA: O PILAR DO ARCABOUÇO FISCAL DA LC Nº 200/2023

PUBLICADO EM SETEMBRO DE 2023

Proveniente do PLP 93/2023, a recém-saída do forno Lei Complementar nº 200, de 30 de agosto de 2023, ficou conhecida como "novo arcabouço fiscal", tendo sido editada para substituir o regime de Teto de Gastos criado pela Emenda Constitucional nº 95/2016. Infelizmente, os efeitos fiscais pretendidos por essa emenda constitucional não foram alcançados, além de ter sido objeto de críticas quanto à sua abrangência e excessiva rigidez, inclusive por restringir o real crescimento dos gastos com direitos fundamentais e sociais.

Enquanto o "teto de gastos" limitava o crescimento das despesas anuais do governo federal apenas com base no índice oficial de variação da inflação do ano anterior (não havendo crescimento real das despesas públicas), as regras do novo "arcabouço fiscal" estabelecem que as despesas podem crescer acima da inflação, desde que haja efetivo aumento na arrecadação, sendo que o seu montante deverá estar sempre abaixo do valor de receitas efetivamente recebidas, garantindo um resultado fiscal anual positivo (superávit fiscal), necessário para obter a almejada sustentabilidade financeira e, consequentemente, reduzir paulatinamente o montante da dívida pública.

Sua origem normativa está no texto do artigo 6º da EC nº 126/2023, o qual dispõe que "o Presidente da República deverá encaminhar ao Congresso Nacional, até 31 de agosto de 2023, projeto de lei complementar com o objetivo de instituir regime fiscal sustentável para garantir a estabilidade macroeconômica do País e criar as condições adequadas ao crescimento socioeconômico, inclusive quanto à regra estabelecida no inciso III do caput do art. 167 da Constituição Federal".

A exposição de motivos do referido projeto de lei consignava que:

> *propõe-se um novo regime fiscal que garante a sustentabilidade fiscal de médio e longo prazo (despesas crescendo menos que a receita), mas com flexibilidade para se adequar a diferentes ciclos econômicos e políticos e*

> *voltada à indução de condutas, buscando absorver o que há de fronteira nas discussões sobre regras fiscais no mundo.*

Adicionalmente, o PLP atendeu ao comando expresso no artigo 163, VIII da Constituição, que determinava que uma lei complementar dispusesse sobre o então novo princípio financeiro-orçamentário, incluído pela Emenda Constitucional nº 109/2021 - a sustentabilidade da dívida, devendo especificar: a) indicadores de sua apuração; b) níveis de compatibilidade dos resultados fiscais com a trajetória da dívida; c) trajetória de convergência do montante da dívida com os limites definidos em legislação; d) medidas de ajuste, suspensões e vedações; e) planejamento de alienação de ativos com vistas à redução do montante da dívida.

A LC nº 200/2023 inicia o texto esclarecendo o seu objeto: aplica-se às receitas primárias e às despesas primárias dos orçamentos fiscal e da seguridade social da União, ou seja, não se aplicando às receitas e despesas financeiras (por exemplo, juros da dívida pública).

O mesmo artigo 1º traz a observação de que a lei deve ser conjugada com as limitações e condicionantes para a geração de despesas e de desonerações fiscais previstas na Lei de Responsabilidade Fiscal. Portanto, é importante compreender que ambas - LC nº 101/2000 e LC nº 200/2023 - devem ser aplicadas conjuntamente, o que, inequivocamente, potencializa o efeito de uma gestão fiscal responsável.

Merece também destaque o comando da nova lei que, além de impor limites ao crescimento da despesa e buscar uma adequada gestão das receitas, estabelece a necessidade de se conduzir a política fiscal com a adoção de medidas preventivas e corretivas para evitar a insustentabilidade intertemporal das contas públicas. Ou seja, afora tratar-se de uma regra que atingirá e influenciará a gestão de vários anos à frente (e governos subsequentes), talvez este seja o primeiro passo para ir ao encontro da almejada equidade intergeracional fiscal.

Para atingir tal objetivo, a fixação de metas fiscais superavitárias é, segundo a LC nº 200/2023, a chave mestra para se garantir a sustentabilidade financeira.

Assim, o que a lei intitula como "metas fiscais compatíveis com a sustentabilidade da dívida" encontra previsão no § 1º do seu artigo 2º, ao expressamente esclarecer que se considera compatível com a sustentabilidade da dívida pública o estabelecimento de metas de resultados primários, nos termos das leis de diretrizes orçamentárias, até a estabilização da relação entre a Dívida Bruta do Governo Geral (DBGG) e o Produto Interno Bruto (PIB).

E, na mesma linha do que já era em parte previsto na Constituição (art. 165, § 2º) e na LRF (art. 4º), a Lei de Diretrizes Orçamentárias (LDO) deverá anualmente estabelecer as diretrizes de política fiscal e as respectivas metas anuais de resultado primário do Governo Central, para o exercício a que se referir e para os 03 (três) seguintes, devendo ser compatíveis com a trajetória sustentável da dívida pública. Por sua vez, a trajetória de convergência do montante da dívida, os indicadores de sua apuração e os níveis de compatibilidade dos resultados fiscais com a sustentabilidade da dívida deverão constar do Anexo de Metas Fiscais da lei de diretrizes orçamentárias.

Outro importante mecanismo adotado pela LC nº 200/2023 é a limitação de despesas por órgão e poder. Neste aspecto, a lei impõe aos Poderes Executivo, Judiciário e Legislativo federais, ao Ministério Público da União e à Defensoria da União, limites individualizados para o montante global das dotações orçamentárias relativas às respectivas despesas primárias, tendo como base as dotações previstas na Lei Orçamentária Anual de 2023 (Lei nº 14.535/2023), incluindo-se créditos especiais e suplementares vigentes no exercício. Tais dotações deverão ser corrigidas a cada exercício pela variação acumulada do Índice Nacional de Preços ao Consumidor Amplo (IPCA), ou de outro índice que vier a substituí-lo, acrescidos da variação real da despesa, calculada conforme a disciplina estabelecida na própria LC nº 200/2023. E este mesmo dispositivo (art. 3º) elencou uma série de despesas que foram excluídas da respectiva base de cálculo.

O ponto central da lei - crescimento real das despesas - está contido no artigo 5º, ao estabelecer que a variação real dos limites de despesa primária será cumulativa e ficará limitada, em relação à variação real da receita primária, nas seguintes proporções: I - 70%, caso a meta de resultado primário apurada no exercício anterior ao da elaboração da lei orçamentária anual tenha sido cumprida; ou II - 50%, caso a meta de resultado primário apurada no exercício anterior ao da elaboração da lei orçamentária anual não tenha sido cumprida. Outrossim, o crescimento real dos limites da despesa primária não será inferior a 0,6% ao ano e nem superior a 2,5% ao ano.

Noutras palavras, as despesas públicas poderão crescer acima da variação oficial da inflação, mas dentro de uma faixa que vai de 0,6% a

2,5% de crescimento real ao ano. Assim, se as contas públicas estiverem dentro da meta fiscal estabelecida, o aumento do montante dos gastos públicos terá um limite de 70% do crescimento das receitas primárias, ao passo que, se o resultado primário ficar abaixo da meta estipulada, o limite para os gastos cai para 50% do crescimento da receita pública.

A grande virtude da LC nº 200/2023 - a garantia da sustentabilidade fiscal - está justamente em vincular a possibilidade de crescimento das despesas públicas ao incremento das receitas públicas, desde que haja cumprimento das metas fiscais.

Esperemos que desse mais recente esforço do constituinte derivado com a EC nº 126/2023, conjugado com o do legislador que gestou a LC nº 200/2023, possam brotar frutos que, sem descuidar dos gastos sociais, afiancem a tão desejada sustentabilidade financeira como um dos pilares para o desenvolvimento nacional.

A EVOLUÇÃO DO DIREITO FINANCEIRO NOS 35 ANOS DA CONSTITUIÇÃO FEDERAL DE 1988 – AVANÇOS E RETROCESSOS

PUBLICADO EM OUTUBRO DE 2023

Nestes recém-completados 35 anos de vigência da Constituição Federal de 1988, o Direito brasileiro passou por um processo de evolução e amadurecimento na ordem política, jurídica, econômica e social, ao consolidar a transição de um regime autoritário para o democrático, solidificando o nosso Estado Democrático de Direito.

A efetividade dos direitos fundamentais e sociais se consolidou como argamassa para estabelecer uma estrutura jurídico-constitucional que permitisse garantir ao cidadão – como direito subjetivo deste e dever do Estado – os bens e serviços necessários para a sua existência com dignidade e possibilidade de florescimento pessoal.

Para acompanhar a crescente demanda da atividade estatal em favor da sociedade brasileira, o nosso sistema tributário ganhou uma nova dimensão, complexidade e elevada carga fiscal (partindo de cerca de 23% do PIB na época da promulgação da Constituição Federal de 1988 para atuais 34%).

E como a outra face da mesma moeda, o Direito Financeiro não apenas saiu do obscurantismo, como também ganhou pujança normativa e protagonismo na seara fiscal e no Direito Público, tanto em nível constitucional, como em nível de normas gerais infraconstitucionais.

Inúmeras leis complementares de Direito Financeiro – instituindo normas gerais – foram editadas na vigência da nossa Constituição, tais como: a LC **61/89** (repartição de receita tributária); a LC **62/89** (liberações dos recursos do Fundo de Participação dos Estados e do Distrito Federal e do Fundo de Participação dos Municípios); a LC **63/90** (repartição de receita tributária); a LC **91/97** (coeficientes de distribuição do Fundo de Participação dos Municípios); a LC **101/00** (responsabilidade na gestão fiscal); a LC **106/2001** (coeficientes de distribuição do Fundo de Participação dos Municípios); a LC **111/2001** (Fundo de

Combate e Erradicação da Pobreza); a LC 131/2009 (transparência; execução orçamentária); a LC 141/ 2012 (despesas com saúde); a LC 143/2013 (critérios de rateio do Fundo de Participação dos Estados e DF); a LC 148/2014 (refinanciamento de dívidas contraídas com a União); a LC 151/2015 (refinanciamento de dívidas contraídas com a União); a LC 156/2016 (plano de auxílio a Estados e DF; refinanciamento de dívidas contraídas com a União); a LC 159/2017 (regime de recuperação fiscal dos Estados e DF); a LC 164/2018 (sanções a Municípios por descumprimento dos limites de despesa com pessoal); a LC 165/2019 (coeficientes de distribuição do Fundo de Participação dos Municípios); a LC 172/2020 (transposição e transferência de saldos financeiros dos Fundos de Saúde dos Estados, DF e Municípios provenientes de repasses federais); a LC 173/2020 (programa de enfrentamento à COVID-19); a LC 176/2020 (transferências obrigatórias da União para os demais entes políticos); a LC 177/2021 (limites a contingenciamento de despesas relativas à inovação e ao desenvolvimento científico e tecnológico); a LC 180/2021 (despesas no bojo do programa de enfrentamento à COVID-19); a LC 181/2021 (saldos financeiros; prazos de transposição, transferência, transposição e de reprogramação orçamentária pelos entes políticos); a LC 189/2022 (regime de recuperação fiscal de Estados e DF; aditivo ao acordo federativo; plano de recuperação fiscal); LC 191/2022 (programa de enfrentamento à COVID-19 e despesas com servidores públicos civis e militares da área de saúde e da segurança pública); a LC 195/2022 (ações emergenciais, em razão da COVID-19, no setor cultural); a LC 197/2022 (saldos financeiros; prazos de transposição, transferência, transposição e de reprogramação orçamentária pelos entes políticos); a LC 198/2023 (coeficientes de distribuição do Fundo de Participação dos Municípios); a LC 200/2023 (sustentabilidade da dívida pública; regime fiscal sustentável).

Dentre todas essas, em minha opinião, a mais relevante foi a **Lei Complementar nº 101/2000**, que nos brindou com a Lei de Responsabilidade Fiscal, e criou – ao menos formalmente – um novo regime e cultura para o trato das contas públicas em nosso país, pautados em padrões internacionais de *accountability* e de boa governança, com destaque para princípios como a transparência, planejamento e sustentabilidade fiscal.

Apesar dos efeitos positivos dela decorrentes já efetivados, ainda não se conseguiu superar o elevado tamanho da dívida pública e dos déficits fiscais recorrentes. Ademais, ainda há mecanismos legais nela previstos que não foram regulamentados – tais como o Conselho de Gestão Fiscal (art. 67) e a imposição de limites para a dívida pública federal –, sem olvidar da imperatividade das regras de limitações com despesa de pessoal que, não obstante as previsões legais (e agora constitucionais), sempre acabam sendo objeto de "brechas" ou justificativas para serem burladas, com gradativa expansão de tais gastos.

Também merece destaque a mais recente **Lei Complementar nº 200/2023**, que criou o novo regime de sustentabilidade fiscal (conhecido também por "novo arcabouço fiscal") em substituição ao regime do teto de gastos, numa nítida demonstração de que não desistimos de estabelecer uma gestão fiscal sustentável e responsável, sem afastar a possibilidade de crescimento das despesas públicas – sobretudo aquelas relacionadas a gastos fundamentais – quando do incremento das receitas públicas, desde que haja cumprimento das metas fiscais.

Por sua vez, na esfera constitucional, também foram editadas diversas emendas constitucionais (talvez até em demasia em se tratando de foro constitucional). Dentre elas, citamos: a EC 10/1996 (Fundo Social de Emergência); a EC 14/1996 (despesas com educação); a EC 17/1997 (Fundo Social de Emergência); a EC 25/2000 (limites de despesa; Poder Legislativo municipal); a EC 27/2000 (DRU); a EC 29/2000 (despesas com saúde); a EC 30/2000 (precatório; ordem de preferência de pagamento); a EC 31/2000 (Fundo de Combate e Erradicação da Pobreza); a EC 43/2004 (transferências obrigatórias; recursos para Centro-Oeste e Nordeste destinados à irrigação); a EC 50/2006 (repartição de receita tributária); a EC 53/2006 (despesa com educação); a EC 55/2007 (Fundo de Participação dos Municípios); a EC 56/2007 (DRU); a EC 59/2009 (despesas com educação); a EC 62/2009 (precatório; regime especial de pagamento pelos Estados, DF e Municípios); a EC 67/2010 (Fundo de Combate e Erradicação da Pobreza); a EC 68/2011 (DRU); a EC 84/2015 (Fundo de Participação dos Municípios); a EC 85/2015 (transposição, remanejamento e transferência de recursos no segmento da ciência, tecnologia e inovação); a EC 86/2015 (execução orçamentária obrigatória; emendas individuais ao orçamento); a EC 89/2015 (transferências obrigatórias; recursos para Centro-Oeste e Nordeste destinados à irrigação); a EC 93/2016 (DRU, DRE e DRM); a EC 94/2016 (precatório; regime especial de pagamento para caso de mora); a EC 95/2016 (novo regime fiscal; limites de despesa pública); a EC 99/2017 (precatório; regime especial de pagamento para caso de mora); a EC 100/2019 (execução orçamentária obrigatória; emendas de parlamentares); a EC 102/2019 (leis orçamentárias); a EC 105/2019 (emendas ao projeto de lei orçamentária; receitas transferidas); a EC 106/2017 (regime extraordinário fiscal; COVID-19); a EC 108/2020 (repartição de receita tributária; FUNDEB); a EC 109/2021 (avaliação das políticas públicas); a EC 112/2021 (Fundo de Participação dos Municípios); a EC 113/2021 (precatório; regime de parcelamento); a EC 119/2022 (COVID-19; descumprimento dos percentuais de gastos mínimos em educação nos exercícios financeiros de 2020 e 2021); a EC 126/2022 (emendas individuais ao projeto de lei orçamentária); a EC 127/2023 (utilização de superávit financeiro para amortização de dívida pública e pagamentos); e a EC 128/2023 (exigência de fonte orçamentária e financeira necessária à realização da despesa).

Esta "ebulição normativa" no texto constitucional chama a atenção e permite formular algumas perguntas: acaso são necessárias quase quarenta emendas constitucionais para se levar a sério e serem respeitadas as regras do Direito Financeiro? Tais normas veiculadas por meio de emendas constitucionais são realmente de natureza e foro constitucional, ou poderiam vir por leis complementares ou mesmo leis ordinárias? É saudável para um ordenamento jurídico sofrer tantas alterações, especialmente na área das finanças públicas?

Exemplo destas indagações e constatação foi a necessidade de inserção no texto da Constituição de 1988, por meio da EC 109/2021, da imperatividade de avaliação das políticas públicas, como se algo óbvio e decorrente do bom senso não fosse naturalmente exigível do gestor público.

Ainda falando em Constituição Federal, frases de dois Ministros do STF (hoje aposentados) merecem ser repetidas e relembradas. Para o Ministro Carlos Ayres Britto (ADI 4048), a lei orçamentária é *"a lei materialmente mais importante do ordenamento jurídico logo abaixo da Constituição"*. Por sua vez, ao tratar do excesso da aprovação de emendas ao texto da Constituição, disse então o Ministro Marco Aurélio Mello que *"a Constituição precisa ser um pouco mais amada"*. Este mesmo Ministro, ao abordar a feição das leis orçamentárias como *"peças de ficção"*, verbalizou em seu voto no julgamento na ADI 4.663: "A lei *orçamentária ganha, então, contornos do faz de conta. Faz de conta que a Casa do Povo aprova certas destinações de recursos, visando às políticas públicas, sendo que o Executivo tudo pode, sem dizer a razão"*.

Por outro lado, não podemos deixar de enaltecer a evolução de posicionamento do Supremo Tribunal nas duas últimas décadas, quando passou a reconhecer materialidade e substancialidade ao conteúdo das leis orçamentárias, ao admitir que estas fossem submetidas a controle concentrado e abstrato de constitucionalidade (sobretudo por meio das Ações Diretas de Inconstitucionalidade).

Com isso, a Suprema Corte deu sua contribuição a fim de garantir, da parte do gestor público, maior atenção à correta elaboração e execução do orçamento (o qual poderá ser judicialmente controlado), em nítida afirmação de que a natureza da despesa pública, tanto na sua escolha como na sua realização, é, em sua essência, de origem jurídico-constitucional e deve contemplar mínimos essenciais e prioridades nos gastos públicos, em respeito a valores e princípios, em especial ao da dignidade da pessoa humana.

Algumas outras dificuldades no âmbito das finanças públicas e do Direito Financeiro ainda precisam ser superadas, dentro de um contexto em que ainda prevalece um espírito de "desvalorização orçamentária".

Apesar da vitória em ver inserido o Direito Financeiro como disciplina obrigatória nos cursos de graduação em Direito em todas as faculdades do país, assim como passar a ser exigido no Exame da Ordem dos Advogados do Brasil, a educação fiscal ainda é incipiente em nosso país. A conscientização fiscal deve estimular o cidadão a compreender os seus direitos e deveres cívicos, concorrendo para o fortalecimento do ambiente republicano e democrático, **imprescindível para qualquer nação que pretenda o bem-estar dos seus integrantes.**

Também ainda não conseguimos superar as práticas e o uso indiscriminado predatório de desonerações e incentivos fiscais (cujo custo-benefício permanece imensurável e incomprovado) e a malsinada guerra fiscal que ocorre em um modelo federativo que deveria ser *cooperativo* e não *competitivo*.

Ademais, o cumprimento das metas fiscais ainda é insatisfatório, dentro de uma equação complexa e sensível: ao mesmo tempo que não se podem vincular despesas constantes a receitas eventuais ou variáveis, sob pena de se gerar um desequilíbrio nas contas públicas e o consequente *déficit* fiscal orçamentário e insustentabilidade da dívida pública, não é recomendável que se tenha um excedente de receitas públicas sem a respectiva despesa, implicando um acúmulo de recursos financeiros sem uma efetiva aplicação nas necessidades coletivas.

Permanece nos assombrando o fantasma dos "restos a pagar", com o seu uso desordenado e seus efeitos deletérios na programação do exercício fiscal seguinte. E o sistema de precatórios continua excessivamente complexo e detalhado no próprio texto constitucional, com frequentes postergações temporais de seu adimplemento em favor dos entes federados devedores. O cidadão acaba tendo de esperar por anos a fio o pagamento de seu precatório, que não é meramente uma despesa, mas, antes de tudo, meio de cumprimento de uma obrigação constitucional.

Devemos também louvar o advento da impositividade orçamentária que, em regra, exige certa *sinceridade orçamentária* no cumprimento daquilo que foi previsto e aprovado pelo Legislativo na lei orçamentária anual. Nesse sentido, as próprias emendas parlamentares impositivas garantem aos representantes do povo um percentual mínimo de recursos a serem obrigatoriamente investidos em suas áreas de interesse e junto à população que os elegeu.

É claro que, na alocação de recursos de tais emendas parlamentares, sempre há o risco de interesses ideológicos que não levem em consideração os imperativos e urgências do país. Mas esse é o desafio da gestão do dinheiro público, descrito por Roberto Campos, ao afirmar que o **problema está em deixar a "*res publica*" ser tratada como se fosse coisa de ninguém, abrindo-se espaço para que a tratem como** "*cosa nostra*".

Nesses 35 anos de Constituição Federal e de evolução das normas do Direito Financeiro, devemos reconhecer a inequívoca necessidade de constantes ajustes face à realidade fática e contemporânea, a fim de evitar eventual descompasso a acarretar ruptura entre a ordem jurídica e a social e econômica. Precisamos, também, aceitar que o texto constitucional permanece vivo e está em constante desenvolvimento.

Acredito que a justiça fiscal e orçamentária envolverá, *pelo lado da receita pública*, uma arrecadação equitativa e equilibrada, provida de segurança jurídica e com respeito à igualdade e à capacidade contributiva, limitada pelo mínimo existencial e pelo máximo confiscatório, devendo ser suficientemente necessária para custear os gastos estatais; *pelo lado da despesa pública*, as escolhas devem ser criteriosas e a destinação eficiente, para que possa atender às necessidades públicas prioritárias, sobretudo no que tange aos mínimos necessários e aos direitos fundamentais e sociais.

Repetindo o que já afirmei algumas outras vezes, mais que um conjunto de normas sobre o ingresso, a gestão e a aplicação dos recursos financeiros do Estado, o Direito Financeiro *é uma ferramenta de mudança social, importante para um país como o* nosso, repleto de desigualdades sociais, econômicas e culturais, a fim de oferecer ao cidadão brasileiro e aos governos os mecanismos necessários para o desenvolvimento econômico e social, com a criação de uma sociedade mais digna e justa.

Trata-se de uma estrada ladeada por flores e espinhos, em que temos coisas a comemorar e temas que suscitam nossas preocupações. Porém, não podemos perder a esperança e a mirada para adiante, sabendo que o percurso está ainda por ser feito, como imortalizado nas inspiradoras palavras do escritor latino-americano Eduardo Galeano: "A utopia está lá no horizonte. Aproximo-me dois passos. Ela se afasta dois. Caminho dez passos, e o horizonte corre outros dez. Por mais que eu caminhe, não a alcançarei. Então, para que serve a utopia? Serve para que eu jamais deixe de caminhar".

RECENTES ALTERAÇÕES NA LEI DE RESPONSABILIDADE FISCAL

PUBLICADO EM NOVEMBRO DE 2023

Como sabemos, a Lei de Responsabilidade Fiscal (LRF – Lei Complementar nº 101/2000) já foi alterada algumas vezes desde a sua edição até os dias de hoje. Sem contar os efeitos da ADI 2238 e das diversas Emendas Constitucionais que, direta ou indiretamente, a afetaram, foram ao todo 9 modificações ou inclusões de novos dispositivos ao texto original da LRF instituídas através de leis complementares.

De maneira sintética, podemos elencar os aspectos principais das referidas alterações na LRF da seguinte forma: i) a **Lei LC nº 131/2009** introduziu novas regras para aperfeiçoar o sistema de transparência fiscal da lei, determinando, dentre outros, a disponibilização, em tempo real, de informações pormenorizadas sobre a execução orçamentária e financeira dos entes federativos; ii) a **LC nº 156/2016** também tratou de transparência fiscal, ao determinar a disponibilização de informações e dados contábeis, orçamentários e fiscais conforme periodicidade, formato e sistema estabelecidos pelo órgão central de contabilidade da União, os quais deverão ser divulgados em meio eletrônico de amplo acesso público; iii) já a **LC nº 159/2017** estabeleceu prazo de verificação dos limites e condições relativos à realização de operações de crédito de cada ente da Federação; iv) por sua vez, a **LC nº 164/2018** introduziu dispositivos para vedar a aplicação de sanções a Município que ultrapasse o limite para a despesa total com pessoal nos casos de queda de receita que especifica; v) a **LC nº 173/2020** alterou as regras sobre despesas de pessoal e sobre efeitos de calamidade pública; vi) a **LC nº 177/2021** modificou as regras de limitação de empenho, excetuando do mecanismo algumas hipóteses; vii) a **LC nº 178/2021** introduziu regras sobre apuração e cálculos sobre despesa de pessoal e atendimento aos respectivos limites; viii) a **LC nº 195/2022** dispôs que não serão contabilizadas na meta de resultado primário, para efeito do mecanismo de limitação de empenho, as transferências federais aos demais entes para o setor cultural decorrentes de calamidades públicas ou pandemias.

A mais recente alteração na LRF ocorreu este ano, por meio da **Lei Complementar nº 200/2023**, também conhecida por lei do "novo arcabouço fiscal", tendo como pilares o cumprimento de metas fiscais e a sustentabilidade da dívida. Entretanto, as modificações por ela introduzidas terão vigência somente a partir de 1º de janeiro de 2024.

Assim, a primeira alteração é a inclusão do novo inciso VI ao § 2º do artigo 4º, que trata do Anexo de Metas Fiscais, para dispor que este deverá conter um quadro demonstrativo do cálculo da meta do resultado primário, que evidencie os principais agregados de receitas e despesas, os resultados, comparando-os com os valores programados para o exercício em curso e os realizados nos 2 (dois) exercícios anteriores, e as estimativas para o exercício a que se refere a lei de diretrizes orçamentárias e para os subsequentes.

Outra alteração refere-se ao mesmo artigo 4º da LRF, que passa a conter um novo parágrafo 5º dispondo que, no caso da União, o Anexo de Metas Fiscais do projeto de lei de diretrizes orçamentárias deverá também conter: I - as metas anuais para o exercício a que se referir e para os 3 (três) seguintes, com o objetivo de garantir sustentabilidade à trajetória da dívida pública; II - o marco fiscal de médio prazo, com projeções para os principais agregados fiscais que compõem os cenários de referência, distinguindo-se as despesas primárias das financeiras e as obrigatórias daquelas discricionárias; III - o efeito esperado e a compatibilidade, no período de 10 (dez) anos, do cumprimento das metas de resultado primário sobre a trajetória de convergência da dívida pública, evidenciando o nível de resultados fiscais consistentes com a estabilização da Dívida Bruta do Governo Geral (DBGG) em relação ao Produto Interno Bruto (PIB); IV - os intervalos de tolerância para verificação do cumprimento das metas anuais de resultado primário, convertido em valores correntes, de menos 0,25 p.p. (vinte e cinco centésimos ponto percentual) e de mais 0,25 p.p. (vinte e cinco centésimos ponto percentual) do PIB previsto no respectivo projeto de lei de diretrizes orçamentárias; V - os limites e os parâmetros orçamentários dos Poderes e órgãos autônomos compatíveis com as disposições estabelecidas na LC nº 200/2023; VI - a estimativa do impacto fiscal, quando couber, das recomendações resultantes da avaliação das políticas públicas.

Já quanto aos Estados, o Distrito Federal e os Municípios, o novo § 6º inserido no mesmo artigo 4º estabelece que estes entes poderão optar por adotar, total ou parcialmente, no que couber, as regras acima mencionadas.

A última alteração se refere ao novo texto do parágrafo 4º do artigo 9º da LRF (que trata do mecanismo da limitação de empenho), cuja nova redação passará a ser a seguinte: "Até o final dos meses de maio, setembro e fevereiro, o Ministro ou Secretário de Estado da Fazenda demonstrará e avaliará o cumprimento das metas fiscais de cada quadrimestre e a trajetória da dívida, em audiência pública na comissão referida no § 1º do art. 166 da Constituição Federal ou conjunta com as comissões temáticas do Congresso Nacional ou equivalente nas Casas Legislativas estaduais e municipais".

As últimas modificações trazidas à LRF ilustram uma tendência do Direito Financeiro brasileiro, já por nós há algum tempo diagnosticada – inclusive em alguns de nossos textos da Coluna Fiscal –, de acentuação da preocupação com o cumprimento das metas fiscais como caminho a ser trilhado pelas finanças estatais nacionais, na busca de uma sustentabilidade da dívida pública. Além disso, numa era de comunicações instantâneas pela Internet e redes sociais, também se tem colocado ênfase na efetivação dos princípios da publicidade e da transparência, que chegaram a ganhar foro constitucional, para além de previsão na LRF.

Para alcançar esses desideratos, tanto a Constituição Federal de 1988 como a LRF tiveram que sofrer mudanças, as quais vêm sendo sistematicamente aprovadas pelo Congresso Nacional, a indicar um resoluto compromisso governamental com tais pautas. Ao longo dos 23 anos de vigência da Lei de Responsabilidade Fiscal, apesar das diversas alterações, a sua essência e objetivos seguem de pé, mantendo-se o seu ideal de gestão fiscal responsável.

FIM DO EXERCÍCIO FISCAL E A VOTAÇÃO DO ORÇAMENTO PÚBLICO: UMA URGÊNCIA NECESSÁRIA

PUBLICADO EM DEZEMBRO DE 2023

Próximos ao fim do exercício fiscal de 2023, até a data de hoje (14/12/2023), em que escrevo e publico este texto, estamos ainda sem a aprovação pelo Congresso Nacional e respectiva sanção presidencial das leis orçamentárias (Lei Orçamentária Anual e Lei de Diretrizes Orçamentárias) para o ano de 2024. Já o Plano Plurianual (PPA) para o próximo quadriênio deverá ter também a sua análise.

Este fato não é inédito, ao contrário, torna-se cada vez mais comum, apesar da imposição constitucional e legal da necessidade em haver uma Lei Orçamentária Anual (LOA) que estime as receitas e autorize as despesas públicas, sempre vigente a partir de primeiro de janeiro de todos os anos, condição esta que é representada através do Princípio da Legalidade Orçamentária.

Tal exigência igualmente existe em relação à Lei de Diretrizes Orçamentárias (LDO), diploma legal que orienta a elaboração da LOA, que deve anualmente ser aprovada até o encerramento do primeiro período da sessão legislativa, ou seja, no mês de julho de cada ano.

Apesar de os efeitos práticos para a *anomia orçamentária* (ausência de normas orçamentárias) não serem relevantes, e já haver soluções alternativas (tema já tratado por esta Coluna Fiscal em outras oportunidades) para que não ocorra um "*shutdown*" (*fechamento*) na máquina pública brasileira, fato é que esta situação não é ideal e, muitas vezes, traz insegurança jurídica, instabilidade econômica e vulnerabilidade fiscal.

Incertezas orçamentárias - para um país que já possui um grande déficit público e que pretende reduzi-lo na busca do equilíbrio fiscal - é algo que não contribui em nada com a saúde das suas contas públicas.

Pois bem, segundo a mensagem presidencial que acompanha o projeto de LOA federal, dentre os objetivos econômicos pretendidos estão a elevação das taxas de crescimento da economia brasileira e a consolidação das condições para o desenvolvimento sustentável do país, com responsabilidade fiscal, social e ambiental, através de estímulos para retomada dos investimentos e medidas de facilitação do crédito, os programas para redução da inadimplência, as reformas fiscal, tributária e financeira, as políticas para redução de desigualdades e o plano de transformação ecológica. Ao final, o texto consigna que as reformas estruturais, microeconômicas e financeiras, junto com as políticas para incentivar os investimentos e reduzir as desigualdades, devem garantir maior produtividade, menor taxa de juros e expansão do potencial de crescimento do país.

Quanto aos objetivos da política fiscal previstos no projeto de LOA ora em apreciação no Congresso Nacional, consta proporcionar à população o acesso aos serviços públicos garantidos como direitos constitucionais, promover a suavização de ciclos econômicos e colaborar para a manutenção de uma trajetória sustentável da dívida pública em relação ao Produto Interno Bruto (PIB). Para tanto, será perseguido o equilíbrio das contas públicas por intermédio do controle e do monitoramento do crescimento da despesa, bem como o acompanhamento e revisão da arrecadação dos tributos federais, tomando medidas tempestivas para a correção de desvios, buscando maior equidade quanto ao custeamento do Estado e a prevenção quanto à materialização de riscos fiscais com impacto relevante nos curto e médio prazos.

Em termos concretos, o projeto de LOA para 2024 estima as receitas da União para o exercício financeiro de 2024 no montante de R$ 5.543.226.083.801,00 (cinco trilhões quinhentos e quarenta e três bilhões duzentos e vinte e seis milhões oitenta e três mil e oitocentos e um reais), fixando o mesmo valor para as despesas, sendo: i) R$ 3.1719,6 bilhões para o orçamento fiscal; ii) R$ 1.672,3 bilhões para o orçamento da seguridade social e; R$ 151,3 bilhões para o orçamento de investimento.

Dentro destes valores, a saúde contará com cerca de R$ 231 bilhões (com R$ 166 bilhões para programas de atenção primária) e a educação com R$ 180 bilhões (com R$ 69 bilhões para educação básica), sendo que os montantes mínimos constitucionalmente estabelecidos para estas rubricas são, respectivamente, de R$ 218 bilhões e R$ 108 bilhões.

Quanto aos parâmetros macroeconômicos, o projeto de LOA para o próximo ano considera um PIB de R$ 11.420,7 bilhões, o IPCA em 3,3% e a Taxa Selic em 9,8%.

Por sua vez, o projeto de Lei de Diretrizes Orçamentárias teve o seu relatório aprovado no fim da noite de ontem na Comissão Mista de

Orçamento, apresentando um déficit fiscal zero, bem como prevendo o montante de R$ 48 bilhões em emendas parlamentarias. Agora o texto segue para o Plenário da Casa Legislativa para votação.

Conjuntamente com as proposta de LDO e LOA, o projeto de Plano Plurianual (PPA) para o período 2024-2027 deverá também ser apreciado.

Como se pode ver, os números anteriormente indicados são todos superlativos, a indicar também o tamanho da responsabilidade que agora pesa sobre os ombros dos nossos parlamentares, em sua relevantíssima tarefa de atuar em temas relacionados ao chamado *"power of the purse"* (*"o poder da carteira"*).

A expectativa da urgente aprovação, tanto da LOA como da LDO, para os próximos dias é grande, e dentro do "jogo democrático" de participação conjunta dos Poderes Executivo e Legislativo no processo orçamentário, espera-se a superação de diferenças político-ideológicas e a construção de um consenso em prol do bem da nação.

editoraletramento
editoraletramento.com.br
editoraletramento
company/grupoeditorialletramento
grupoletramento
contato@editoraletramento.com.br
editoraletramento

editoracasadodireito.com.br
casadodireitoed
casadodireito
casadodireito@editoraletramento.com.br